经管文库·管理类
前沿·学术·经典

COMPARATIVE STUDY ON INDIVIDUAL CASES OF INNOVATION AND
ENTREPRENEURSHIP COURSES IN UNIVERSITIES

高校创新创业课程
个案比较研究

童顺平 著

MANAGEMENT

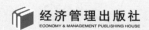

经济管理出版社
ECONOMY & MANAGEMENT PUBLISHING HOUSE

图书在版编目（CIP）数据

高校创新创业课程个案比较研究 / 童顺平著 .—北京：经济管理出版社，2023.11
ISBN 978-7-5096-9467-1

Ⅰ.①高…　Ⅱ.①童…　Ⅲ.①高等学校—创造教育—研究　Ⅳ.①G640

中国国家版本馆 CIP 数据核字（2023）第 221979 号

组稿编辑：杨国强
责任编辑：杨国强
责任印制：许　艳
责任校对：蔡晓臻

出版发行：经济管理出版社
　　　　　（北京市海淀区北蜂窝 8 号中雅大厦 A 座 11 层 100038）
网　　址：www.E-mp.com.cn
电　　话：（010）51915602
印　　刷：唐山玺诚印务有限公司
经　　销：新华书店
开　　本：710 mm × 1000 mm/16
印　　张：17.75
字　　数：264 千字
版　　次：2023 年 11 月第 1 版　2023 年 11 月第 1 次印刷
书　　号：ISBN 978-7-5096-9467-1
定　　价：98.00 元

前　言

通过高校创新创业教育为经济增长注入活力和能量已是世界共识。创新创业教育业已成为当前世界高等教育发展潮流和趋势。T省高校以学校为中心、以学校为主体、以学校为本位，比较普遍地开发出了体系完整、特色鲜明的创新创业教育校本课程。

为答解研究问题，本书以泰勒课程开发原理为理论基础，通过拓展和修正泰勒课程开发分析框架，构建了"以学校为本的课程开发四象限"分析框架；以T省七所高校（A大学、B大学、C大学、D大学、E大学、F大学、G大学）为案例，运用质性取向的多个案比较法，基于访谈和文件数据，对T省高校如何开发创新创业教育校本课程，具体包括如何确定创新创业教育校本课程目标、如何选组创新创业教育校本课程内容、如何实施创新创业教育校本课程、如何评价创新创业教育校本课程、需要考虑和处置哪些要素及其关系，进行了厚描和归纳。本书得出以下发现和结论：

其一，T省高校创新创业教育校本课程目标存在以E大学、C大学为代表的"学生创意型"，以D大学为代表的"学校创意型"，以A大学、B大学为代表的"学校创业型"，以G大学、F大学为代表的"学生创业型"四种类型。创新创业教育校本课程目标确定与课程方案或计划规划过程同步进行。课程目标确定存在"校内外合作""校内委员会审查"和"校内多部门联合"三种模式，形成了以A大学、C大学、E大学为代表的"外高型"，以 G 大学和 F 大学为代表的"内高型"，以 B 大学、D 大学为代表的"内低型"三种类型。创新创业教育校本课程目标确定过程中考虑的要素有教育哲学、社会需要、学生需求、学校传统、政府政策、课程资源、商业资源。

其二，T 省高校创新创业教育校本课程内容是一个由不同课程类别、不同类别科目、学分、开设机构等构成的体系，存在以 B 大学为代表的"实务创意型"，以 A 大学、E 大学、G 大学、F 大学为代表的"理论创意型"两种类型的课程内容。创新创业教育校本课程内容选组方式多样，有"核心—分域搭配式""分类组织式""分模块组织式""主轴组织式""核定—自定式""分部分组织式""基础—进阶式"，存在以 A 大学为代表的"高基础低必修型"，以 B 大学、F 大学、E 大学为代表的"低基础低必修型"，以 G 大学为代表的"中基础中必修型"三种类型。创新创业教育校本课程内容选组考虑的要素有课程目标、学校特点、学生特点、课程结构、课程顺序、政策要求、国际趋势。

其三，T 省高校创新创业教育校本课程实施存在实体机构模式、虚拟学院模式、课程主任模式，形成了以 B 大学、G 大学和 F 大学为代表的"实体机构型"，以 A 大学、C 大学为代表的"虚体机构型"，以 E 大学为代表的"个体型"三种类型。创新创业教育校本课程实施的途径主要有经过学校和教师进行方式方法创新探索的课堂教学、实作、参访、竞赛等实践教学。创新创业教育校本课程实施考虑的要素包括课程要素、教师要素、学生要素、领导要素、组织机构、科系要素、外部支持。

其四，T 省高校采用课程学习成果展出和实作作品等方式对创新创业教育校本课程进行结果评价，通过审查性评价和评鉴性评价对创新创业教育校本课程进行内部评价。T 省高校创新创业教育校本课程评鉴性评价过程主要有校设委员会评价模式、教学单位自评模式两种模式。创新创业教育校本课程评价则形成了以 C 大学、E 大学为代表的"高评鉴型"，以 A 大学、F 大学、G 大学为代表的"高审查型"，以 D 大学为代表的"中间型"，以 B 大学为代表的"低审查低评鉴型"四种类型。创新创业教育校本课程评价考虑的要素包括课程完善、创业比例、创意发挥、证书取得、特色形塑、政府认可、社会影响。

其五，T 省高校创新创业教育校本课程开发存在一个以学校为中心，包含 1 个中心、4 个"域"、28 个要素构成的网状结构，形成了创新创业教育校本课程开发的"要素网"。创新创业教育校本课程开发要理解、把握并妥善处置"课程目标域""课程内容域""课程实施域""课程评价域"4 个"域"的 28 个要素。深刻理解、把握并妥善处理"要素网"中的要素及其关系，是 T 省高校所开发创新创业教育校本课程体系完整、学校特色鲜明的深层原因。

基于研究结论和发现，对 T 省经验对高校创新创业教育校本课程开发的启示和建议包括构建明确而独特的学校教育哲学，将创新创业教育校本课程开发纳入学校发展整体规划，将创意教育纳入创新创业教育校本课程内容，将创新创业教育课程与专业课程进行整合，推动创新创业教育校本课程跨领域跨院系开发，健全创新创业教育校本课程审查评鉴机制，强化创新创业教育校本课程开发资源投入。

目　录

第一章　绪论

考虑到大学是一个教育场所，一般公众对大学的第一个看法是：它是人才在大量的科目方面获得大量的知识的地方。[1]

——纽曼，摘自《大学的理念》

大力推进创新创业是当今世界的重要趋势和特点之一，世界各国都将创新创业作为促进经济社会发展的动力源泉，促生创新创业教育成为世界高等教育发展潮流和趋势。随着我国经济发展进入"新常态"[2]，"大众创业、万众创新"被作为发展战略，成为我国顺利跨越"中等收入陷阱"[3]的长期国家战略。高校创新创业教育被视为新时期高校的战略任务，被作为高等教育发展进入新时代后，高校紧扣国家战略，推进高校人才培养改革的根本举措。然而，由于多种原因，我国高校普遍未能开发出符合学校实际和特点的创新创业教育校本课程，导致创新创业教育课程普遍不成体系、

---

[1] 约翰·亨利·纽曼.大学的理念[M].高师宁，等译.北京：北京大学出版社，2016：113.

[2] 2014年11月9日，在亚太经合组织（APEC）工商领导人峰会上，习近平总书记首次系统阐述了"新常态"的内涵。他指出，当前我国经济进入"新常态"，表现为：一是经济从高速增长转为中高速增长；二是经济结构不断优化升级；三是发展动力从要素驱动、投资驱动转向创新驱动。参见央视新闻.视频回放：习近平出席开幕式并发表演讲[EB/OL].http://m.news.cntv.cn/2014/11/09/ARTI1415498394703384.shtml.2018-08-10.

[3] "中等收入陷阱"（Middle Income Trap）的概念由世界银行在《东亚经济发展报告（2006）》中提出，基本含义是：某些国家在人均国民收入达到3000美元以后便陷入经济增长停滞期，在相当长时间内无法成功跻身高收入国家行列。参见：金立群.中国如何跨越"中等收入陷阱"[N].人民日报.2015-08-11.

本土化课程不足，掣肘了创新创业教育的发展。T省高校比较普遍地开发出了体系完整、学校特色鲜明的创新创业教育校本课程，将T省创新创业教育提升到了一个崭新的水准。本书旨在探寻可资借鉴的实践经验和理论启示。

第一节　研究缘起

本书的研究缘起于世界高等教育形势的发展对我国高校创新创业教育及其课程开发建设状况的影响。

一、创新创业教育是世界高等教育发展的潮流和趋势

创新创业能够为经济增长、社会发展注入活力和能量。"创新创业被认为是竞争和充满活力的经济的关键组成部分。充满活力的创新创业生态系统的国家和地区往往会看到更高的生产率，从而促进经济增长和创造更强有力的就业机会。"[①] "国外创新创业教育始于发达国家，目前在发达国家也最为活跃。"[②] 随着发达国家对创新创业的强调，高校创新创业教育[③] 逐渐兴

[①] Innovation & Entrepreneurship［EB/OL］. http：//www.worldbank.org/en/topic/competitiveness/brief/innovation-entrepreneurship. 2017-06-28.

[②] 雷家骕.国内外创新创业教育发展分析 [J]. 中国青年科技，2007（2）：27.

[③] 部分学者认为"创新创业教育"是我国特有术语，国外只有"创业教育"没有"创新创业教育"。如北京师范大学刘宝存教授认为："国外只是提出了创业教育的概念，我国则将创新教育与创业教育相融合，提出了创新创业教育的概念"。参见：刘宝存.确立创新创业教育理念，培养创新精神和实践能力 [J]. 中国高等教育，2010（12）：13. 笔者在梳理文献时发现，国外早有"创新创业"连用的情况，只是没有将"创新创新"与"教育"相结合。本书认为"创业教育"所说的创业也是基于创新的创业，这与"创新创业"并没有实质区别，因此笔者参阅了大量"创业教育"相关研究文献。此外，笔者还认为，国外商管学院很早就实施的"创业管理教育"也与"创新创业教育"本质上并无二致，在研究中对"创业管理教育"文献也有所参阅。最近看到的材料对笔者观点有所支持。参见：他是浙大首位文科资深教授！也是中国创业管理教育引领者，一家两代"丝路情"续写创新创业教育新实践 [EB/OL].https：//baijiahao.baidu.com.2019-01-22.

起，并发展成为世界高等教育的潮流和趋势。尽管发达国家实施创新创业普遍走在发展中国家前面，但发达国家间推行创新创业教育的速度、力度、成效并不相同。从创新创业教育发展史来看，美国和英国创新创业教育一直处于世界领先地位。①

美国是世界上最早开展创新创业教育的国家。1919 年，美国商人霍勒斯·摩西（Horace Moses）为帮助高中学生获得商业实践经验，创立青年商业社（Junior Achievement）实施商业实践教育，被视为美国创新创业教育的肇始。②1947 年，哈佛大学（Harvard University）商学院开设《新创企业管理》（*Management of New Enterprise*），被认为是美国大学的第一门创新创业教育课程，也是创新创业教育在大学的首次出现。③1967 年，斯坦福大学（Stanford University）和纽约大学（New York University）开始实施创新创业教育，并开创了现代 MBA 创业教育课程体系。1967 年，美国百森商学院（Babson College）在全球首次开设创业管理研究生课程，并于 1968 年在本科生中开设创业方向。1973 年，美国东北大学（Northeastern University）创办了美国第一个创业学本科专业，1979 年，美国有 263 个中学后期教育机构提供创新创业教育课程。④2005 年，美国有 1600 多所高校开设创新创业教育课程，开设创新创业课程超过 2200 门。⑤

2008 年，金融危机席卷全球，大学毕业生失业率高涨，促使美国政府力推高校创新创业教育，希望通过青年创新创业活动推动经济发展，自我雇佣的同时增加就业机会。"美国的创新创业教育在商学院来说本来就是一

---

① 克里斯汀娜·埃尔基莱. 创业教育：美国、英国和芬兰的论争 [M]. 汪溢，常飒飒译. 北京：商务印书馆，2017：1.

② 摩西创立的青年商业社教育内容涉及市场调研、选定商品、为商品定价、确定销售方案、建立账目计算公司盈亏等，具有很强的实践性。参见：季学军. 美国高校创业教育历史演进与经验借鉴 [J]. 黑龙江高教研究，2007（2）：40.

③④ 高志宏，刘艳. 创新创业教育的理论与实践 [M]. 南京：东南大学出版社，2012：3.

⑤ Alberta Charney，Gary D Libecap. Impact of Entrepereneueship Education[EB/OL]. preview.cfed.org/assets/Impact_of_Entrepreneurshp_Education. 2018-07-12.

个领域，就是一个学门。从学理上来说，我们并不陌生。但是风潮在社会上、在高等教育领域盛行的话，我觉得是在 2008 年。受 2008 年金融海啸的影响，美国和欧洲一些国家发现青年失业率很高，经济上也出现了很多议题，政府、企业、社会都觉得创新创业应该是被鼓励的。"在美国政府的推动下，高校创新创业教育得到了更快的发展。2009 年，美国两年制和四年制大学创业相关课程合计已超过 5000 门。[①] 美国高校创新创业教育成为美国领导世界发展的"秘密武器"。"美国新成长起来的创业一代不仅改变了美国和世界的社会经济结构，而且将继续成为 21 世纪决定美国和世界发展的领导力量。"[②] 发展到现在，美国高校创新创业教育已经十分普遍，许多高校不仅开设了本科教育创业类专业，还开设了研究生教育创业类专业。目前，美国高校创新创业教育呈现出六大特征，即将创新创业教育视为素质教育，创新创业教育管理趋于专门化，创新创业师资队伍专兼职相结合，推进跨学科创新创业课程群建设，实施以第二课堂为主的创新创业活动教育形式，建立高校主导下大学、企业、政府相结合保障机制。[③] 这些做法已成为世界高等教育领域开展创新创业教育的风向标。

如果说美国创新创业教育高校是先遣队，那么英国创新创业教育中政府则发挥了巨大的推动作用。1987 年，英国政府发起了"高等教育创业"计划，正式启动了英国高校创新创业教育时代。在政府政策的推动下，英国高校掀起了从"研究型大学"到"创业型大学"演变的第二次学术革命，广泛开设创新创业教育课程，开展创新创业实践，推进创新创业教育不断发展。英国高校创新创业教育使得大学毕业生自我雇佣率不断提升，1985 年大学毕业生自我雇佣率为 11%，到 1990 年上升为 13%，到 1995 年高

---

① 高文兵，黄伯云 . 大力推进我国高校创业教育 [J]. 中国高教研究，2009（7）：4.

② 赵立祥 . 创新型创业管理 [M]. 北京：科学出版社，2011：1.

③ 包水梅，杨冬 . 美国高校创新创业教育发展的基本特征及其启示 [J]. 高教探索，2016（11）：62.

达 20%。①2009 年，英国政府发布《全国大学生创业教育黄皮书》（NCGE Yellow Paper），推动高校创新创业教育持续发展，为创新创业教育进一步繁荣提出了新规划。②经过多年探索，英国高校业已建立了成熟的创新创业教育课程体系。英国高校创新创业教育课程分为两大类：一类是"为创业"课程（Do），另一类是"关于创业"（About）课程。这两类课程的侧重点、教师配备有所不同，教学方法和评估体系也存在一定差别。"为创业"课程属于实践导向型课程，侧重于借助具有实业管理经验的教师，通过案例、商业计划撰写、小组互动、演讲等，帮助学生获得"近似创业的经验"；"关于创业"课程属于理论导向型课程，倾向于通过固定教材进行理论讲授。③英国创新创业教育取得了长足发展。有研究发现，自 1999 年以来，190 万名大学生中参与创新创业教育学生达 131923 人，占所有学生的 7%，修读学分课程学生数为 44044 人，占参加创新创业教育学生数的 34%。④随着美国和英国高校创新创业教育的发展，芬兰、荷兰、法国、德国、澳大利亚、加拿大等国家先后加入了在高校实施创新创业教育的阵营。

日本在 20 世纪 80 年代末开始推行高校创新创业教育。但由于多种原因，日本高校创新创业教育早期发展较为缓慢，开设创新创业教育课程的高校只有 30 所左右。2007 年，日本内阁通过《创新 25 战略》，致力于培养学生创新意识、自主创业意识、创业素质和创业精神的创新创业教育成为政策关注重点。2010 年，日本已有 247 所各种不同类型高校实施创新创业教育，约占全日本 756 所各类四年制大学的 32.7%⑤。官产学合作为日本高

① 任路瑶，杨增雄.创业教育：第三本教育护照——国外创业教育研究综述 [J].教育学术月刊，2010（11）：18.

② 黄兆信等.英国高校创业教育的现状、特色及启示 [J].华东师范大学学报（教育科学版），2016（2）：39–44.

③ 高志宏，刘艳.创新创业教育的理论与实践 [M].南京：东南大学出版社，2012：21.

④ 牛长松.英国高校创业教育研究 [M].上海：学林出版社，2009：239.

⑤ 陈瑞英，顾征.新世纪日本高校的创业教育：现状与课题 [J].高等工程教育研究，2010（2）：22–30.

校创新创业教育的亮点之一。日本高校在实施创新创业教育过程中，得到政府的大力支持和产业界的密切配合，各大学不仅在原有基础设施基础上，加强创业孵化器、创业辅导机构等建设，而且通过不断更新创新创业教育理念，在原有管理和经营学基础上结合本校特色，广泛开发了具有学校特色的创新创业课程，提升了创新创业教育质量。[①]

　　新加坡也是在高校实施创新创业教育的先行者。新加坡国家研究委员会主席张铭坚最早提出"科技创业"（Thchnopreneurship）一词，主张将创业精神与高科技创新相融合。[②]新加坡南洋理工大学无疑是新加坡高校创新创业教育的"急先锋"。2002年，新加坡南洋理工大学开发出了科技创业与创新课程（Technopreneurship and Innovation Programme，TIP课程）[③]，在实践中取得了良好效果。截至2008年1月，TIP课程学员中已有154名学生创办公司46家，而且这些公司均维系了下来，体现了创新创业教育课程的意义和价值。[④]20世纪80年代初期，韩国高校开始实施创新创业教育。1987年，韩国高校设立纳入学位课程的创新创业教育正规课程。1999年，韩国崇实大学和湖西大学首次在本科阶段招收创业教育专业学生，由此拉开韩国高校创新创业教育专业化发展序幕。韩国高校将创新创业教育课程分为正规课程与非正规课程。正规课程指由大学或研究生院开设，是与毕业直接挂钩的课程；非正规课程指大学开设的与学位无关的选修类课程，以及社会培训机构组织开设的各类创新创业方面的讲座。截至2007年，韩国共有164所高校开设创新创业教育正规课程。[⑤]印度也属创业活动较活跃的国

---

① 马健生．创新与创业：21世纪教育的新常态[M]．济南：山东教育出版社，2015：312．

② Teo Ming Kian. Empowering Technopreneurs[J]. The World in 2008：Economist Year Book，2008：113–122.

③ Charles Hampden–Turner，Tan Teng–Kee.Six Dilemmas of Enterpreneurship[J].Singapore Nanyang Business Review，2002（12）：78–96.

④ 查尔斯·汉普登–特纳．创新与创业教育：基于新加坡教育实验的分析[M]．武晓哲，吴瑕，译．北京：商务印书馆，2017：216．

⑤ 马健生．创新与创业：21世纪教育的新常态[M]．济南：山东教育出版社，2015：327．

家。20 世纪 90 年代，印度高校创新创业教育走上了制度化发展阶段。有资料显示，2009 年印度有权授予学位文凭的高校有 483 所，严格意义上真正开设创新创业教育课程的院校约为 100 多所。①

除主权国家在高校推动创新创业教育外，20 世纪 80 年代以后，一些国际组织也对创新创业教育给予高度关注，其中联合国教科文组织影响最大。1989 年 11 月，在"面向 21 世纪教育国际研讨会"上，联合国教科文组织提出了"第三本教育护照"著名论断，认为创业教育是继文化知识证书、职业技能证书之后的"第三本教育护照"，倡导世界各国实施创新创业教育。②1995 年，联合国教科文组织发表《高等教育改革与发展的优先行动框架》，强调为把学生培养成为工作岗位创造者，教师要把重点放在教学生如何学习和发挥主动精神上，使学生能将传统和当地知识技能与先进科学技术相结合，以产生创造力。③高校毕业生不仅应是现有职位求职者，更应是新的工作岗位的创造者。1998 年 10 月，联合国教科文组织在巴黎召开世界高等教育大会，发表《21 世纪的高等教育：展望与行动世界宣言》，明确指出："高等学校必须将创业技能和创业精神作为高等教育的基本目标。"④1999 年，在韩国汉城（首尔）举办的第二届国际职业技术教育大学会上，联合国教科文组织强调，教育和培训必须加强学生创业能力培养，创业能力是一种核心能力，对个人在各个工作领域激发创造力和革新性至关重要。⑤在发达国家的带动下，在联合国教科文组织等国际组织的推动下，创新创业教育成为世界高等教育的普遍趋势和潮流。

二、我国积极推进创新创业教育建设

我国高校创新创业教育起步于 20 世纪 90 年代后期。1997 年，清华大学经济管理学院开设 MBA 创新创业方向课程，是我国高校创新创业教育的

---

① 马健生 . 创新与创业：21 世纪教育的新常态 [M]. 济南：山东教育出版社，2015：346–347.
②③④⑤ 高志宏，刘艳 . 创新创业教育的理论与实践 [M]. 南京：东南大学出版社，2012：5.

发端。① 随后，北京航空航天大学、上海交通大学等高校也加入了探索创新创业教育的阵营。2002 年，创新创业教育受到我国政府的关注，清华大学、中国人民大学、北京航空航天大学等 9 所高校被我国教育部确定为首批创业教育试点院校。2010 年 5 月，教育部印发《关于大力推进高等学校创新创业教育和大学生自主创业工作的意见》，要求高校出台促进在校学生自主创业政策和措施，把创新创业教育纳入学校重要议事日程。2012 年 8 月，教育部印发《普通本科学校创业教育教学基本要求（试行）》，要求："高等学校应创造条件，面向全体学生单独开设'创业基础'必修课。支持有条件的高等学校根据办学定位、人才培养规格和学科专业特点，开发、开设创业教育类选修课程（含实践课程）。"2015 年 5 月，国务院印发《国务院办公厅关于深化高等学校创新创业教育改革的实施意见》，提出深化高校创新创业教育改革的总体目标，同时，针对高校创新创业教育突出问题，从指导思想、基本原则、总体目标、主要任务和措施、加强组织领导等方面，对深化高校创新创业教育改革提出实施指导意见，将高校创新创业教育推向纵深化发展。2015 年 12 月，教育部印发《关于做好 2016 届全国普通高等学校毕业生就业创业工作的通知》，要求："从 2016 年起所有高校都要设置创新创业教育课程，对全体学生开发开设创新创业教育必修课和选修课，纳入

① 有相当多的文献把 1998 年清华大学主办全国首届"创业计划大赛"作为我国高校开始创新创业教育的标志。本书认为，高校创新创业教育发端的标志应该是开设相关课程，而不是举办大赛活动。学者王占仁考察的结果对此有所佐证。参见：王占仁. 创新创业教育的历史由来与释义 [J]. 创新与创业教育，2015（4）：1-6. 王占仁在《中国创业教育的演进历程与发展趋势研究》中利用可查文献，经过考证认为，我国"创业教育"的概念由四川省陶行知研究会首任会长胡晓风于 1988 年提出。参见：王占仁. 中国创业教育的演进历程与发展趋势研究 [J]. 华东师范大学学报（教育科学版），2016（2）：30-38. 另外，关于创新创业教育的发端还有两种说法：第一种认为发端于 1989 年 11 月联合国教科文组织在北京召开的"面向 21 世纪教育国际研讨会"并通过《学会关心：21 世纪的教育——圆桌会议报告》。参见：赵金华，孙迎光. 中国高校创业教育研究 22 年回顾与启示 [J]. 现代教育管理，2012（11）：83-86. 第二种认为发端于 1990 年，中国成为联合国教科文组织创业教育课题成员国，原国家教委组织五省一市参加亚太地区"提高青少年创业能力的教育改革合作项目"。参见：刘海涛，贾万刚. "中国创业教育二十年"引论 [J]. 安徽理工大学学报（社会科学版），2011（4）：79-82.

学分管理。"① 我国高校创新创业教育进入了全面发展新阶段。

尽管我国高校创新创业教育与发达国家或地区相比起步较晚，但发展迅速，尤其是近几年，高校创新创业教育及其课程建设获得了长足强劲发展，在某些领域已经强于部分发达国家或地区。截至 2015 年 10 月，我国 82% 的高校开设了创新创业必修课或选修课，开设创新创业教育课程门数新增 14%；设立创新创业资金达 10.2 亿元，吸引校外资金达 12.8 亿元；大学生参与创业创新活动达 300 多万人次。② 截至 2016 年年底，近八成高校出台了多项创新创业教育激励政策和文件，超过 70% 的高校实施相关教学改革，85.5% 的高校建有创客中心，超过 70% 的高校建有创业孵化器和实验室，41.1% 的高校建有校内创新创业教育的研究中心。③ 并且，在创新创业教育实践探索中形成了清华大学模式、北京航空航天大学模式、上海交通大学模式、黑龙江大学模式等创新创业教育模式，出现了一批积极更新创新创业教育理念，持续深化创新创业教育改革的高校，涌现出了 200 所深化创新创业教育改革示范高校，为我国高校创新创业教育持续深化发展提供了坚实基础。可以说，我国高校创新创业教育已经成为人才培养模式的新探索，不但推动了高等教育综合改革纵深发展，而且较好地服务了其创新创业驱动战略。④

---

① 中华人民共和国教育部．教育部关于做好 2016 届全国普通高等学校毕业生就业创业工作的通知 [EB/OL]. http：//www.moe.edu.cn/jyb_xwfb/s5147/201511/t20151102_216939.html.2018-08-01.

② 中华人民共和国教育部．中国超八成高校已开设创新创业课 [EB/OL]. http：//www.moe.edu.cn/jyb_xwfb/s5147/201511/t20151102_216939.html.2018-08-02.

③ 《中国高校创新创业教育蓝皮书》发布创新创业教育塑造未来 [EB/OL]. http：//news.cbg.cn/gndjj/2017/0625/8262177.shtml.2018-08-02.

④ 2018 年 1 月，教育部高等教育司副司长徐青森出席由中国人民大学主办的《2017 中国大学生创业报告》发布会暨高校创新创业教育院长论坛。他表示，经过这几年的实践，创新创业教育改革有力地促进了高校人才培养能力的全面提升，推动了高等教育的综合改革向纵深发展，服务了国家驱动创新创业战略；创新创业教育已经成为新时代大学生素质教育的新突破和高校人才培养模式的新探索，为引领推动高等教育创新，促进大众创业、万众创新发展发挥了重要作用。参见：学信网．《2017 中国大学生创业报告》高校创新创业教育向联盟化方向发展 [EB/OL]. https：//www.chsi.com.cn/jyzx/201801/20180108/1646701258.html.2018-07-20.

三、课程建设滞后成为我国创新创业教育发展掣肘

尽管我国高校创新创业教育发展迅速，但由于我国创新创业教育实施时间尚短等原因，在实践中还存在一些较为突出的问题。最大的问题是，创新创业教育课程建设仍显滞后，尤其是高校普遍没有根据自身实际开发出创新创业教育校本课程。早在 2010 年，时任教育部副部长陈希指出："总体来看，创新创业教育和自主创业工作仍然处于起步阶段，课程与教材建设滞后，缺乏创业实践平台和政策支持体系，缺乏国家层面的整体设计等，高校毕业生自主创业率还比较低。"① 黄兆信及其团队对全国 202350 名 2014 届大学毕业生进行调查，结果显示：全国在校大学生仅 5.93% 接受过较为系统的创业教育，毕业生自主创业率仅为 2.16%。② 有研究者认为，这一数据与 82% 的高校开展创业教育、100% 的高校开设创业教育课程形成鲜明对比，之所以如此，课程建设滞后是重要原因。③ 不可否认，导致我国高校毕业生自主创业率比较低的原因较为多元。本书认为，我国高校创新创业教育课程建设滞后是最主要的原因之一。徐小洲等通过对高校创业进行问卷调查发现，我国学生对创业课程设置、创业教育教师和创业教育成效的满意度较低。④ 这也从侧面反映出我国高校创新创业教育在课程建设上确实存在较大问题。

课程是高校创新创业教育的核心。"课程在创业教育中一直处于核心地位。无论是创业精神还是创业技能，最终都要通过创业教育课程进行培养。"⑤ 系统的创新创业教育离不开体系化的课程。当前我国高校在创新创业

① 陈希.将创新创业教育贯穿于高校人才培养全过程[J].中国高等教育，2010（12）：46.

② 黄兆信，刘燕楠.众创时代高校如何革新创业教育[J].教育发展研究，2015（23）：46.

③ 田亚杰.创新驱动背景下中美高校创业教育课程体系比较研究[D].西北大学硕士学位论文，2017：36.

④ 徐小洲等.两岸三地高校创业教育比较研究[J].中国高教研究，2018（9）：29.

⑤ 徐小洲，梅伟惠.高校创业教育体系建设战略研究[M].杭州：浙江教育出版社，2015：120.

教育课程建设上存在的突出问题是创新创业教育课程不成体系。尽管我国官方文件多次强调要建立创新创业教育课程体系①，但事实上，我国高校创新创业教育课程普遍不成体系。

2017 年 4~5 月，中国高校创新创业教育联盟面向 130 所高校开展问卷调查，调研结果显示，我国多数高校的创新创业教育的课程未成体系，无法与专业课程的学习紧密结合。② 更有研究通过对我国发展较为成熟的高校创新创业教育模式进行分析发现，除福州大学"三加一"创新创业教育模式的课程系统、成体系，"SYB 项目"③ 和 "KAB 项目"模式课程较系统、较成体系之外，其余模式如"中国人民大学模式""北京航空航天大学模式""上海交通大学模式""宁波大学模式""黑龙江大学模式""'挑战杯'创业计划竞赛模式"等课程都不系统、不成体系，如表 1-1 所示。④

---

① 2010 年 5 月，教育部印发《关于大力推进高等学校创新创业教育和大学生自主创业工作的意见》，提出要"建立多层次、立体化的创新创业教育课程体系"；2012 年 8 月，教育部印发《普通本科学校创业教育教学基本要求（试行）》，建立健全创业教育与专业教育紧密结合的多样化教学体系；2015 年 5 月，国务院印发《国务院办公厅关于深化高等学校创新创业教育改革的实施意见》，将"健全创新创业教育课程体系"作为主要任务；等等。

② 孙竞.《中国高校创新创业教育蓝皮书（2016）》发布 2016 年近八成高校出台创新创业教育激励政策 [EB/OL].http: //edu.hsw.cn/. 2018-07-08.

③ SYB 全称为 "Start Your Business"，意为"创办你的企业"，是联合国国际劳工组织开发的培训项目"创办和改善你的企业"（SIYB）系列培训教程的一部分。SYB 培训课程共分为两大部分：创业意识培训、创业计划培训。课程内容包括：将你作为创业者来评价，为自己建立一个好的企业构思，评估你的市场，企业人员组织，选择一种法律形态、法律环境和你的责任，预测你的启动资金，制订利润计划，判断你的企业能否生存，开办企业。参见：徐小洲，梅伟惠.高校创业教育体系建设战略研究 [M]. 杭州：浙江教育出版社，2015：146.

④ 苏世彬，黄玉林，陆培民."三加一"创业教育模式——基于 T 省育成中心经验的研究 [J]. 创新与创业教育，2014（6）：61.

表 1-1　我国高校创新创业教育不同模式课程现状

教育模式	对象	教师	特色	课程	转化	推广	就业	人才培养
"三加一"	全体本科生、学术型研究生、专业型研究生	创业课程教师、研究生导师、竞赛和创业实践导师	创业精神普及+创业模拟+创业实践帮扶+创业教育推广	系统、成体系	有	有	很强	创业型人才
中国人民大学模式	部分本科生	创业课程教师	创业意识普及	不成体系	没有	薄弱	不强	创业人才
北京航空航天大学	部分本科生	创业课程教师、创新创业竞赛导师	创意意识普及+创业技术训练	不成体系	没有	薄弱	不强	创业人才
上海交通大学	部分本科生	创业课程教师、创业实践导师	创业意识普及+创业技能训练+创业实践	不成体系	没有	薄弱	不强	创业人才
宁波大学	部分本科生	第二课堂创业教育老师	创业技能+创业实践	不成体系	没有	薄弱	不强	创业人才
黑龙江大学	部分本科生	创业实践基地指导老师	创业实践	不成体系	没有	薄弱	不强	创业人才
SYB项目	社会创业青年	热心公益企业家	创业实践	较系统、成体系	没有	薄弱	不强	创业人才
KAB项目	部分本科生	企业家、管理专家	创业意识普及	较系统、成体系	没有	薄弱	较强	创业人才
"挑战杯"	部分本科生、学术型研究生	指导竞赛老师	创业技能训练+创业模拟	不成体系	没有	薄弱	不强	创业人才

资料来源：苏世彬，黄玉林，陆培民."三加一"创业教育模式——基于T省育成中心经验的研究[J].创新与创业教育，2014（6）：61.

我国高校创新创业教育课程不成体系，具体表现在：

其一，高校创新创业教育课程目标不够清晰。高校创新创业教育课程具有指向性。"创业教育课程的指向性非常明确，即操作和实施创业教育的培养目标，使创业教育在规定的时间范围内达到预期结果。"① 创新创业教育课程目标不可能凭空或随意设定，高校应根据自身对人才培养的定位、学校办学特色、学校办学历史、学校教育资源，结合地方社会经济发展需求，确定相应的创新创业教育发展思路，进而开发创新创业教育课程体系，全方位推进创新创业教育。但事实上，很多高校并没有明确的创新创业教育思路，因而也设计不出、建立不起目标清晰的创新创业教育课程体系。有研究者通过比较发现，目前我国高校普遍缺乏科学、完整的创新创业教育课程体系，存在对相关课程的性质认识不到位、对课程资源的设计与利用不合理、对课程的质量管理不到位等问题。② 对课程性质认识不清，对创新创业教育课程资源设计不合理，主要原因在于其创新创业教育课程目标不够清晰。高校的创新创业教育课程目标不够清晰，与其驱动力量源自外部有关。有研究批评道："很多高校的创业教育实施是基于行政指令，抱着完成教育部任务的心态来开设创业教育课程，属于'任务主导型'，缺乏内在的发展动力，创业教育没有成为学校的自发性需求。"③

其二，高校创新创业教育课程内容单一、缺乏整合。创新创业活动本身的复杂性要求创新创业教育课程具有综合性、跨领域性。"创业教育的课程体系与目前各级各类学校的课程体系相比较，是一种综合性的课程体系而非分科性的课程体系。"④ 目前，我国高校创新创业教育课程普遍内容单一，整合严重不足。各高校为完成教育部教育方针政策开设了很多课程，但这些课程缺乏整合和关联。"国内高校中普遍存在创业教育课程体系整合度不高的问题。"⑤ 课程内容编排不够合理，绝大多数开设创新创业教育课

①④　彭刚.创业教育学 [M].南京：江苏教育出版社，1995：293.

②　连兆大.海峡两岸高校创新创业教育协作研究 [J].福建商学院学报，2017（1）：80—81.

③⑤⑥　徐小洲，梅伟惠.高校创业教育体系建设战略研究 [M].杭州：浙江教育出版社，2015：147—149.

程的高校都没有规范、权威的教材和教学内容标准。[6] 创新创业教育所培养学生的知能是基于创新的创业能力，而创新离不开专业知能，客观上要求创新创业教育课程应该是创新创业教育课程与专业课程相整合的体系。有研究者指出：创新创业教育课程与专业课程进行有机融合是创新创业教育未来的发展趋势，也是创业教育走向更高水平的必然要求。[1] 我国很少有高校真正做到将创新创业教育课程内容与专业教育较好整合。[2] 有研究者认为："目前大多数高校的创新创业教育课程体系还不完善，存在诸多问题，如未能突出创新创业实践能力的培养，未能与专业课程紧密结合，未能把创新创业教育纳入到人才培养目标和培养方案中，与教育教学、科学研究、生产实践严重脱节等。"[3] 有研究者指出："在'创业教育与专业教育有机融合'理念及创业教育必修课程政策指导下，高校普遍开设'创业基础'等课程作为全校所有本专科专业的公共必修课，这类课程与专业课大多处于'两张皮'状态。"[4] 还有研究指出："目前，创新创业课程多以公共选修课或通识课程的形式游离于专业课程体系外，作为零星点缀，这部分课程大多是为学生普及一些创业的基本知识。"[5]

其三，高校创新创业教育课程实施存在偏颇。"创业教育课程具有十分突出的活动性特征，这是与目前各级各类学校课程体系在性质上的一个显著区别。"[6] 因此，理论和实战相结合，实作、参访、"做中学"等亲身体

① 徐小洲，梅伟惠.高校创业教育体系建设战略研究[M].杭州：浙江教育出版社，2015：147.
② 温州大学依托"创业人才培养创新实验区"，在国际经济与贸易、市场营销、财务管理专业设置有"中小企业创业实务""温州企业家创业案例分析"等选修课程；在汉语言文学、广告学艺术设计、服装设计与工程、汽车服务工程、工程管理等专业自行开发开设有"鞋类产品市场营销""媒介经营与管理""服装企业管理""服装市场营销""汽车服务经营与管理""建筑企业管理""汽车营销学"等选修课程。参见：黄兆信，曾尔雷学.以岗位创业为导向：高校创业教育转型发展的战略选择[J].教育研究，2012（12）：46-52.
③ 赵会利."双创"背景下高校创新创业教育课程体系的构建[J].中国成人教育，2016（22）：101.
④ 朱家德.T省地区高校创业教育新进展[J].高教探索，2018（10）：70.
⑤ 王洪才，刘隽颖.大学创新创业教育核心·难点·突破点[J].中国高等教育，2017（Z2）：61.
⑥ 彭刚.创业教育学[M].南京：江苏教育出版社，1995：295.

验方式，是高校创新创业教育课程实施的根本要求。目前，我国高校在创新创业教育课程实施上还存在一些偏颇。首先，创新创业课程实施理论与实践相脱节。美国大学创新创业课程的一大特色是理论和实战结合，教授不仅会系统性讲解做产品、招人、市场推广、融资的理论，还会邀请创业公司来传授经验，和其一起解决现有难题和挑战，让学生亲自体验什么是创业。[①]2015 年，《国务院办公厅关于深化高等学校创新创业教育改革的实施意见》指出，高校创新创业教育存在"与实践脱节""针对性实效性不强""实践平台短缺，指导帮扶不到位"等突出问题。其次，创新创业教育实务杂而不"实"，浮于表面。有研究指出："创业实践是理论教学的重要延伸，但现行的各类创业竞赛、参观走访企业、创业素质拓展等环节多呈现主题不明确、任务不清晰的问题，容易导致实践活动浮于表面，走马观花。"[②]

其四，高校创新创业教育课程评价普遍缺失。"现代课程评价认为，在课程发展的全过程，评价应当提供全方位的服务，应当成为课程编制与发展过程的一个有机的组成部分。"[③]创新创业教育是一项相对复杂的教育过程，包括意识激发、情感培养、理论传授、模拟演练、实操实践、真实行动等多个核心环节。中国大学生就业创业发展报告课题组通过对从我国教育部于 2002 年确定的 9 所创业教育试点高校、2008 年确定的 30 个创新与创业教育类人才培养模式创新试验区、2015 年确定的 50 个"全国高校实践育人创新创业基地"，以及创新型高校中选取 26 所具有代表性的高校进行走访调研发现，当前创新创业教育评价极为片面，存在数据指向、锦标指向、能力指向，不利于兼具复杂性而又长期性的创新创业教育工作发展。[④]创新创业教育具有综合实践特性，要求高校将学生运用理论知识分析、解

---

① 何林璘等.为什么我国高校创业教育"好看不好用"[N].中国青年报，2015-08-13.

② 黄兆信，曾尔雷，施永川.高校创业教育的重心转变——以温州大学为例[J].教育研究，2011（10）：101.

③ 陈玉琨.教育评价学[M].北京：人民教育出版社，1998：162.

④ 中国大学生就业创业发展报告课题组.创新创业教育：多少瓶颈待突破[N].光明日报，2016-02-04.

决创新创业实际问题能力，作为创新创业教育课程考核的重点，采用多样化考核方式，如项目成果展示、实作、汇报答辩、参与竞赛等进行综合评定。当前，我国高校针对学生结果的创新创业教育课程评价方式还较为单一，主要采取纸笔方式进行。[①] 针对创新创业教育课程本身的评价处于系统性缺失状态，高校几乎无感。

除高校创新创业教育课程不成体系外，我国高校创新创业教育课程存在的另一主要问题是本土化课程少。2008 年 8 月，为满足创新创业教育开展，共青团中央等与国际劳工组织（International Labour Organization）合作在高校开展 KAB 创业教育（中国）项目（Know About Business，简称"KAB 项目"）[②]。该项目具有相对较为完善的创新创业教育课程，通过学习该课程能够满足学生掌握创业基本知识，帮助学生全面认识创业，能够较好满足我国高校创新创业教育课程需要。截至 2017 年 2 月，KAB 创业教育（中国）项目已培训高校师资 9100 多名，在 330 多所高校创设大学生 KAB 创业俱乐部，上百万名大学生参加了学习实践，开设《大学生 KAB 创业基础》课程高校达 1300 多所。[③] 尽管 KAB 创业教育（中国）项目及其课程对我国高校创新创业教育做出了很大贡献，但也在很大程度上弱化了我国高校开发本土化课程的能力。有研究指出：我国高校在创新创业教育教学方

---

① 臧玲玲，梅伟惠.高校创业教育课程生态系统的生成逻辑与建设路径 [J]. 华东师范大学学报（教育科学版），2019（1）：27.

② KAB（Know About Business），译为"了解企业"，是国际劳工组织专门为培养大学生创业意识和创业能力而开发的教育项目。KAB 课程由 8 个具有特定主题、彼此联系的教学模块组成；从课程类型看，包括各有侧重、互为补充的学科课程、活动课程、实践课程三类课程，其中学科课程侧重向学生传授创业知识，活动课程侧重培养学生的创业意识和技能，实践课程侧重为学生提供创业模拟演练。参见：朱亚宾，朱庆峰，朱杨宝 . 基于 SIYB 与 KAB 创业培训模式推进高校创业教育研究 [J]. 高校教育管理，2017（6）：47-52.

③ 创业教育网 .KAB 创业教育（中国）项目推广计划 [EB/OL]. http://chuangye.cyol.com/content/2011-09/15/content_4894576.htm.2018-11-26.

面"引进国外课程多，本土化程度少"①。这在很大程度上反映出，我国高校创新创业教育课程建设较为滞后，跟不上当前创新创业教育的发展形势，不能有效满足我国以高校创新创业教育培育"大众创业、万众创新"生力军的战略需求和战略任务。

笔者在对 F 省创新创业教育进行调研时发现，2017 年该省近 40 所本科高校总共开设创新创业教育课程 1969 门次，开设课程最少的只有 1 门次，全省本科高校平均开设创新创业课程仅 22 门次；50 多所高职院校共开设创新创业课程 638 门，有近 10 所高职院校开设创新创业教育课程仅 1 门次，全省高职院校平均开设创新创业课程仅 5 门次。笔者对某高校（2016年 12 月被我国教育部确定为"全国首批深化创新创业教育改革示范高校"）进行调研时发现，该校除"创业基础"为全校学生必修课外，只有 10 多门创新创业类选修课。调研中有关负责人也坦承课程建设滞后已经严重制约了学校创新创业教育的发展。为了弥补这一问题，学校正引入北京某公司的"精品创业课程"（包含创新思维类、创业启蒙类、创业实训类、眼界拓展类、能力养成类课程），准备面向大二、大三学生开设。

综上所述，本书认为课程建设滞后已经成为我国创新创业教育发展掣肘。针对我国高校创新创业教育课程不成体系、本土化课程不足等突出问题，本书认为要从根本上解决这些问题，强化创新创业教育校本课程开发是重要突破口。

第二节　研究问题与意义

"科学研究始于问题、问题是研究的发端、研究是为了解决问题，毫无疑问，这些已经成为研究者的共识。"② 只有有价值的问题，才能生发有价值的研

---

① 黄兆信，曾尔雷，施永川．高校创业教育的重心转变——以温州大学为例 [J]．教育研究，2011（10）：101．

② 刘献君．教育研究方法高级讲座 [M]．武汉：华中科技大学出版社，2010：6．

究，产生研究的理论与实践意义。本节主要阐述本书的问题与意义。

一、研究问题

"他山之石，可以攻玉。"我国T省高校以学校为中心、以学校为主体、以学校为本位，比较普遍地开发了有效整合创新创业教育课程和专业教育课程，体系完整、学校特色鲜明，提供给所有学生修读的、跨领域课程形式的创新创业教育校本课程。这既是T省高校创新创业教育本土化创新发展的结果，也是T省高校创新创业教育的最大特色。本书试图以校本课程开发为切入点，通过探索T省高校创新创业教育校本课程开发，为我国高校创新创业教育课程体系建设、本土化课程开发探寻有效经验和指导理论。

本书将"创新创业教育"界定为：高等学校根据一定的计划和安排，通过课程开发和组织学习，以增进学生创新创业精神和创新创业能力、培养创新创业型人才为根本目的的活动。

本书将"创新创业教育校本课程开发"界定为：高校为了增进学生的创新创业精神和创新创业能力，培养创新创业型人才，在理解和把握相关要素及其关系的基础上，形成创新创业教育学习方案或计划的过程。

本书试图通过研究回答的问题是：T省高校创新创业教育校本课程是如何开发的？具体包括：T省高校创新创业教育校本课程的目标是如何确定的？内容是如何组织的？校本课程是如何实施的？校本课程是如何评价的？需要考虑什么因素？这些因素之间存在什么关系？

二、研究意义

（一）有助于拓展校本课程理论，丰富创新创业教育理论研究

课程是创新创业教育的核心，但如同其他领域的课程研究被视为"不成熟领域一样"，研究创新创业教育课程的学者也相对少很多。尽管从可查文献来看，国内外有很多学者对高校创新创业教育进行了较为广泛的探讨，但高校创新创业教育课程研究还是一大片"很少被开垦的荒原"，其中针对

高校创新创业教育校本课程进行的研究更是少之又少。本书以"校本课程开发"作为切入点，探讨创新创业教育课程建设问题，为创新创业教育理论研究提供了新视角。当前，关注高校创新创业教育校本课程开发的学者不多，本书的开展可以拓展高校创新创业教育研究问题域。美国著名课程论研究专家泰勒（Ralph W. Tyler）在《课程与教学的基本原理》一书中，提出了一个包含"确定教育目标""选择教育经验""组织教育经验""评价教育计划"课程开发四个步骤（或阶段）的课程开发框架，被公认为科学化课程开发的"原理"（"泰勒原理"）。但是"泰勒原理"的线性思维和目标中心成为现代课程论的"梦魇"，在实践中也造成了一定的负面影响。本书在吸纳"泰勒原理"精髓的基础上，将其课程开发的四步骤（或阶段）创造性地置于以学校为中心的开放性坐标系中，构建了"以学校为本的课程开发四象限"分析框架，突破了其课程开发的线性思维、目标中心、封闭倾向，为校本课程研究提供了一个有用的分析框架。本书采用质性取向的多案例比较研究法，以 A 大学、B 大学、C 大学、D 大学、E 大学、F 大学、G 大学这七所 T 省高校为案例，通过大量的文本和访谈资料，归纳和描述了 T 省高校创新创业教育校本课程开发的要素及其关系，尝试性地提出了创新创业教育校本课程开发的一种网形解释性理论。所有这些都有助于拓展校本课程理论，丰富创新创业教育研究。

（二）有助于改善高校创新创业教育课程样态

创新创业教育对我国经济社会发展，对变革传统高等教育模式和高校人才培养模式都具有重大意义。"大众创业、万众创新"被视为经济新常态下我国促进经济社会发展的"双引擎"，创新创业教育属于培养"大众创业、万众创新"生力军的教育，其对经济社会发展的重要性不亚于"阿基米德基点"。长期以来，我国高等教育强调培养按部就班地按专业找工作的"就业者"，以记忆能力为基础的科学文化知识的"掌握者"，"就业教育"和"记忆教育"是主格调，而创新创业教育强调培养的人才要会创新、能创业，不但能够基于创新进行创业，而且能够以创业带动他人就业。可以说，高校创新创业教育承载着对传统高等教育模式变革的使命，同时被视为对传统高校人才培养模式的根本性变革。但当前我国高校创新创业教育课程体系根本无法支撑高质量的创新创业教育。本书对 T 省多所高校创新创业教育校本课程开发案例的介绍，可以为我国高校推进创新创业教育校本课程开发提供参照样板；本书对 T 省高校创新创业教育校本课程进行的多案例比较研究，其中的重要发现，可以为我国高校推进创新创业教育校本课程开发提供实践经验；本书所得到的重要理论性结论，可以为我国高校创新创业教育校本课程开发、课题体系建设、本土课程建设提供理论指导；本书基于 T 省高校创新创业教育校本课程实践经验和理论探索发现，针对中国高校创新创业教育课程建设存在的问题提出的对策和建议，可以为我国高校改进创新创业教育课程建设样态提供参考。

第三节　理论基础与分析框架

理论是对事物的解释。福柯（Michel Foucault）提出了"理论工具箱"（Theory-as-tool-kits）的概念，他认为理论不过是对事物的解释，世界上有多少种事物就有多少种解释；理论随着解释者视角的变换而变换，每种视角都对应着一种解释、一种意义和一种理论；各种不同的理论间的关系，就如同工具箱中不同工具间的关系一样，各自都有不同的功用，相互间在地位上没有什么差别。[①] 任何研究都有赖于一定的理论工具。理论基础是在研究中需要用到的理论工具。搭建全文分析框架、支撑研究论证是理论基础的最主要功能。本书涉及的理论工具主要是泰勒的课程开发[②]原理。本章

① 汪民安.文化研究关键词[M].南京：江苏人民出版社，2007：184-187.
② 课程开发（Curriculum Development），又称"课程编制"。"课程开发"和"课程编制"都是英文"Curriculum Development"翻译的结果。文本所引文献，部分作者使用"课程编制"一词，为尊敬原文献，笔者保留了"课程编制"一词。如无特别说明，本书所引文献"课程编制"均义同"课程开发"。

将在介绍泰勒课程开发原理基础上，评析其分析框架不足，并基于修正的泰勒课程开发分析框架构建本书分析框架，考察本书分析框架的适切性。

一、泰勒课程开发原理

在课程研究领域几乎没有人比拉尔夫·泰勒（Ralph W. Tyler）更有名气，研究者对其或褒扬或批评，但无人能忽视其重要影响和重要地位。可以说，泰勒是美国当代最负盛名的课程论专家。泰勒1902年出生于芝加哥，在芝加哥大学读研究生期间，跟随著名教育家 C. 贾德（Charles Judd）和 G. 康茨（George Counts）学习。1927年获得哲学博士学位后，在俄亥俄州立大学任教，在此期间参与了美国鼎鼎有名的"八年研究"计划[①]。泰勒是课程理论的集大成者，是现代课程科学化理论的重要奠基者，因其在课程理论方面的卓越贡献被誉为"现代课程理论之父"。1949年，泰勒出版了《课程与教学的基本原理》（*Basic Principles of Curriculum and Instruction*）。在书中，泰勒对课程论"开山祖师"博比特（John Franklin Bobbitt）[②] 等的理论进行了批判性借鉴。同时，认真反思和总结了"八年研究"的经验，在此基础上系统地论述了他关于课程的深入思考。这本书在美国以至其他国家的影响十分深远，截至1975年，该书加印33次之多，[③] 被誉为"现代课

---

① 八年研究（Eight-Year Study）亦称"三十校实验"。美国进步主义教育协会（Progressive Educational Association）为了解进步主义学校和传统学校两种不同类型的课程、教法对毕业生在大学学习情况的影响，详细制定了一项由合作中学和大学共同参与的为期八年（1933—1940年）的教育实验研究。"八年研究"中的课程改革被泰勒视为"20世纪五项最有意义的课程事件"之一。

② 约翰·富兰克林·博比特（John Franklin Bobbitt），美国芝加哥大学教育管理学教授。20世纪初期的美国，课程研究并没有被作为一个独立领域。1918年博比特出版了课程论的开山之作——《课程》（*The Curriculum*），由此开辟了"课程论"研究领域。博比特主张通过对人们所从事的活动进行分析识别出活动所需的能力、态度、习惯和知识，形成课程目标，然后根据这些目标选择和组织一套经验，通过这些经验达到这些目标。泰勒在《课程与教学的基本原理》一书中对博比特课程论思想有所借鉴。参见：王伟廉 . 课程研究领域的探索 [M]. 成都：四川教育出版社，1988：21-22.

③ 王伟廉 . 课程研究领域的探索 [M]. 成都：四川教育出版社，1988：25.

程理论的圣经"。在书中泰勒提出了课程开发的基本框架，同时建构了一个简明扼要的分析框架。

（一）泰勒关于课程开发的基本框架

"泰勒在书中对课程这个学术领域提出的一个基本框架，后来被人们广泛地称为'泰氏基本原理'（The Tylers Rationale）。"① 泰勒提出的课程开发原理（The Tyler Rationale）简洁、明了、实用，被公认为是在课程开发方面最完美、最简洁、最清楚的阐述。在《课程与教学的基本原理》的导言部分，泰勒提出了开发任何一种课程，都必须回答的四个基本问题：一是学校应该追求哪些教育目标（What educational purposes should the school seek to attain）；二是我们应该提供哪些教育经验才能达到这些目标（What educational experiences can be provided that are likely to attain these purposes）；三是这些教育经验如何才能有效地加以组织（How can these educational experiences be effectively organized）；四是我们如何才能确定正在实现这些目标（How can we determine whether these purposes are being attained）。

"教育应该被认为是经验的继续改造，教育的过程和目的是完全相同的东西。"② 可能受到当时流行的实用主义教育思想"教育是经验的继续改造"的影响，"教育经验"（Educational Experiences）是泰勒课程开发原理中的一个重要概念。"从本质上说，学习是通过学习者自身的经历而发生的，也就是说，学习是学习者通过对身处环境所产生的发生而发生的。因此，教育的方式是学习者拥有的教育经验。"③ 泰勒强调："'学习经验'这个术语既不同于一门课程所要传授的内容，也不是教师所开展的各种活动。'学习经验'这个术语指学习者与使他起反应的环境中的外部条件之间的相互作用。"④ 在泰勒看来，学习提供给学生的课程方案或计划和学校的特定教育目标具有很大关联，面临的一个非常重要的问题是决定提供哪些特定教育

---

① 王伟廉.课程研究领域的探索[M].成都：四川教育出版社，1988：25.

② 赵祥麟，王承绪.杜威教育名篇[M].北京：教育科学出版社，2006：7.

③ 泰勒.课程与教学的基本原理[M].罗康，张阅，译.北京：中国轻工业出版社，2008：55.

经验的问题。泰勒围绕教育目标和教育经验关系提到的四个基本问题中，事实上是他认为的课程开发的四个步骤或阶段：第一步，明确课程要达成的教育目标，即确定课程目标；第二步，选择学习经验，即选择和组织课程内容；第三步，组织学习经验，即进行课程实施；第四步，评价教育目标实现，即进行课程评价。

1. 确定教育目标

泰勒十分强调教育目标的主导作用，首先要以广泛的教育哲学为指导原则，对教育目标做出明智选择。泰勒对博比特等采用分析人类生活活动确定教育目标的做法提出了批评，他认为确定教育目标不能满足于分析人类生活活动。他说："目标归根结底是一个事关选择的问题，因而是那些对学校负责的人经过深思熟虑后做出的价值判断。"① 他把当时美国教育哲学各派的长处进行了综合，主张通过考虑学习者本身的需要、当代社会生活、学科专家的建议三个来源确定学校课程目标。泰勒认为，教育是改变人类行为方式的一种历程，课程开发要考虑学习者本身的需要，这就要对学习者本身进行研究，通过调查学生目前状况及与其可接受常模进行比较，以确定教育应在学生身上引起哪些行为方式的变化。除了考虑学习者需要，还要考虑当代校外生活，要通过调查获得的资料确定生活中哪些是比较重要的，并作为确定目标的依据。还要考虑学科专家的意见，他们关于某一学科或某一领域的知识，对当代生活具有重要意义或功能。

其次要"过滤"教育目标。泰勒主张要从上述三个来源中所得到的目标进行"过滤"，以便获得数目较少、内部一致性且重要的目标。泰勒提出了两道"过滤网"：一是学校办学方针和社会哲学删掉部分不符合要求的目标；二是利用学习心理学把学习者通过学习根本达不到或者不符合学生年龄特点的目标删去或做年级上的调整。经过上述两次"过滤"剩下的目标，就是学校要达到的教育目标。教育目标不宜多，数目以 7~15 个为宜。

---

① 泰勒. 课程与教学的基本原理 [M]. 罗康，张阅，译. 北京：中国轻工业出版社，2008：4，57-58.

最后要陈述教育目标。泰勒主张，目标表述要有助于选择学习经验，并且能够帮助引导教学。学校教育目标表述必须传达出将在学生身上发展的各种行为变化，既是学校有意识地想要达到的目的，也是教职员工期望结果。因此，每一个教育目标都应该包括"行为"和"内容"两个方面，为此他还发明了一种特殊的"二元分析表"。

2. 选择学习经验

确定教育目标后，接下来的事情是选择学习经验。他认为，只有选择学习经验，才会产生学习进而达到教育目标。泰勒指出："在设计一项教育计划以实现特定目标的过程中，我们面临着决定提供哪些特定教育经验的问题，因为正是通过这些经验，才会产生学习行为，从而实现教育目标。"[①]泰勒强调，学习是学习者通过对所处环境产生反应发生的，学习经验在学习者与外界环境之间相互作用中产生。泰勒提出了五条选择学习经验的原则：必须使学生具有机会实践这个目标所隐含行为的经验；必须使学生由于实践教育目标所隐含行为而获得满足感；所期望学生行为变化在学生力所能及范围内；有许多特定经验可达到同样教育目标；同样的学习经验会产生几种结果。[②]

泰勒通过举例对有助于实现各类目标的学习经验特征进行了概括。这些特征包括：培养思维技能的学习经验；有助于获取信息的学习经验；有助于培养社会态度的学习经验；有助于培养兴趣的学习经验。[③]泰勒认为，教师的作用在于安排一定的情境，使这些情境足以引起所期望于学生的那些行为。因此，选择学习经验的中心问题是如何安排种种情境，才能从学生那里引发或向他们提供所期望的那种学习经验。在教学过程中，学生是积极主动的参与者，教师要创设各种问题情境，引导学生主动探究问

---

① 泰勒. 课程与教学的基本原理 [M]. 罗康，张阅，译. 北京：中国轻工业出版社，2008，4：57-58.

②③ 泰勒. 课程与教学的基本原理 [M]. 罗康，张阅，译. 北京：中国轻工业出版社，2008，55：59-72，204.

题，培养学生的创造思维能力和批判思维能力，并帮助学生把新知识与原有知识进行有意义的建构。因此，所选的学习经验应有助于培养学生思维技能、有助于获得信息、有助于形成社会态度、有助于培养学生的学习兴趣。[①]

3. 组织学习经验

泰勒认为，富有成效的学习经验组织应遵守连续性（continuity）、顺序性（sequence）和整合性（integration）三个准则。他说："在编制一组有效组织起来的学习经验时，需要符合三大标准，即：连续性、顺序性和整合性。"[②] 连续性指课程设计要使学生对所学知识、技能能够有机会不断重复练习和继续发展；顺序性（或阶段性）指在前一阶段经验基础上后一阶段的经验能够得到推广和深化；整合性指要考虑使各种学习经验之间相互关联、统一和连贯。泰勒进一步指出，在组织学习经验时还必须考虑如何找出每一学科最基本的东西，如最基本的概念、原理、能力等，并将它们作为组织课程的经纬。

组织学习经验时要考虑组织的基本原则。泰勒认为，人们一般采用的以伦理或心理组织，以及以"年代"组织学习经验组织的方法常常不能令人满意。他提出还有一些其他组织原则，包括增加应用广度；扩大范围；使用先叙述后分析方法；先举事例再提基本原理；先把"部分"组成"整体"再建立统一"世界观"；等等。

组织学习经验还要考虑课程组织结构。泰勒提出，"结构"可以分成几个层次：个别科目，即科目中心课程或科目本位课程；广域课程，如社会科、语文科、数学科、自然科；核心课程加上广域课程或科目本位课程；经验课程（一种完全未经分化的结构）。[③]

---

① 王伟廉 . 课程研究领域的探索 [M]. 成都：四川教育出版社，1988：30–31.

② 泰勒 . 课程与教学的基本原理 [M]. 罗康，张阅，译 . 北京：中国轻工业出版社，2008：55，59–72，204.

③ 王伟廉 . 课程研究领域的探索 [M]. 成都：四川教育出版社，1988：32–33.

4. 评价教育目标实现

泰勒强调评价教育目标实现的必要性。他说："重要的是要进行较全面的检验，以考察这些学习经验的方案是否真的能够指导教师去实现期望的结果。这是评估的目的，也就是制定好方案后还有必要对其进行评估的原因。"① 泰勒所谓的评价，是测定教育目标在课程与教学的方案中所引起的学生行为变化究竟发生到什么程度。评价的目的是全面地检验课程学习带来了多少预期结果，在实际中发挥了多大作用，以确定课程与教学实际达到目标的程度。他说："评估的过程，从本质上讲，就是判读课程和教学计划在多大程度上实现了教育目标的过程。"②

为了能够测出课程对学生带来的变化的程度，泰勒认为课程评价至少要有两次：一次在课程方案实施前；一次在课程方案实施后。泰勒认为，不应该只是一个单一的分数或单一的描述性术语，而应该是反映学生目前状况的一个剖析图，评价本身是让教师、学生和有关人士了解课程成效的过程。课程评价可以采用笔试、观察、谈话、收集学生作品等方式进行。必要的话，课程开发者还可以修正，或新设计或发明一些方法，以获得学生是否实现了教育目标的证据。泰勒还强调，要使用评估的结果，评价的结果须做恰如其分的解释。

（二）泰勒课程开发框架的影响及其不足

泰勒的研究使得课程研究从不成熟走向了成熟，标志着课程研究发展进入了一个新阶段。泰勒提出的课程开发四阶段理论被称为"泰勒模式"，因泰勒特别强调目标的重要性，也被称为课程开发的"目标模式"。泰勒的"目标模式"是迄今最广为人知的课程开发理论；泰勒提出的确定课程目标、选择学习经验、组织学习经验、评价教育目标实现的课程开发四步骤（或阶段），也被简化为"确定目标""组织内容""实施课程""评价课程"，成为容易记忆且至今为人津津乐道的课程开发工作框架。

---

① ② 　泰勒.课程与教学的基本原理 [M].罗康，张阆，译.北京：中国轻工业出版社，2008：96.

在泰勒之后，不断有学者对泰勒的课程开发框架或"目标模式"进行发展与补充。泰勒的学生兼助手塔巴（H. Taba）将泰勒模式扩展为"七阶段模式"，提出课程开发包含对需要进行调查分析、确定目标、选择内容、组织内容、选择学习经验、组织学习经验、建立评价标准、进行评价七个阶段或步骤。1967 年，英国课程论专家惠勒（D. Wheeler）在《课程过程》（*Curriculum Process*）一书中，将泰勒的直线式修改为圆环式，并将目标、内容、实施、评价四阶段修正为五阶段模式，即目的和目标、学习经验的选择、内容的选择、学习经验和内容的组织与综合、评价。梅里特（J. Merritt）则将泰勒模式拓展为"八阶段模式"，即目的、目标、战略、战术、方法、技术、评价、巩固。[①] 尽管这些模式都对泰勒模式进行了不同程度的修正，也丰富了课程研究，但总体上没有脱离泰勒思想的核心，仍属于"目标模式"的范围。

另有部分课程研究者在反思和批判目标模式过程中提出其他课程开发模式。例如：1959 年，布鲁纳在《教育过程》一书中提出了课程编制的"过程—目标"模式；1975 年，斯滕豪斯在《课程研究与编制导论》一书中提出了著名的课程编制"过程模式"；美国课程理论家施瓦布在《课程设计与评价》一书中提出了课程开发的"实践模式"；英国学者斯基尔贝克（M. Skilbeck）提出了"环境模式"[②]；美国心理学家罗伯特·加涅（Robert Mills Gagn）则提出了课程开发的"梯度序列"模式[③]；等等。

尽管这些课程开发模式从不同层面向上对泰勒课程模式有所修正，但

---

① 王伟廉．课程研究领域的探索 [M]. 成都：四川教育出版社，1988：80.

② 斯基尔贝克（M. Skilbeck）强调课程编制活动的基点在单个学校及其教师；认为课程应根据不同学校所处环境的不同特点来编制，课程编制仅是一种手段，教师借助这种手段可以让学生领悟到各种文化价值，学会各种对文化进行解释的思想方法和符合系统，从而对学生的经验进行改造；主张课程编制由分析环境，确立和表述目标，制定方案，阐明和实施，检查、评价、反馈和改进五个直线式部分构成。参见：王伟廉．课程研究领域的探索 [M]. 成都：四川教育出版社，1988：88-89.

③ Robert M.Gagne.Curriculum Research and the Promotion of Learning, Persoectice of Curriculum Evaluaion[M].Chicaga：Rand Mcnally Co.，1967：23.

由于这些课程模式操作比较复杂、对教师要求高，影响最大、运用最广、最为人所识的当数"泰勒模式"。可以说，泰勒所提供的课程开发框架，具有其他框架不可比拟的优势。尽管如此，诚如许多课程研究者所评价的，泰勒提供的课程开发框架仍然存在较大不足。

首先，泰勒课程开发框架强调课程开发是直线过程。泰勒课程框架将课程开发过程确定为由四个步骤或阶段组成，强调课程要确定教育目标，根据目标选择教育经验（选择课程内容），在基础目标和内容中总结组织教育经验（实施课程），根据目标和学生行为变化等开展课程方案评价。他所认为的课程开发四个步骤是直线的，是由前到后、由上到下逐一进行的。但实践者很快就发现，课程开发过程很复杂，课程开发事实上很难严格按照四个步骤或阶段逐步进行。"'先确定目的和目标，然后确定手段'这种做法，只在某些情况下才是合理的，而在课程编制这个复杂的过程中，未必都是可行的。"① 这种直线式的课程开发架构很快就遭到了批评，英国课程论专家惠勒（D. Wheeler）索性将泰勒的直线式修改为圆环式，以强调课程开发过程的几个阶段是循环往复式的，并不是直线式的。

其次，泰勒课程开发框架忽视学校特点特色。由于泰勒提出的课程开发原理着眼于学校开发课程的一般规律，倾向于把课程开发过程变成一种普适性的、统一性的模式，因而其课程开发框架，侧重一般原理、一般原则，着眼点是课程开发过程中"放之四海而皆准"的普遍指导规则，并不太关注各个学校在课程开发的特殊性、个性，也不强调课程开发过程中如何结合学校特色、学校资源、学校文化，如何关照学校周边环境，如何结合学校实际和特点等进行课程开发。因此，泰勒课程开发框架是一种见"课程"，少见或不见学校实际"环境"的课程开发模式。斯基尔贝克提出的课程开发的"环境模式"，试图弥补在这方面的缺失。

最后，泰勒课程开发框架不太重视教师。泰勒课程开发框架十分强调

---

① 王伟廉. 课程研究领域的探索 [M]. 成都：四川教育出版社，1988：80.

和重视目标，对课程目标的考虑、遴选、表述都有一套较为严格的程序，要考虑学习者本身、当代校外生活、学科专家的建议，再通过两道"过滤网"遴选后，还要采用较固定的表述方式，因而在泰勒课程开发框架中，目标占据主导地位。"课程问题极其复杂，有些现象在我们确定目的和目标时是预计不到的，因此，这种模式一经确定下来，往往减少了教师对临时所出现的问题进行随机处理的机动性。"[①] 在泰勒课程开发框架中，教师的任务主要是按照既定的课程目标和课程内容进行课程实施，教师被置于课程开发中的"边缘"。

二、本书的分析框架

泰勒提出的课程开发框架，是课程开发工作框架，在分析研究课程问题时，也被视为课程研究分析框架。本书以泰勒课程开发原理为理论基础，根据泰勒课程开发框架构建分析框架。考虑到泰勒课程开发框架存在的问题，本书分析框架一方面借鉴其基本架构，另一方面对其进行适切性修正。

（一）本书的分析框架

由于泰勒提出的课程开发原理着眼于学校开发课程的共性，倾向于把课程开发过程看成一种普适性的、统一性的模式，因而对各个学校课程开发的创造性、特殊性、个性关照不多。为更好地回答本书提出的问题，本书将泰勒提出的课程开发四个阶段或步骤，作为构建高校创新创业教育校本课程分析框架的四个关键要素，在运用其"课程目标—课程内容—课程实施—课程评价"四个关键要素的基础上，引入了"学校"这个关键概念，构建了以"以学校为本的课程开发四象限"分析框架，如图1-1所示。

[①] 王伟廉. 课程研究领域的探索 [M]. 成都：四川教育出版社，1988：81.

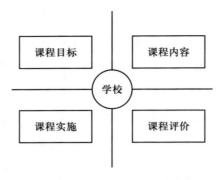

图1-1 "以学校为本的课程开发四象限"分析框架

资料来源：笔者自行绘制。

"以学校为本的课程开发四象限"分析框架的主体是由纵线和横线构成的四象限坐标系。四个象限表示校本课程的四个重要领域，即课程目标、课程内容、课程实施和课程评价。校本课程的四个重要领域既是构成校本课程的四个重要方面，也是观察、分析校本课程的四个重要向度。坐标系中心点是学校，表示校本课程的本位、中心和主体都是学校，课程目标、课程内容、课程实施和课程评价都是基于学校、为了学校、在学校中进行的。坐标系的四个象限都不是封闭的，表示校本课程虽然是以学校为本位的，但是校本课程并不是决然封闭在学校中的"孤岛"，应该是开放的，从课程目标确定到课程内容、课程实施，再到课程评价，都需要依托学校所在区域的各种资源，都需要对学校与外部环境进行良好的合作和互动。

（二）本书对泰勒课程开发分析框架的借鉴

泰勒课程开发框架事实上为课程研究提供了一个基本分析框架。泰勒的《课程与教学的基本原理》（*Basic Principles of Curriculum and Instruction*）一书，共包含五章内容，分别为：学校应力求达到何种教育目标；如何选择有助于实现这些教育目标的学习经验；如何为有效的教学组织学习经验；如何评估学习经验的有效性；学校和学院教师如何进行编制课程的工作。他用五章内容探讨了四个理论问题，简单来说就是：如何确定课程目标，如何选组课程内容，如何实施课程，如何评价课程。他对这四个问题的讨论和分析构成了泰勒课程开发研究的分析框架。泰勒课程开发分析框架具有如下特点：

其一，泰勒课程开发分析框架以课程开发的四个最基本问题为基本架构，具有原理特性和无法回避性。泰勒在《课程与教学的基本原理》中以探讨课程开发四个问题为基础，搭建了其分析框架的基本架构，即"课程目标—课程内容—课程实施—课程评价"。由于泰勒所探讨的四个问题属于课程开发和课程研究中最为基本的问题，一切课程开发活动和课程研究活动都不可能绕过这四个问题，使得其分析框架的基本架构具有无法回避性。瑞典学者胡森（T. Husen）等主编的《国际教育百科全书》指出："泰勒的课程基本原理已经对整个世界的课程专家产生影响。……不管人们是否赞同'泰勒原理'，不管人们持什么样的哲学观点，如果不探讨泰勒提出的四个基本问题，就不可能全面地探讨课程问题。"[①] 我国高校课程论研究专家王伟廉坦言："他的理论大体上把制定课程所要涉及的主要方面和步骤都包括了进去，尽管其阐述的课程框架也存在很多不足之处，但作为一个比较完整的理论体系，在课程研究领域的发展史上占有着极其重要的地位。他所提出的一些基本原理和原则，至今仍具有理论意义和实际意义。"[②]

其二，泰勒课程开发分析框架对高校课程研究具有适切性。"课程编制理论的研究最早就是针对中小学培养方案这一层次的。"[③] 毋庸置疑，泰勒课程开发分析框架也是泰勒针对中小学课程开发提出的。但是，泰勒课程开发分析框架，作为原理性理论，仍适用于高校课程开发及其研究。1989年，美国学者斯塔克（Joan S.Stark）把高校课程开发简化为四个问题[④]：我们是否确定出学生学习的目的和目标？我们是否找到了关于组织课程内容的最好的程序和结构？我们是否考虑了所教授的概念之间以及这些概念和学生之间的关系？我们是否知道如何对我们的方案是否成功作出评价？由这四

① 施良方.课程理论：课程的基础、原理与问题 [M].北京：教育科学出版社，1996：14.

② 王伟廉.课程研究领域的探索 [M].成都：四川教育出版社，1988：34.

③④ 王伟廉.高等学校本科课程编制模式探讨 [J].高等教育研究，2003（2）：79.

个问题导入的课程开发分析框架，事实上与泰勒课程开发分析框架是一致的，都涉及目标确定、内容组织、课程实施和课程评价。我国高校课程研究专家王伟廉也曾提出过一个高校课程开发四阶段模式，即确立和表述目标，选择和组织课程内容，安排教育、教学活动，对课程进行评价。[①] 这一高校课程开发模式，实际上是对泰勒课程开发分析框架在中国语境下的创造性再运用，侧证了泰勒课程开发分析框架在高校课程开发研究中的适切性和生命力。

其三，泰勒课程开发分析框架具有很强的解释力和指导力。"他的基本原理之所以受到重视，原因在于其合理性与可行性，而无论何种情境或个人不同的哲学取向如何，Tyler 的模式皆适用。"[②] 泰勒提出的课程开发分析框架，即"课程目标—课程内容—课程实施—课程评价"，因其简洁明了、解释性和指导性强，而被赞誉为"泰勒原理"。在人文科学社会中能被称为"原理"的理论工具不多，这足以说明了泰勒课程开发分析框架的解释力和指导力。泰勒课程开发分析框架诞生后的半个多世纪的课程研究发展史证明，泰勒提出的课程开发分析框架，是现代课程开发研究的最主要分析框架，至今仍拥有强大的解释力和指导力。因此，本书分析框架的构建吸取了泰勒课程开发分析框架的基本架构。

（三）本书对泰勒课程开发分析框架的修正

1. 泰勒课程开发分析框架的不足

"在课程理论中，没有比目标模式所引起的争论更多的理论了。"[③] 尽管泰勒课程开发分析框架具有根本性和很强的解释力、指导力，但同时存在一些不足。主要的不足在于：

---

① 王伟廉. 高等学校本科课程编制模式探讨 [J]. 高等教育研究，2003（2）：80.

② Allan C. Ornstein，Francis P. Hunkins. 课程发展与设计 [M]. 方德隆，译. 台北：台湾省培生教育出版股份有限公司，2004：9.

③ 喻春兰. 后现代课程论者对泰勒原理的误判 [J]. 华南师范大学学报（社会科学版），2008（3）：148.

　　其一，将课程目标视为中心。"泰勒的突出贡献无疑在于他创造性地以'教育目标'为核心，构建了课程与教学原理的体系。"① 课程目标很重要，确实可以发挥导向作用，让课程内容、课程实施、课程评价有目标和方向。但泰勒没有看到，目标本身也是课程开发者制定的，课程开发者确定课程目标，不是为了目标，目标并不是课程开发者要追求的东西；课程目标事实上也是"手段"，是为了更好实现"培养人"而采取的手段，充其量是课程开发的一个环节，并不是中心。泰勒将"手段"作为"目的"去追求，以目标为中心，以目标为圭臬，强调从课程目的出发，显然抬高了课程目标的地位，放大了课程目的的功能，使得其探讨的课程开发四个基本问题变成了一个重要问题、三个次要问题，其分析框架演变成以课程目标为中心的"一个茶壶搭配三个茶杯"框架，这显然是本书所不能认同的。

　　其二，线性与封闭性。泰勒提出的课程开发框架，强调课程开发要确定教育目标，根据目标选择教育经验（选择课程内容），基于目标和内容组织教育经验（实施课程），确定教育经验实现情况（进行课程评价），这样泰勒事实上确立了一个从课程目标到课程内容，再到课程实施，最后以课程评价作为终结的线性封闭分析框架。这一分析框架具有直线思维和闭路思维两种弊端，既不符合事实，也表现出分析思维上的缺陷。诚如有研究者指出的："在泰勒原理中，四个问题一字排开，线性相连，首尾相顾，组成一个封闭的系统，这是泰勒原理的特质与要点。"②

　　其三，不能体现学校的中心性、主体性、本位性。课程开发说到底是由学校根据"培养人"需要或自身发展需要进行的教育实践活动，学校在课程开发过程中具有中心性、主体性、本位性。其本位性体现在，在课程开发中，学校从自身需求、实际、特点和条件等出发进行课程开发活动，学校是本位所在；其中心性体现在，学校居于中心位置，是课程开发中各

① 覃红霞，陈兴德 . 经典的解构——从泰勒到后现代主义课程观的变迁 [J]. 江苏高教，2003（2）：110.

② 马开剑 . 泰勒原理在后现代语境中的解构与重塑 [J]. 全球教育展望，2004（4）：51.

种资源的集中地，课程开发的指挥中心；其主体性体现在，学校是课程开发的行动主体、权责主体，是课程开发的组织者和缔造者。只有尊崇学校的中心性、主体性、本位性，学校才能开发出具有特色和个性、适合学校和学生发展需求的课程。泰勒课程开发分析框架忽视学校的中心性、主体性、本位性，见"课程"，少见或不见"学校"，是本书不认同的。

2. 本书对泰勒分析框架的修正

为集成泰勒课程开发分析框架优势，同时克服泰勒课程开发分析框架的不足，本书对泰勒课程开发分析框架进行了适切性修正，即以泰勒课程开发原理为理论基础，通过在泰勒"课程目标－课程内容－课程实施－课程评价"分析框架基本架构基础上，引入"学校"这个关键概念，构建了"以学校为本的课程开发四象限"分析框架，拓展和修正了泰勒课程开发分析框架。本书对泰勒课程开发分析框架进行的修正及其合理性体现在：

其一，高校在课程开发上具有中心性、主体性、本位性，"以学校为本"能够体现高校在课程开发上的这些特性。培养人才是高校的本质功能，也是高校的基本职能。高校培养人才必须借助于课程。"课程居于教育事业的核心，是教育的'心脏'。同时，课程又是把教育思想、观念、目的、宗旨等转变为具体教育实践之间的中介，没有这个中介，一切教育目的、思想、观念、宗旨等都不可能得到落实。"[1] 更好培养特定人才，开发课程是高校的天然职责。高校为了履行育人基本职能，发挥培养人才的本质功能，必须有目的、有计划地以学校为中心、本位和主体开发一系列课程。学者宣勇从高等教育哲学的视角提出，大学主体性主要体现为大学的目的性、自主性、自觉性和能动性四个维度。[2] 课程开发需要高校充分发挥主体性，有目的、自主、自觉、能动地开展课程开发工作。高校课程开发的主体性强，高校会愿意投入更多的时间、精力和资源进行课程开发，其所开发的

---

① 潘懋元，王伟廉. 高等教育学 [M]. 福州：福建教育出版社，1999：131.

② 宣勇. 政府善治与中国大学的主体性重建 [M]. 北京：人民出版社，2016.

课程更能体现学校在课程开发中的中心性和本位性，更为理想和有效。本书构建的"以学校为本的课程开发四象限"分析框架，通过"以学校为本"体现高校在课程开发上的主体性、中心性和本位性，有助于强化学校在课程开发中的地位和责任，对改善课程开发状态具有提振作用。

其二，高校课程开发有其基本问题，"课程开发四象限"能够契合课程开发基本问题。有研究者指出：自 19 世纪末课程作为专门研究领域诞生以来，课程编制理论主要针对的是中小学课程编制，理论比较成熟。高校课程编制活动在很多方面与中小学课程编制活动有相同或相似之处，特别是在目标设定与表述、课程内容程序与结构、处理课程问题方法论上，有相当多的共性，可资借鉴内容颇多。欧美高校课程编制理论著作中也大量吸收已有中小学课程编制的理论和方法。[①]事实上，无论是中小学课程开发，还是高校课程开发，都需要回答泰勒提出的课程开发的基本问题，即课程目标怎么确定、课程内容怎么组织、课程怎么实施、课程怎么评价。本书以纵线、横线交叉构成的"四个象限"，架构泰勒课程开发框架基本内容，形成了由课程目标、课程内容、课程实施和课程评价构成的新的分析框架，即"以学校为本的课程开发四象限"分析框架。本书分析框架中的"四个象限"契合泰勒提出的课程开发基本问题，也直接吸取了泰勒课程开发分析框架基本架构，与泰勒课程开发原理具有同样的理论效度和解释力，因而具有理论正当性。

其三，高校课程开发具有开放性和循环性，"课程开发四象限"能够凸显课程开发的开放性和循环性。高校课程开发具有多层次性。我国高校课程研究专家王伟廉指出，高校的课程编制（Curriculum Development，即本书的"课程开发"），不同于中小学课程编制活动的一个显著特点是，在高校课程编制活动是有很多层次的。[②]根据美国学者的研究，高校课程编制活动至少包含四个层次：第一个层次是教师对自己所教教程或单门课程进

---

①② 王伟廉.高等学校课程编制理论建设的几个问题 [J].江苏高教，2003（5）：39.

行开发；第二个层次是以学科专业为单位课程编制活动，如专业教学计划编制；第三个层次是以学院为单位进行的课程编制活动，如某大学的某学院对本学院学生的课程方案进行编制；第四个层次是以学校为单位进行的课程编制活动，主要针对所有学生都要学习的公共课程或基础课程。[①] 高校课程开发具有开放性和循环性。事实上，无论是哪一层次的高校课程开发，都不是封闭的、直线的。在高校课程开发过程中，从确立目标—内容组织—课程实施—实施评价，到新的目标确定—内容组织—课程实施—课程评价，具有循环发展的特征。当然，课程开发的循环不是简单重复，也不是直线式循环，而是螺旋上升式循环，是高校对已经开发的课程经过实施评价"扬弃"后，在更高水平、更高层次上的发展式循环。这一循环过程是开放的，不具有终结性。同时，高校课程开发在整个过程中具有开放性，高校不仅会主动吸纳校外人员，还会积极与政府、产业部门、学界等保持互动。"以学校为本的课程开发四象限"分析框架中"四个象限"：一方面包含了课程开发必不可少的四个环节或步骤；另一方面能够较好彰显高校课程的开放特点和循环特点，因而具有合理性。

其四，"以学校为本的课程开发四象限"分析框架将学校置于课程开发的中心、主体和本位，与泰勒课程开发原理具有理论同源性。泰勒在《课程与教学的基本原理》一书中投入的所有研究心力，从根本上说，是为了回答自己提出的关于课程开发的四个基本问题。泰勒在《课程与教学的基本原理》一书中所探讨的四个问题分别为：① What educational purposes should the school seek to attain? ② What educational experiences can be provided that are likely to attain these purposes? ③ How can these educational experiences be effectively organized? ④ How can we determine whether these purposes are being attained? [②] 这四个问题的主体词实际上都是"the school"。因此，泰勒提出的四个基本问题，其实质含义依次是：学校要考虑追求什么教育目的；

---

① 王伟廉. 高等学校课程编制理论建设的几个问题 [J]. 江苏高教，2003（5）：39.

② 泰勒. 课程与教学的基本原理 [M]. 罗康，张阅，译. 北京：中国轻工业出版社，2008：121.

学校要考虑把什么教育经验提供给学生才能实现这些教育目标；学校要考虑如何将这些教育经验有效组织起来；学校要考虑以怎样的方式确定这些教育目的正在被实现。因此，对这四个问题的回答，行为主体都可以是学校。换言之，泰勒提出的课程开发的四个基本问题，本可以立足于学校为中心、为主体、为本位去探寻答解。遗憾的是，泰勒提出了"天才"的问题，却给出了有缺憾的答解。这一如"断臂的维纳斯像"，让后来者唏嘘。本书分析框架，通过"以学校为本"将学校置于课程开发中心、主体和本位，可以说与泰勒课程开发原理在理论源头，即泰勒希望回答的问题，具有同源性，属于对泰勒所提课程开发基本问题的另一种答解。"以学校为本的课程开发四象限"分析框架，有助于我们"重回思想的源头"，重新思考和回答泰勒提出的问题。

综上所述，本书在吸纳泰勒课程开发原理精髓的基础上，将其课程开发的四步骤或阶段创造性地置于以学校为中心的开放性坐标系中，构建了"以学校为本的课程开发四象限"分析框架，突破了其课程开发的目标中心、线性思维、封闭倾向，为校本课程开发研究提供了一个有用的分析框架。

三、本书分析框架的适切性分析

本书以泰勒课程开发原理为理论基础，通过引入"学校"这个关键概念，构建了"以学校为本的课程开发四象限"分析框架，拓展和修正了泰勒课程开发分析框架。本节主要对其运用于创新创业教育校本课程开发和T省高校创新创业教育校本课程开发研究的适切性进行考察。

（一）运用于创新创业教育校本课程开发研究的适切性

本书试图将基于拓展和修正的以泰勒课程开发分析框架为基础的"以学校为本的课程开发四象限"分析框架，运用于对创新创业教育校本课程开发研究和探讨中。"以学校为本的课程开发四象限"分析框架适用于分析创新创业教育校本课程开发，其适切性体现在：

其一，创新创业教育校本课程开发的实质是课程开发问题。创新创业教育校本课程开发探讨的是课程开发问题，作为课程开发问题探讨，在创新创业教育校本课程开发过程中必然要面对和回答以下四个基本问题：学校应该追求哪些创新创业教育目标？学校应该提供哪些创新创业教育经验才能达到这些目标？创新创业教育经验如何才能有效地加以组织？如何才能确定创新创业教育的目标正在实现？简言之，要解决创新创业教育校本课程开发中课程目标如何确定、课程内容如何组织、课程如何实施和课程如何评价的问题。"以学校为本的课程开发四象限"以纵线、横线架构了由课程目标、课程内容、课程实施和课程评价构成的"四个象限"。"四个象限"与创新创业教育校本课程开发需要回答的四个基础问题相一致，因而以其分析创新创业教育校本课程开发过程是合适的。"以学校为本的课程开发四象限"中"四个象限"具有开放特点和循环特点，可以很好地契合在创新创业教育校本课程开发过程中，学校并不是单独在作战，学校也在积极开发利用校外各种资源这一事实，也能较好地契合创新创业教育校本课程开发是一个以循环方式不断发展和完善的过程这一事实，因而将其运用于创新创业教育校本课程分析十分适切。

其二，创新创业教育校本课程开发是以学校为本的课程开发问题。一如课程开发，在创新创业教育校本课程开发过程中，学校也是中心，是本位，是主体。首先，创新创业教育校本课程开发的中心是学校。学校在创新创业教育校本课程开发过程中居于中心位置，是创新创业教育校本课程开发中所关涉人员、资源、信息等的集中地和凝聚点，学校同时是创新创业教育校本课程开发过程中，课程目标确定、课程内容选组、课程实施、课程评价，乃至创新创业教育校本课程进一步修改完善等相关活动的指挥中心和"中枢神经"。其次，创新创业教育校本课程开发的本位是学校。培养人才是高校的根本任务。为了更好地培养人才，高校会考虑如何提供给学生理想的学习方案或计划。创新创业教育校本课程是高校为培养创新创业人才，增进学生创新创业精神和创新创业能力，提供给学生的学习方案或计划。为追求理想状态，高校通常会立足于学校自身发展需求、学校学生需求、学校办学宗旨、学校办学定位、学校现实条件、学校资源等，进行创新创业教育校本课程开发，因此，学校是创新创业教育校本课程开发过程中的本位所在。最后，创新创业教育校本课程开发的主体是学校。创新创业教育校本课程开发是学校在充分考虑学校教育目标、发展目标，出于对自身发展的愿望和学生的实际需求，通过调动校内教师的积极性、创造性，基于对课程开发要素及其关系的理解和把握，有目的、自主、自愿地探寻为学生提供更理想学习方案或计划的过程，学校拥有完全权力，对创新创业教育校本课程开发承担完全责任，是课程开发的真正主体。本书建构的"以学校为本的课程开发四象限"分析框架，通过"以学校为本"的方式，将学校置于创新创业教育校本课程开发的中心、本位和主体位置上，符合创新创业教育校本课程开发应然逻辑，因而将之运用于创新创业教育校本课程分析具有适切性。

（二）运用于 T 省高校创新创业教育校本课程开发研究的适切性

如前所述，T 省创新创业教育体系有两个系统：一个是高等教育创新创业教育系统，另一个是社会机构创新创业教育。高等教育创新创业教育系统，主要由普通高等教育体系、高等技术职业教育体系、高等师范教育体系的大专院校，通过提供创新创业教育课程和单一学科课程实施。由于本书所指称 T 省高校创新创业教育校本课程，仅限于以学校为中心、以学校为主体、以学校为本位开发，提供给所有学生修读的跨领域课程。因此考察本书分析框架运用于 T 省高校创新创业教育校本课程研究的适切性，实际上是考察其对 T 省高校所开发的创新创业教育课程的适切性。本书"以学校为本的课程开发四象限"分析框架，运用于 T 省高校创新创业教育课程的适切性体现在：

其一，T 省高校的创新创业教育课程其实质是学校提供给学生的跨领域的学习方案或计划，是学校进行课程开发的结果。T 省高校开发的课程，是学校为实现某种教育目标，通过将有关系的科目，按照性质接近或彼此相关进行整合，形成的跨领域、跨学院的提供给学生修读的学习方案或计划。就其实质，课程作为学校提供给学生的学习方案或计划，与一般课程并没有根本性差异。但课程作为将不同科系、不同学院性质接近或相关科目整合的结果，也有其特殊属性，这种特殊性体现在，课程具有跨领域、跨系所或学院属性。D大学的一名受访者指出："我讲一下课程的概念，可能跟我国有一些不一样。你们有不同的专业，我们是不同的系所。这个课程是由不同的系所的老师出来开的。像师大有很多课程，像日语课程，师大可能没有这个系所，但我们有一些老师可能会日语，这些老师就出来开课，这个叫作课程。"T省高校的课程分为学位课程和学分课程。前者修读完可以获得学位，后者只能获得学分证明。还有一个特点，就是对修读学分有要求，要求修读课程的学生只有学分达到要求才能拿到修读证明或证书。"课程的概念应该是脱离不同的专业。修完这个课程学生会拿到一个证书，但这个证书和本科毕业拿到的证书是不一样的。它更多是一种参考，更像是辅修的证明。"

T省高校开发的创新创业教育课程，是高校为达成培养创新创业人才教育目标，通过将与创新创业教育相关的科目与专业教育课程，按性质接近或彼此相关加以整合，形成的有组织的、系统的，提供给学生修读的学习方案或计划，因此尽管具有跨领域属性、修读达到学分要求才可以取得证明或证书的特点，但其本质是为学生日后创业提供准备而形成的，提供给学生的学习方案或计划。"这个创业方面的课程，是由不同学院的老师，如管理学院的老师，或是其他学院的老师在这个课程下进行授课，要给学生提供一些创业的准备。""创业可能需要一些金融的、管理的知识等。管理学院就会提供师资和课程，对文创方面的文学院可能会提供一些课程与教师，最后组合成一个课程。这个课程由不同学院的老师授课。学生修完了就可以拿到一张课程的证明。"由于T省高校开发的创新创业教育课程，本质上也是为学生日后创业而提供给学生的学习方案或计划，也是学校开展课程开发这一教育实践活动的结果，因此将"以学校为本的课程开发四象限"分析框架，运用于 T 省高校开发的创新创业教育课程研究，具有适切性。

其二，T 省高校开发的创新创业教育课程包含"校本"和"课程开发"特质，与创新创业教育校本课程开发过程具有一致性。T 省高校为了增进学生的创新创业精神和创新创业能力，培养创新创业型人才，在理解和把握相关要素及其关系的基础上，形成了各种课程形式的提供给学生修读的学习方案或计划。T 省高校开发的创新创业教育课程实际上是开发的"校本的课程开发"，包含"校本"和"课程开发"特质。

首先，T 省高校开发的创新创业教育课程体现了"校本"。所谓"校本"，指以学校为本位、以学校为中心、以学校为主体。T 省高校开发的创新创业教育课程是以学校为本位的，是 T 省各高校立足于自身发展需求、学校学生需求、学校办学宗旨、学校办学定位、学校现实条件、学校资源等，通过动员多方面力量、各方面资源，开发形成的用于创新创业教育的学生学习方案或计划。T 省高校开发的创新创业教育课程也是以学校为中心的，学校在创新创业教育课程开发过程中居于中心位置，学校汇集了创新创业教育课程开发的人员、资源、信息等，并且是创新创业教育课程开发的指挥中心和"中枢神经"。T 省高校开发的创新创业教育课程是以学校为主体的，是学校在调动校内教师积极性、创造性，基于对课程开发涉及要素及其关系的理解和把握，在综合考虑、妥善处置这些要素的基础上，形成学生学习方案或计划的过程，学校拥有完全权力，是课程开发的主体。访谈中有受访的教师表示："T 省教育主管部门对课程没有特别要求。教育部只是提倡，用法规提倡大家去做这个事情。"

其次，T 省高校的创新创业教育课程也是"课程开发"的结果。T 省高校的创新创业教育课程首先是"课程"，是学校为实现培养特定的人而有目的、有计划地提供给学生的学习方案或计划。这一学习方案或计划存在明确的课程所需要件，即有明确的课程目标、有为达成课程目标而经过选择组织在一起的课程内容，同时包含课程实施和课程评价。

T省高校开发的创新创业教育课程，是学校立足于自身对相关要素及其关系理解和把握基础上形成的提供给学生学习的方案或计划，创新创业教育课程形成的过程也具有课程开发过程的特点，即在创新创业教育课程开发过程中要面对和回答以下四个基本问题：学校追求哪些创新创业教育目标，学校提供哪些创新创业教育经验，创新创业教育经验如何有效加以组织，如何确定创新创业教育目标正在实现。换言之，在创新创业教育课程开发过程中，要解决课程目标如何确定、课程内容如何组织、课程如何实施和课程如何评价等问题，而这一过程事实上与创新创业教育校本课程开发过程具有一致性。因此，运用"以学校为本的课程开发四象限"分析框架对其作出分析是适切的。

第四节　研究方法和研究设计

研究是解决问题的一种有组织的、系统的方式。[①]"工欲善其事，必先利其器。"只有采取适切有效的方法，才可能得出有说服力的结论。伯顿（Burton）强调，博士学位论文不仅要求体现研究者"做研究"的过程，而且要求是"科学方法贯穿其中的过程"[②]。本章先说明本书所使用的研究方法，然后阐明本书的研究设计，最后对可靠性、研究伦理与研究限制做出说明。

一、研究方法

研究方法可以为研究提供一套严谨的程序。研究方法包含研究方法论和具体研究方法。"方法既是一种理论，也是一个工具，还是一套严谨的程序。作为理论的方法是方法论，是最高层次的方法；作为工具的方法是指

---

① 朱志勇 . 教育研究方法论范式与方法的反思 [J]. 教育研究与实验，2005（1）：7.

② Burton，L.Confounding Methodology and Method[J].British Journal of Sociology of Education，2001（1）：171.

收集资料、分析资料，从而得出结论的技术手段。"① 适切的方法才是最好的方法。"没有最好的方法，只有最适切的方法。教育研究方法具有多元性。方法的多元性体现在既有分析的方法，也有理解的方法；既有演绎的方法，也有归纳的方法；既有思辨的方法，也有实证的方法；既有行动的方法，也有批判的方法。"② 那么，怎样才能在众多研究方法中选出适切的研究方法？"研究方法的适切与否，必须考虑研究目的和研究问题"。③ 本书根据研究目的和研究问题，选取质性取向的多个案例比较法作为研究方法。

（一）研究方法的确定

1. 方法论的确定

20 世纪以来，学者们对质性研究（Qualitative Research）和量化研究（Quantitative Research）两种不同的方法论进行了旷日持久的争论，形成了不同的阵营，造就了科学研究的不同范式，也构成了教育研究方法的两条发展主线。这场争论吸引了众多研究者。为了厘清两者的区别和联系，部分研究者对两者进行了详细比较。周新富在《教育研究法》中指出："量的研究偏重资料度量，质的研究 ④ 倾向于文字描述；量的研究试图找出材料来证明一个已有假设，通常以假设为出发点；质的研究旨在发现一个理论来解释材料，事先一般不形成假设，研究问题在研究过程中逐渐显现，并不断演化。量的研究注重把各种变数从自然环境中独立出来，通过对变数的操纵控制找出其因果关系；质的研究则非常重视变数产生的情景，强调在自然情景中，对被研究者的心理和行为进行深入细致的全面观察。"⑤

美国佐治亚大学（University of Georgia）教授 Sharan B. Merriam 则在《质性研究：设计与施作指南》中，从研究焦点、哲学基础、相关词句、调

① 刘献君. 教育研究方法高级讲座 [M]. 武汉：华中科技大学出版社，2010：13.

② 潘懋元. 高等教育研究方法 [M]. 北京：高等教育出版社，2008：16.

③ 埃文·塞德曼. 访谈研究法 [M]. 李政贤，译. 台北：五南图书出版股份有限公司，2009：18.

④ 即质性研究，下同。"质的研究"或"质化研究"，是港台对质性研究的翻译；内地一般翻译为"质性研究"。

⑤ 周新富. 教育研究法 [M]. 台北：五南图书出版股份有限公司，2007：279.

查目标、设计特色、抽样、资料收集、分析模式、研究发现等方面，对质性研究和量化研究的特质进行了细致的归纳和对比，如表1-2所示。

表1-2 质性与量化研究的特质

比较重点	质性研究	量化研究
研究焦点	质性（本质、实在）	量性（多少、程度）
哲学基础	现象学、互动论、建构主义	实证主义、逻辑经验主义、实在论
相关词句	田野工作、民族志、自然主义的、扎根的、建构主义	实验、经验、统计
调查目标	理解、描述、发现、意义、生产假说	预测、控制、描述、确认、测验假说
设计特色	弹性的、演变的、新兴的	预先决定的、建构的
抽样	小型、非随机、目的性、理论性	大型、随机、代表性
资料收集	研究者作为主要工具、访谈、观察、文件	无生命的工具（尺规、测验、调查、问卷、电脑）
分析模式	归纳、总结比较的方法	演绎、统计
研究发现	具理解力的、整体的、扩张的、充分描述	精确的、数据的

资料来源：Sharan B. Merriam. 质性研究：设计与施作指南 [M]. 颜宁，译. 台北：五南图书出版股份有限公司，2011：18.

综合来看，量化研究倾向于将研究对象视为客观事实，偏重对资料进行数量化处理，强调利用客观调查工具，通过大规模随机抽样，进行变量操纵和演绎、统计分析，以证明或证伪一个已有假设，以达到确认或精确认识。质性研究倾向于将研究对象视为有主观意识参与的行为活动，侧重于采用文字描述方式，以研究者自身作为工具，在自然情境中，通过访谈、观察、文件等收集资料，并在对资料进行归纳、比较的过程中，提出解释性理论，以获得对行为或活动的解释性理解。

陈向明曾将质性研究界定为："以研究者本人作为研究工具，在自然情境下采用多种资料收集方法，对社会现象进行整体性探究，主要使用归纳法分析资料和形成理论，通过与研究对象互动对其行为和意义建构获得解释性理解的一种活动。"① 因其切中关键，被广为引用。由于本书试图通过研究回答"T省高校创新创业教育校本课程是如何开发的"这一问题，以求获得对T省高校创新创业教育校本课程开发的解释性理论。从质性研究特质与本书的研究问题、研究目的契合度看，选择质性研究更为合适。"研究一般具备四个目的，包括对社会现象进行探索（to explore）、解释（to explain）、描述（to describe）和预测（to predict），其中前三者是质性研究的主要目的。"② 由于本书主要目的在于对T省高校创新创业教育校本课程开发进行描述和解释，从本书研究目的与质性研究主要目的切合度看，质性研究也更适合本书。基于上述考量，本书选择质性研究作为方法论或理论方法。

2. 具体方法的选择

质性研究作为方法论范畴，其下包含诸多具体研究方法。"质的研究是从现象学、诠释学、文化人类学、批判理论等领域发展出新的研究典范，其类型则细分为人种志、个案研究、历史研究、内容分析、行动研究。"③ 通常情况下，来自不同学科的研究者，会根据自身研究特长、研究目的等选择相应的类型。但个案研究因其特点和特征，常被研究者在质性研究中重点采用。有研究者指出："质的研究在具体设计上倾向于个案研究的方式。"④

个案研究（Case Study），即个案研究法，又称"案例研究"。"只要是对一个有界限的系统，诸如一个方案、一个机构、一个人或一个社会单元，做翔实完整的描述和分析，就是个案研究。"⑤ 个案研究作为一种研究方法，

① 陈向明.在参与和对话中理解和解释[M].// 塞德曼.质性研究中的访谈：教育与社会科学研究者指南.周海涛，等译.重庆：重庆大学出版社，2009：总序.

② 凯瑟琳·马歇尔，格雷琴·罗斯曼.质性研究：有效研究计划的全程指导[M].何江穗，译.重庆：重庆大学出版社，2015：81-82.

③④ 周新富.教育研究法[M].台北：五南图书出版股份有限公司，2007：280-284.

⑤ 潘慧玲.教育研究的取径：概念与应用[M].上海：华东师范大学出版社，2005：182-186.

已经存在了百年以上。其间饱受争议，褒之者、贬之者均难以尽数，经过罗伯特·殷（Robert Yin）等的努力，个案研究作为研究方法的规范性得到了有效加强，被广泛运用到许多研究领域。个案研究具有鲜明的特点。林佩璇结合国外学者的观点，对个案研究的特点进行归纳，包括整体性、经验理解、独特性、丰富描述、启发作用、归纳性、自然类推等。[①] 由于研究者可以对特定案例进行多向度、反复研究，因此能够对研究对象作出充分描述和深刻分析，进而获得对研究问题的深入认识和理解，因而个案研究是开展质性研究的重要策略。诚如有研究者所指出的："案例研究是质性研究实施的策略之一，通过对典型个案的分析，可以获得关于研究问题的深入、细致的认识。"[②]

　　个案研究具有广泛适用性。"不论在什么方法论的框架下，我们都可以研究特定的个案。我们可以通过反复测量，用分析的方法或整体的方法研究个案，也可以从阐释的、有机的、文化的角度或多种角度研究个案。"[③] 但有三种情形更适合个案研究。罗伯特·殷（Robert Yin）指出："案例研究适用于以下三种情形：需要回答'怎么样''为什么'的问题；研究者几乎无法控制研究对象；关心的重心是当前现实生活背景下的实际问题。"[④] 本书以上三种情形都满足，质性个案研究无疑是贴切选项。

　　质性个案研究因其所选个案数量不同，可进一步分为多个案研究和单个案研究。周新富指出："质性的个案研究可分为历史性组织的个案研究、观察的个案研究、生活史（life-history）、文件分析及微观俗民志（micro-

---

① 林佩璇.个案研究及其在教育研究上的应用 [M]// 中正大学教育学研究所.质的研究方法.高雄：丽文文化公司，2000：239-259.

② 凯瑟琳·马歇尔，格雷琴·罗斯曼.设计质性研究：有效研究计划的全程指导（第 5 版）[M].何江穗，译.重庆：重庆大学出版社，2015：113.

③ 罗伯特·斯泰克.个案研究 [M]// 诺曼·邓津，伊冯娜·林肯.定性研究（第 2 卷）：策略与艺术.风笑天，等，译.重庆：重庆大学出版社，2007：465.

④ 罗伯特·殷.案例研究方法的应用（第二版校订新译本）[M].周海涛，李永贤，李宝敏，译.重庆：重庆大学出版社，2012：12.

ethnography）等类型，甚至逐渐发展到多元个案研究。这里所谓的多元个案研究指研究者同时研究两个以上的主体、场域或多组资料，对多个个案进行比较和对照。"① 蔺亚琼指出：多个案比较研究旨在"选取数个案例（通常不超过 10 个）进行深入分析，通过对不同个案的反复比较，以揭示社会现象或社会过程的因果机制"② 罗伯特·殷（Robert Yin）则强调："从多个案例中推导出的结论往往被认为更具说服力，整个研究常常被认为更能经得起推敲"。③ 由于本书旨在通过对 T 省高校创新创业教育校本课程开发进行描述，获得解释性理解，而多个案比较法擅长通过对不同个案的异同进行比较而建构解释性理论，因此质性多个案研究适合本书。

罗伯特·斯特克（Robert Stake）根据研究目的将案例研究分为内在个案研究（Intrinsic Case Study）、工具性个案研究（Instrumental Case Study）、多个案研究（Multiple case Study）。"多个案研究实际上是一种更为极端的工具性个案研究，研究者旨在研究某个总体或一般情况，对于特定的个案本身则没有什么兴趣。"④ 由于本书试图通过多个案比较，归纳出 T 省高校创新创业教育校本课程开发中的共性，而非只关注个案本身，从研究关系看，多个案比较法更切合本书。从研究对象的特点看，T 省高校由不同类别的高校构成，不同类别高校之间，不同高校之间，开发的创新创业教育校本课程存在明显差异，进行多个案比较研究，既能够深入具体案例做到以小见大，又能够通过比较发现其共同特点，进而准确把握研究问题，采取多个案比较研究法显然比单个案研究法更适合本书。

（二）具体案例的选择

经过上述分析，本书认为质性多个案比较研究法是最适切的研究方法。

① 周新富. 教育研究法 [M]. 台北：五南图书出版股份有限公司，2007：282.

② 蔺亚琼. 多个案比较法及其对高等教育研究的启示 [J]. 高等教育研究，2016（11）：39.

③ 罗伯特·殷. 案例研究：设计与方法（中文第二版）[M]. 周海涛，李永贤，李虔，译. 重庆：重庆大学出版社，2010：6.

④ 卢晖临，李雪. 如何走出个案——从个案研究到扩展个案研究 [J]. 中国社会科学，2007（1）：119.

那么，要怎么选择案例？蒂利（Tilly）根据普遍性（经验观察所得理论陈述由一个或多个例子共享）和多样性（理论陈述有一种或多种形式）两个维度将个案研究划分为四种，即个性化比较、普遍性比较、涵括式比较、多样化比较。其中，个性化比较目的是识别个案独特性并加以解释；普遍化比较目的是建立适用于每个个案的理论；涵括式比较因个案多样所发展的理论形态存在多样性；多样化比较目的是通过分析不同个案间差异解释产生差异的原理。[①]蔺亚琼根据蒂利对个案研究类型学的划分梳理了多案例比较研究四种模式的主要特征（见表1-3）。[②]事实上，这种关于多个案比较模式的划分是相对的，由于本书既关注 T 省高校创新创业教育校本课程个性，亦关注其共性，因而本书在选择个案时，既考虑了案例之间的差异性，同时也考量了其相似性。

表1-3　多个案比较四种模式的主要特征

	个性化比较	普遍化比较	涵括式比较	多样化比较
理论解释的目标	注重某个个案的特殊性并予以解释	提炼出适用于每一个个案的理论	对不同个案所属系统、结构或规律进行解释，参照个案的异同	系统解释个案间的差异及相似的理论
个案确定的主要原则	以个案间的差异为主	以个案间的相似为主	注重个案间的差异性和多样性	注重个案间的差异性和多样性
个案间的关系	个案彼此独立	个案彼此独立	个案彼此联系	个案彼此独立

---

① Tilly C. Big Structure，Large Process，Huge Comparisons[M].New York：Ruessell Sage Foundation，1984：81-83.

② 蔺亚琼. 多个案比较法及其对高等教育研究的启示 [J]. 高等教育研究，2016（11）：44.

续表

	个性化比较	普遍化比较	涵括式比较	多样化比较
研究问题示例	为什么相比于英、法、德等发达国家，美国的高等教育很早进入大众化阶段（始于 20 世纪 30 年代）？	为什么法、英、德、日、韩、中等国家的高等教育均得以扩张并进入大众化发展阶段？	美、中、印如何参与学术人才的全球性竞争？这三个国家在人才的培养与竞争中处于何种境地？	中、美、法、德、英、日等国高等教育大众化的机制有何异同？如何解释这些异同？

资料来源：蔺亚琼.多个案比较法及其对高等教育研究的启示 [J]. 高等教育研究，2016（11）：44.

　　"仔细发展出来的抽样方案，对任何研究的合理可靠而言，都非常关键。"① 麦尔斯（Miles）和休伯曼（Huberman）对质性研究中抽样策略的类型进行了全面的概括，对抽样的不同取向和目的进行了说明，如表 1-4 所示。

表 1-4　质性研究中抽样策略的类型

抽样类型	目的
将多样性最大化	目的在记录多样性的变化，确认重要的共同模式
同质化	目的在关注、减少、简化、有助于群体访谈
关键个案	允许逻辑上的普遍化，并将信息最大化地应用于其他个案
以理论为基础	找到理论建构的个案，详细描述并检验之
支持个案和否定个案	详细描述最初的分析，寻求例外，寻找变化
滚雪球或链条	从一些人那里确认感兴趣的个案，这些人还知道哪些了解信息丰富个案的人
极端个案或非常态个案	对感兴趣现象的那些非常不寻常的表现形式进行研究
典型个案	强调个案属于常态或者一般情况

――――――――

① 凯瑟琳·马歇尔，格雷琴·罗斯曼.设计质性研究：有效研究计划的全程指导（第 5 版）[M].
何江穗，译.重庆：重庆大学出版社，2015：128.

续表

抽样类型	目的
高强度个案	包括那些以强烈但并非极端的方式展示了丰富信息的个案
政治上重要的个案	获得所希望的关注或者避免不希望获得的关注
有目的的随机抽样	当潜在的目标样本太大时，在样本中加入可信度
分层目的抽样	详细描述亚群体，有助于比较
标准样本	包括所有符合一定标准的个案，对保证质量非常有用
机会主义抽样	跟随新的发现，利用那些意料之外的发现
结合和混合抽样	包括三角互证和灵活性，符合多样的兴趣和需求
方便抽样	节省时间金钱、工作量，但牺牲了信息和可信度

资料来源：凯瑟琳·马歇尔，格雷琴·罗斯曼．设计质性研究：有效研究计划的全程指导（第 5 版）[M]．何江穗，译．重庆：重庆大学出版社，2015：135.

马歇尔和罗斯曼指出，研究者在努力了解人们行为和类型的多样性时，抽样将会是最大差异（Maximum Variation），而一旦研究者获得了足够的资料可以用于分析确认亚群体，就可以推进到"分层目的"（Stratified Purposeful）抽样。[①] 由于本书主要关注 T 省不同类别高校，包括公立、私立、普通（含师范）、技职，在创新创业教育中如何开发出符合自身学校特点的校本课程，希望详细了解不同案例高校在创新创业教育校本课程开发中的多样性，以确定重要的共同模式；同时，试图详细描述亚群体（不同类型高校），并对其进行比较分析，因而笔者在样本选择时主要采用了"分层目的抽样"和"多样性最大化抽样"。尽管笔者希望抽取能够为研究问题提供最多信息、最大多样性的样本，但囿于实际和现实，考量了样本的可接近性、数据可获取性、资金和时间限制等。

本书样本选择总体是 T 省地区高校，亚群体是 T 省地区的普通高校和

---

① 凯瑟琳·马歇尔，格雷琴·罗斯曼．设计质性研究：有效研究计划的全程指导（第 5 版）[M]．何江穗，译．重庆：重庆大学出版社，2015：135.

技职高校①。截至 2017 学年，T 省地区有大专校院 157 所。其中，公立学校有 50 所，占 31.8%；私立学校有 107 所，占 68.2%。按类别区分，一般大学有 70 所，占 44.6%；技专校院 87 所，占 55.4%。② 出于将多样性最大化和可接近性的考虑，本书最终确定案例高校有 7 所。这 7 所高校主要位于 T 省北部，以 T 市及附近区域高校居多，包含 3 所技职高校（1 所公立，2 所私立），4 所普通高校（其中 3 所公立，1 所私立），普通高校中有 1 所是师范大学。这 7 所高校都开发有创新创业教育校本课程，如表 1-5 所示。

表 1-5　案例高校名称、类型与校本课程

序号	高校	高校类型	校本课程 / 开发时间
1	A 大学	公立，技职高校	"3C 物联网创新创业课程"（2016 年发布） "文艺互联网＋创新创业课程"（2016 年发布）
2	B 大学	私立，技职高校	创新创意创业课程（2007 年发布实施，2017 年重新发布实施）
3	C 大学	公立，普通高校	创新创业课程（2016 年启动，尚未发布）
4	D 大学	公立，普通高校（师范）	大师创业学分课程（2016 年发布实施）
5	E 大学	公立，普通高校	创意创业课程（2008 年发布实施）
6	F 大学	私立，普通高校	创新与创业课程（2013 年发布实施）
7	G 大学	私立，技职高校	创业与就业学分课程（2006 年发布实施） 创业学分课程（2016 年发布实施）

资料来源：笔者整理。

本书所选取的案例高校、确定过程和依据如下：

案例高校一为 A 大学。A 大学长期以工业教育为特色，培养出很多企

① 根据 T 省教育主管部门网站分类，T 省地区高校分为一般大学和技专院校两类。为理解方便，本书称大学、专科学校、师范大学为"普通高校"，称科技大学、技术专科学校为"技职高校"，不涉及其他高校。

② T 省"教育部"统计处. 大专校院校数及规模概况 [EB/OL]. http：//stats.moe.gov.tw/files/chart/. html.2019-02-09.

业家，被誉为"创业家的摇篮"。A 大学明确提出以培养创新创业型人才为己任，除借助工科优势开展创新创业教育，在校内设有"点子工厂暨自造工坊"、创新育成中心，以提升学生创新创业实作能力，帮助学生实现创新创业梦想。2017 年 12 月和 2018 年 4 月笔者两次到 A 大学调研，先后访谈相关负责人和教师多名，成为本书首选的第一所案例高校。

案例高校二为 B 大学。B 大学成立有"创意创新创业发展中心"，在学校层面实施创新创业教育。2018 年 4 月，笔者参访 B 大学，参观了其"三创"中心，听取了校长和相关负责人创新创业教育实施情况汇报，访谈了多名教师和学生。其创新创业教育课程体系完整，学校特色鲜明，成为本书第二所案例高校。

案例高校三为 C 大学。C 大学创建于 1927 年，是 T 省文法商及管理类的顶尖名校。1995 年 C 大学科管所在 T 省最早开设"科技创业管理课程"。目前正在推动创新创业教育转型。2015 年 9 月底，IMBA 团队 IMPCT 获得 2015 年霍特奖（Hult Prize）全球冠军，为其创新创业教育赢得了引人注目的声誉。笔者的 2017 年 12 月和 2018 年 4 月两次调研受邀高校就是 C 大学。笔者在 C 大学观摩了其创新创业课，参访了其育成中心、X 书院，访谈了多名管理人员、学生、专任教师以及教育领域和创业管理领域知名专家，是笔者最为熟悉的 T 省高校之一，因而成为本书的案例高校。

案例高校四为 D 大学。D 大学前身为 1922 年创立的"T 省总督府高等学校"。目前一级行政单位有 15 个，学术单位包括 9 个学院 54 个系所（学系 32 个、独立研究所 22 个）。编制内专任教师 834 人，90% 具有博士学位，31% 在社会科学领域、26% 在人文艺术领域、34% 在自然科学领域，兼任教师达 556 人。修习学位学生人数为 14367 人，大学部 7542 人，研究生 6825 人，学生来自 80 余个国家或地区，校园文化多元。① 开设有大师

---

① D 大学 . 五年校务发展计划 [EB/OL]. http：//pr.ntnu.edu.tw/archive/activitise/connect2.html.2018–12–28.

创业学分课程，拥有育成中心。2017 年 12 月和 2018 年 4 月，笔者两次到 D 大学调研，访谈有关负责人、教师多人，选为本书案例高校。

案例高校五为 E 大学。E 大学成立于 1928 年，有"T 省第一学府"之称，为 T 省顶尖级研究型大学。目前有 11 个学院、56 个学系和 112 个研究所、18 个硕博士学位课程，设有国际级研究中心 4 个、地区级研究中心 6 个、校级研究中心 50 多个。2018~2019 学年，E 大学有专任教师 2009 人，兼任教师 2002 人；学士班学生人数 16635 人，硕士班学生人数为 11726 人，博士班学生人数为 3468 人，总计 31829 人。[①]E 大学属于 T 省较早开展创新创业教育高校之一。因其创新创业教育校本课程开发较早，资料容易获得，成为本书的案例高校。

案例高校六为 F 大学。F 大学为北部十五所科技大学之一。建校于 1986 年，2007 年升格为 F 大学。设有商管、电资、观光餐旅及人文暨设计等 4 院、4 个研究所、14 系。笔者于 2017 年 12 月参访 F 大学，访谈育成中心有关人员、创新创业教育校本课程开发参加人员和有关教师数人，因而成为本书案例高校。

案例高校七为 G 大学。G 大学为 T 省最早设立的女子商业最高学府。以商管学院闻名。2017 年取得 AACSB 国际认证，成为全球不到 5% 通过认证的商管学院。目前在籍学生近 2 万人，设有 5 个校区。开设有创业与就业学分课程等，因其私立普通高校类型和资源可靠近性成为本书案例高校。

二、资料收集与分析

资料的收集和分析是质性研究的核心。质性研究收集的资料又可以称为数据。"你在研究背景中获得的，或者与你的研究题目有关的任何东西，

---

① 　E 大学 . 有关 E 大学 [EB/OL]. https：//www.ntu.edu.tw/about/aboutNTU.html.2018–11–10.

都可以作为数据。"① 凯西·卡麦兹指出："收集丰富的数据会为你建立重要的分析提供可靠的材料。丰富的数据不仅是细节性的、焦点式的，而且也是全面的。"② 收集质性资料或数据属于质性研究的基础工作。只有获得大量的资料或数据，才有可能对研究对象的行为或活动作出"厚描"。本节主要介绍本书的资料或数据收集和分析技术。

（一）资料的收集

质性研究具有多种资料收集的方法。T 省学者黄秀文指出："质性研究的资料收集方式很多，包括观察、访谈、文件、问卷、测验、照片、影片等等。"③ 质性个案研究也具有多种资料收集方法。"个案研究法作为质的研究强调通过多种方式收集资料，个案研究通常收集资料的途径是观察、访谈、实物分析、问卷和自我报告等。"④ 研究者如果能够借助多种方法开展资料收集工作，并将不同方法获得的资料进行互证，就能够得到更可靠的结论。"质性研究强调运用多种方法收集资料，并通过互证的形式增强研究结论的合理性。"⑤ 尽管质性研究有多种方法收集资料，但每种方法在质性研究中的重要性和普及性不同。马歇尔和罗斯曼指出，质性研究一般来说依靠四种方法收集资料：参与到研究场景中；直接观察；深度访谈；分析档案文件和物质文化。⑥ 深入现场去观察是很多质性研究指导书所强调的。观察在质性研究中的重要性不容置疑，但事实上很多时候，研究者并不能进入现场去实时观察正在开展的活动，因此质性研究者倾向于借助"在场者"观点对活动作出描述。"访谈资料似乎又比观察资料更受到重视，几乎所有的质性研究皆有访谈资料的收集，但观察资料却未必见于所有的质性研究之

①② 凯西·卡麦兹.建构扎根理论：质性研究实践指南 [M].边国英，译.重庆：重庆大学出版社，2009：19–21.

③ 黄秀文.质性研究：典范与实务 [M].台北：华腾文化，2016：76.

④⑤ 潘苏东，白芸.作为"质的研究"方法之一的个案研究法的发展 [J].全球教育展望，2002（8）：64.

⑥ 凯瑟琳·马歇尔，格雷琴·罗斯曼.设计质性研究：有效研究计划的全程指导（第 5 版）[M].何江穗，译.重庆：重庆大学出版社，2015：167.

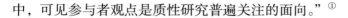

中，可见参与者观点是质性研究普遍关注的面向。"①

考虑到笔者不大可能进入现场去观察 T 省高校如何开发创新创业教育校本课程，因此本书并没有将直接观察作为资料收集方法。尽管无法在现场直接观察课程开发活动，但参与到研究场景中，拥有现场观察和体验对本书仍十分重要。为此，笔者两次到 T 省高校进行创新创业教育田野调查，先后参访过 10 多所 T 省高校（含案例高校）的育成中心、"三创"中心、创业教育基地，也深入案例高校课堂去听相关课程，参与其举办的创业沙龙、创业讲座等，获得了部分观察材料和场景性知识。本书主要的资料收集技术为深度访谈和文件分析。介绍如下：

1. 深度访谈

深度访谈（In-depth Interview），又称为"无结构式访谈"或"开放式访谈"，是研究者通过口头谈话的方式，从被研究者那里收集与建构第一手资料的方法。② 作为一种以收集第一手资料的研究性谈话，"深度访谈一直是各种不同类型的质性研究所采用的一种有用的数据收集方法"③。在质性研究中，研究者采取深度访谈，"其目的是了解受访者自己认为重要的问题、他们看待问题的角度、他们对意义的解释，以及他们使用的概念及其表述方式"④。在深度访谈过程中，研究者通常通过与受访者进行开放性交流，或向被访者提出开放性问题，以寻求受访者的看法、意见和观点。"在这种访谈中，研究者向主要的被访者提出问题（这些问题是开放性的），目的是让被访者对一些事情发表自己的看法和观点，研究者有时则可能以此观点作为进一步研究的基础。"深度访谈作为一种有效的资料收集方法，在不同类型的质性研究中都可以采用，"当研究者对研究问题的可能结果知之甚少

① 黄秀文. 质性研究：典范与实务 [M]. 台北：华腾文化，2016：96.
② 陈向明. 质的研究方法与社会科学研究 [M]. 北京：北京教育科学出版社，2000：165.
③ 凯西·卡麦兹. 建构扎根理论：质性研究实践指南 [M]. 边国英，译. 重庆：重庆大学出版社，2009：34.
④ 周新富. 教育研究法 [M]. 台北：五南图书出版股份有限公司，2007：295-296.

时，更需要用这样一种访谈的方式了解被访者的看法，从达到对这个问题的了解和认识，进而给出一些有意义的解释"①。深度访谈法作为质性研究资料收集的重要方式，通过与"局内"受访者直接或间接自由而深入的对话，可以帮助笔者获得诸多深层次信息。

由于本书主要是关注案例高校创新创业教育校本课程是如何开发的，具体包含案例高校创新创业教育校本课程目标如何确定、内容如何选择和组织，课程如何实施和评价，需要考虑哪些因素以及这些要素存在何种关系等问题，因此在确定案例高校后，案例高校与创新创业教育校本课程相关的管理人员、专任教师等"局内人"就成为笔者的"目标受访者群"。为获得有效样本，笔者通过案例高校网站对"目标受访者群"进行了认真筛选，确定了本书的"目标受访者"，并且通过电子邮件与其进行了联络。

除了联络"目标受访者"，作为"外来人"要走进案例高校现场还需要经过"守门人"这一关。"当探访者试图联系那些他们以前并不认识的潜在受访者时，他们常常要面对那些控制了与这些人接触的渠道的'守门人'。守门人包括那些完全合法（被他人监护）和自称合法（免除监护）的人员。"② 为靠近样本，笔者经过探索发现，案例高校是育成中心③、教务处、研究发展处、商管学院进入现场最好的"切入点"。为获得"守门人"准许，笔者通过电子邮件联络了相关"守门人"，与部分案例高校建立了联系，以

---

① 周新富 . 教育研究法 [M]. 台北：五南图书出版股份有限公司，2007：295-296.

② 塞德曼 . 质性研究中的访谈：教育与社会科学研究者指南 [M]. 周海涛，主译 . 重庆：重庆大学出版社，2009：48.

③ 育成中心在 T 省高校十分普遍。有关资料显示，1994 年 T 省地区开始进行育成中心政策规划；1996 年"行政院"通过《鼓励公民营机构设立中小企业创新育成中心要点》，1997 年 T 省中小企业处补助第一波大学院校成立育成中心。有研究者认为，以"育成中心"为载体的创业实践教育先于创业课程教学登上了 T 省创业教育的历史舞台，育成中心的建立标志着 T 省创业教育以"从干中学"的方式拉开了序幕。参见：洪铅财，许智钦 . 育成中心绩效模式之验证与改善建议之研究 [J]. 创业管理研究，2007（2）：1.T 省地区创业教育以"第一波大学创业育成中心"的成立为标志性事件，于 1997 年正式启动。参见：孔洁珺 . 大学生创业价值观教育研究 [D]. 东北师范大学博士学位论文，2017：36.

便顺利进入现场获取样本。

    C 大学是笔者两次调研的邀请校。笔者利用这种身份和便利在 C 大学获取不少样本。按照约定，笔者在 C 大学商学院一楼大厅提供给学生探讨的开放空间进行访谈。受访者是一个卓有成就的商学教授，他不但是 C 大学创新创业教育的策划者、推动者之一，而且是其校本课程的重要开发者和直接实施者。受访者不仅接受笔者长时间的访谈，还经其允许，笔者得以参访 C 大学育成中心，在育成中心访谈负责老师，并观摩创新创业课。除了育成中心，笔者还在 C 大学访谈了多位专任教师、管理者和学生。

    笔者两次进入 A 大学现场获得"守门人"准许的方式不同。第一次为笔者独立联系获得。经过多次联系，A 大学某处有关负责人答应会见笔者并接受访谈。当前中午 1 点半左右，受访者在没有吃中午饭的情况下在办公室接受笔者访谈。受访者不仅是 A 大学创新创业教育校本课程开发重要参与人，而且是 T 省地区某主管部门青创基地负责人。受访者对 T 省和我国创新创业教育十分熟悉，且十分健谈，话题经常跑偏，笔者不得已多次将谈话拉入"正轨"。笔者之所以能够顺利访谈"目标受访者"得益于在电梯里偶遇的 A 大学某处一位女性处长。她听说笔者来访的目的，热情接待了笔者，不仅接受笔者访谈，还带笔者参加"荣休教师茶送会"，把笔者介绍给多位与会的学院院长、教授。也得益于访谈期间她奉上的蛋糕，使饥肠辘辘的笔者和受访人有继续交流的能量。第二次获准进入 A 大学的方式是随团参访，由 A 大学某处负责人和专员老师接待。笔者在现场观看了其宣传片、聆听了相关汇报，并进行了互动交流。

    笔者在 B 大学获得"守门人"准许的方式也是随团参访。2018 年 5 月，笔者随同参访团前往 B 大学参访其创新创业教育。B 大学举办了比较正式的欢迎会，学校校长不仅出席欢迎会，还介绍了 B 大学的办学理念、自己的办学思想，产学合作处处长则介绍了 B 大学创新创业教育的主要做法和成效。见面会结束后，笔者随团参观其"创新创意创业发展中心"，在"三创展示厅"观看各种学生创新创业成果，观看其创意乐活中心、开放式创意大厅等。笔者借机访谈了某处长，还访谈了某管理学院一名负责人，同时访谈了接待老师和学生多名，对 B 大学创新创业教育及其校本课程开发情况有了较多了解。

笔者进入 F 大学现场的方式是预约准许。笔者多次预约某中心负责人，试图经其进入案例高校现场。这位负责人答应笔者进入其现场进行参访，但是在约定日期前一天被告知临时有事，已委托另一位执行人接待。"目标受访者"的临时改变当然让笔者心生遗憾，更为遗憾的是当笔者在现场时受托的执行人并没有出现，倒是一位青年行政专员十分热情地接受了笔者的访谈，告诉笔者很多重要信息。出于心有不甘，笔者径直去其教务部门寻求访谈对象，教务部门的一位女性专员对笔者的"不公遭遇"表示同情，经过询问多人，竟然邀请到一位目前正在教授创新创业课程的女性专任教授，而且这位女教授还亲自参与了其创新创业教育校本课程的开发和规划工作，这让笔者喜出望外。访谈结束，笔者走出 F 大学回头再望，发现蓝天白云映照下的 F 大学，静谧而可爱，于是拿出手机拍了几张照片。

笔者进入 D 大学现场的方式是预约准许。但是由于"目标访谈者"有熟人联络，因而轻而易举地进入现场，访谈了一位管理者和一位专任教师，收获不少信息。进入 E 大学现场的方式有些冒失，就是在其某学院看完教师信息介绍后直接去敲门，第一次并没有成功，但被推荐至另一位男性副教授处，他热情接受了笔者访谈。此外，笔者还通过邮件向其"创意创业课程"联络人请教了相关问题，她也很热情地为笔者进行了答惑解疑。G 大学是笔者唯一没有进入现场的案例高校。笔者借助参加会议的机会访谈了一个"局内人"，G 大学管理学院院长兼育成中心主任，并利用同学关系访谈了一名专任教师。

经过两次到研究现场取样，笔者先后访谈了与案例高校有关的专任教师（指参与过创新创业教育校本课程开发或教育教学的相关人员）、管理者（包含相关的高级管理人员和行政人员，如受访者有教学、管理双重身份，本书将其归入专任教师）21 人（见表 1-6）。受限于访谈者时间安排、访谈方式等，单个受访者接受访谈时间为 20~80 分钟。访谈内容涉及 T 省高校创新创业教育产生背景、发展历程、创新创业教育政策，学校创新创业教育主要做法，创新创业教育课程开发，创新创业教育课程实施效果和存在问题等。为获得可信数据，多维了解创新创业教育校本课程真实情况，笔者还对案例高校的部分学生，T 省高校的部分学者进行了访谈。笔者对案例高校学生的访谈比较随机，一般采用在校园中或育成中心随机寻找的方式进行。由于是随机进行的，因而访谈时间一般较长，少则 7~8 分钟，多则 20 多分钟。也有学生是笔者通过约定进行访谈的，这类学生访谈时间比较长，一般在 40 分钟左右。笔者还对 T 省高校部分学者（主要是教育领域的研究者）进行了现场访谈，对若干所非案例高校有关人员也进行了现场访谈。通过进入案例高校现场取样笔者获得不少质性数据，这为本书提供了条件和基础。

表 1-6　本书在案例高校取样情况

高校名称	样本数	类型	人数	取样方式
A 大学	3	管理者	1	现场
		专任教师	2	现场
		学生	1	现场
C 大学	7	管理人员	2	现场
		专任人员	5	现场
		学生	3	现场
B 大学	3	管理人员	2	现场
		专任教师	1	现场
D 大学	2	管理人员	1	现场
		专任教师	1	现场
E 大学	2	管理人员	1	电子邮件
		专任教师	1	现场

续表

高校名称	样本数	类型	人数	取样方式
F 大学	2	管理人员	1	现场
		专任教师	1	现场
G 大学	2	专任教师	2	会场 / 电话

资料来源：笔者整理。

除了在现场取样，笔者还积极利用参加各种学术会议和交流学习机会访谈案例高校、非案例高校有关学者，如在 2018 年 6 月举办的"2018 年两岸学术研讨会——科学与人文高端对话"（由 T 省同学会、福建省 T 省同胞联谊会主办）会议上，笔者访谈了 G 大学某学院院长兼创新育成中心主任；在 2017 年 11 月举办的"第五届两岸文化发展论坛"（厦门大学举办）上，访谈了多位教授；利用厦门大学邀请有关学者进行学术报告和交流的机会，访谈了有关教授等。

"在一般的访谈研究中，被试的人数往往是 15 ± 10 个。"[①] 质性访谈是否有足够的受访者，有两个判断标准。第一个标准是充分性（Sufficiency），第二个标准是信息饱和性（Saturation of Information）。前者指有充分的能反映受访者所在地方和人群范围情况的访谈量；后者指访谈者听到了相同的重复信息。[②] 笔者当然非常希望能够让自己的质性访谈充分、信息饱和，但事实上这种理论上的理想往往在现实中难以现实。"充分性和饱和性的标准是有用的，但时间的实际紧迫性、资金及其他资源也都对受访者数量起着一定的作用，特别在博士论文研究中尤为如此。"[③] 尽管如此，笔者还是做出了诸多努力，包括尽量避免在特定研究范畴上只有一位受访者的情形；尽量与受访者保持联系，以便对有疑惑的问题再行访谈；借助电子邮件、

---

① 斯丹纳·苛费尔，斯文·布林克曼. 质性研究访谈 [M]. 范丽恒，译. 北京：世界图书出版社，2013：122.

②③ 塞德曼. 质性研究中的访谈：教育与社会科学研究者指南 [M]. 周海涛，主译. 重庆：重庆大学出版社，2009：60–61，126.

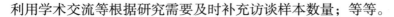

利用学术交流等根据研究需要及时补充访谈样本数量；等等。

2. 文件分析

文件在质性研究中也占有重要地位。"质性研究者常常使用文本作为数据的补充来源。"① 质性研究中可资分析的文件来源很广。"质性研究中文件分析的来源十分广泛，根据研究的需要，各种有关的文字、图片、音像和实物都可以作为分析的资料。"② 文件的类型主要包含六类：其一，正式文件，包含法规、档案、记录、报告书、判决书、公报、教科书、作业簿、考卷、报纸、杂志、传单、印刷文件等；其二，私人文件，包括个人的自传、信件、日记、回忆录、遗嘱、契约、游记、著述等；其三，流行文化文件，包括录影带、教育宣传片、摇滚乐、电视、爱情小说及广告等；其四，影像资源，包括照片、摄影作品等；其五，官方统计及其他量化资料，包括统计调查资料、学校预算、出缺席记录、成绩、入学率、升学率等；其六，问卷及心理研究工具。③ 为深入了解案例高校创新创业教育校本课程开发情况，本书收集了大量与研究问题相关的案例高校创新创业教育及其校本课程相关的文件。

这些文件资料从内容看，第一类创新创业教育类文件，主要包括案例高校创新创业教育的长期目标和近期目标，创新创业教育的特点和特色，创新创业教育的主要做法，创新创业教育取得的成绩，创新创业教育典型案例，创新创业教育产生的影响等；第二类创新创业教育课程类文件，主要包括创新创业教育课程的分类、创新创业课程的目标、创新创业教育课程的内容、创新创业教育课程的组织和实施、创新创业教育课程实施、创新创业教育课程与教师发展、创新创业教育实践课程、创新创业竞赛、创新创业育成、创新创业课程学习效果等。

从文件种类看，第一类是法规类。主要是案例高校与创新创业教育及

① 凯西·卡麦兹.建构扎根理论：质性研究实践指南 [M].边国英，译.重庆：重庆大学出版社，2009：50.

②③ 黄秀文.质性研究：典范与实务 [M].台北：华腾文化，2016：301–302.

其课程相关的法规文件，如《光大创创学院 –3C 物联网创新创业课程施行细则》《D 大学总课程补助要点》等。第二类是报告书类。主要是案例高校上报于教育主管部门的计划书、总结资料等，如 E 大学的《学习创新创业的大教室 –A 大学光大创创学院计划》《E 大学迈向顶尖级大学实施结果汇报》等。第三类是杂志类。主要是案例高校及其教师经由杂志发表的与创新创业教育及其课程相关的宣传性纸质资料、研究性资料。第四类是印刷文件。主要是案例高校的宣传手册、宣传单、通知单、课程说明、活动安排单、荣誉证书等，第五类是著述类。主要是案例高校及其教师公开出版的著作等，如笔者在 C 大学访谈吴静吉教授时，他不仅接受了笔者近 2 个小时的访谈，请笔者吃午饭，还赠送了自己的著作——《创造力是性感的》给笔者，并留字签名。第六类是宣传片。主要是案例高校的宣传片。本书的案例高校都将创新创业教育作为其宣传片重要组成部分，笔者将其裁出进行研究。第七类为访谈节目。主要是从 T 省地区访谈类节目中截取的关于 T 省创业情况、创业教育知识类片段。第八类为照片和录像。照片主要包括笔者本人拍摄的照片和从案例学校获取的照片。第九类是网络公开资料。包括案例高校的网络公开资料和其他网站有关案例高校的网络公开资料，如有关案例高校的新闻报道、介绍资料、统计资料、宣传资料等。由于这类文件资料公开性好、数量多、信息量大，在本书中发挥了很大作用。此外，还有案例高校所在区域的政治、经济、社会、产业、文化等相关文件资料。

　　文件资料的优点体现在："稳定，可以反复阅读；自然、真实，不是作为案例研究的结果建立的；确切，包含事件中出现的确切的名称、参考资料和细节，覆盖面广，时间跨度长，涵盖多个事件、多个场景。"[1] 文件资料可以有效弥补访谈资料的不足。文件资料在本书中的运用主要体现在三

---

[1] 罗伯特·殷.案例研究：设与方法（中文第二版）[M].周海涛，李永贤，李虔，译.重庆：重庆大学出版社，2010：110.

方面：一是为本书提供背景信息。在研究进行前期，笔者就通过网络查阅了案例高校创新创业教育及其课程很多相关信息，以作为本书开展的背景知识和研究深入进行的基础。二是为本书提供了验证资源。在研究进行过程中，笔者很注意将收集到的文件信息和访谈中的信息进行对照，以验证访谈信息的准确性和有效性。三是作为本书的分析对象之一。本书所收集的文件资料能够提供有价值的信息，本书将其与访谈资料一并作为分析的素材。

（二）资料的分析

资料分析是质性研究中最具挑战性的工作。资料分析是对收集来的质性资料或数据进行取舍，提取出与研究问题相关的重要信息，以获得对资料的解释。从形式上看，就是对资料的简化和组织。对此，不少学者都有论述。黄秀文指出："研究收集到的观察、访谈、文件等原始资料是庞杂且不具意义的，质性研究者很自然地会将这些资料加以取舍、组织并赋予其意义，而此组织、缩减与意义化的过程就是所谓的'分析'。分析的目的在于回答研究问题，分析结果形成的意义、理解、概念或理论即构成研究的发现。"[①] 陈向明指出："资料收集后，研究者还需要通过逐步集中和浓缩的方式进行系统化、条理化的整理和分析，以达到对原始资料进行意义解释的最终目的。"[②]

转录和编码是质性研究中的重要环节，资料分析的第一步是对深度访谈的录音资料进行转录，即将访谈录音转化为文本资料。深度访谈通常都会进行录音。"为了确保受访者讲述的可靠性，研究者们必须将这些口头语言转换为书面语言后再进行研究。而形成访谈文本的基本方法是，对访谈进行录音，进而将录音转录出来。"[③]

---

① 黄秀文.质性研究：典范与实务 [M].台北：华腾文化，2016：118.
② 陈向明.质的研究方法与社会科学研究 [M].北京：教育科学出版社，2006：279.
③ 塞德曼.质性研究中的访谈：教育与社会科学研究者指南 [M].周海涛，主译.重庆：重庆大学出版社，2009：123.

"在转录过程中，两个现实中的人的谈话互动以书面的形式变得抽象而固定。一旦确定了访谈的转录稿，研究者倾向于将其视为一项访谈项目稳固的和基础的经验型数据。"[①] 笔者将深度访谈中的录音整理成为转录文件，并对其进行了编号处理。编号方式为：学校名称用全称或简称汉语拼音首字母，A 大学用 TBXD 表示，B 大学用 LHKD 表示，C 大学用 ZZDX 表示，D 大学用 TWSD 表示，E 大学用 TWDX 表示，F 大学用 JWKD 表示；人员类别用关键词汉语拼音首字母表示，管理者用 GL 表示，专任教师用 JS 表示，学生用 XS 表示；人员序号用阿拉伯数字表示；访谈日期使用简写，如"180501"表示访谈时间为 2018 年 5 月 1 日。

在质性研究中，研究者要对收集的质性资料进行简化，并从大量的质性资料中找出重要信息。不同于量化研究，质性研究要求研究者采取开放态度，对资料做出归纳性简化。有研究者指出："最重要的是，要对信息进行归纳性简化，而不是演绎性简化""研究者必须以开放的态度处理转录材料，从文本中找出研究者感兴趣的重要信息"。[②]

那么，如何处理转录材料，并找出有效信息？施特劳斯和科宾提出了著名的三级编码法，即开放式、轴式和选择性[③]。哈奇（J. Amos Hatch）在《如何做质的研究》一书中将质的资料分析概括为"类型分析""归纳分析""解释性分析""政治分析""多话语分析"五种模式，认为它们构成了一个连续体。[④] 尹恩·戴伊（Ian Dey）提出了三阶段（第一阶段为使文本易于处理、第二阶段为倾听文本说什么、第三阶段为生成理论）六步骤法。第一阶段分两步进行，第一步是显化地陈述研究的焦点和理论框架（在这

---

① 斯丹纳·苟费尔，斯文·布林克曼. 质性研究访谈 [M]. 范丽恒，译. 北京：世界图书出版社，2013：189.

② 塞德曼. 质性研究中的访谈：教育与社会科学研究者指南 [M]. 周海涛，主译. 重庆：重庆大学出版社，2009：126.

③ 万圆. 美国精英高校录取决策机制研究：多重逻辑作用模型的建构 [D]. 厦门大学博士学位论文，2017：82.

④ 哈奇. 如何做质的研究 [M]. 朱光明，译. 北京：中国轻工业出版社，2007：153.

一步一般会初步通读文本并识记，突出相关的文本），第二步是选择相关文本进行更深入的分析；第二阶段也分两步进行，第三步是通过相关文本的段落整合分组，记录重复的观点，第四步是将整合的重复观点纳入一致的种类来组织议题；第三阶段也分两步，第五步是通过将分类主题建构为更抽象的与理论框架一致的概念生成理论，第六步是通过重述在理论建构上参与者的故事来创造理论叙述。①

由于本书的目的在于通过获取的有效资料描述 T 省地区 7 所案例高校创新创业教育校本课程如何开发，包括课程目标如何确定、课程内容如何选组、课程如何实施、课程如何评价、需要考虑哪些要素及这些要素间存在什么关系，并建构解释 T 省高校创新创业教育校本课程体系完整、学校特色鲜明的深层原因。考虑到尹恩·戴伊（Ian Dey）提出的三阶段六步骤法更具体、更容易操作，笔者选用该方法作为本书文本分析方法。根据其对三阶段六步骤法的指导，笔者首先对文本资料进行通读和分析，并结合研究问题和分析框架抽取出相关文本片段，进行更深入的分析。然后对本书资料片段进行整合分组，将相似观点纳入一致种类由此形成多个主题。最后根据分析框架对分类主题进行进一步抽象，形成描述性概念，在深入阐释资料隐含意义基础上，构建本书的解释研究问题的理论，以获得解释性理解。

本章小结

首先，对本书的理论基础进行了介绍。本书的理论基础是泰勒的课程开发原理。泰勒课程开发原理提供了一个由课程目标、课程内容、课程实施和课程评价构成的课程开发框架，产生了巨大影响，但存在视课程开发

---

① 万圆. 美国精英高校录取决策机制研究：多重逻辑作用模型的建构 [D]. 厦门大学博士学位论文，2017：82. 亦可参见：王晶莹. 中美理科教师对科学探究及其教学的认识 [D]. 华东师范大学博士学位论文，2009：126-127.

为直线过程、忽视学校特点特色等问题。其次，对本书分析框架进行了阐述。泰勒提出的课程开发框架作为分析框架时具有解释力，但存在目标中心性、线性、封闭性，不能体现学校的中心性、主体性、本位性等问题。本书通过在泰勒"课程目标—课程内容—课程实施—课程评价"分析框架基本架构基础上，引入"学校"这个关键概念，构建了"以学校为本的课程开发四象限"分析框架，拓展和修正了泰勒课程开发分析框架。最后，对本书分析框架的适切性进行了分析。本书建构的"以学校为本的课程开发四象限"分析框架，集成了泰勒课程开发分析框架优势，同时克服了其不足，既适用于分析创新创业教育校本课程开发，也适用于分析 T 省高校创新创业教育课程开发。

第二章 案例高校创新创业教育校本课程开发：课程目标

我们若想系统地、明智地研究某个教育计划，首先必须明确要达到的教育目标。[1]

——泰勒，摘自《课程与教学的基本原理》

课程是高校教育活动的核心。不存在没有课程的教育，也不存在没有教育的课程，教育和课程犹如硬币之两面，须臾不可分离。"一所大学全部工作的主线乃至大学主要领导人的主要事业目标都应该是让自己的学生享受到最好最有用的课程。无论是一个国家的高等教育还是具体到每一所大学，课程始终是办学基础中的基础，就像饭店服务顾客的核心载体是饭菜质量与品种一样，大学培养学生最重要最基础的工作必然是学生们每天都在消费的课程。"[2]T省高校在学习世界先进经验的基础上，结合"课程制"和"创造力"教育，以学校为中心、以学校为主体、以学校为本位开发了课程形式的、包含创意教育的、提供给所有学生的创新创业教育校本课程。T省高校主要依托所开发的创新创业教育校本课程开展创新创业教育。"在大学端其实是一直向开发创新创业课程发展，有这个趋势。"课程目标确立是创新创业教育校本课程开发的重要方面。由于课程开发往往都是从目标

---

[1] 泰勒.课程与教学的基本原理 [M].罗康，张阅，译.北京：中国轻工业出版社，2008：3.

[2] 徐同文.大学课程设计 [M].北京：教育科学出版社，2011：273.

确定开始的，因此创新创业教育校本课程的目标确定是整个课程开发中的首要环节，这一环节做不好，会直接影响到整个创新创业教育校本课程的开发。本章主要对案例高校所开发创新创业教育校本课程的目标进行了介绍，在此基础上对案例高校创新创业教育校本课程开发的目标确定过程及其主要考虑要素进行描述和归纳。

第一节　案例高校创新创业教育校本课程的目标

清晰明确的目标在创新创业教育校本课程开发过程中具有重要作用。塔巴（Taba）强调，表达清晰的目标为课程内容的选择和教学提供指导方针；连续一致的目标可以为教育经验的组织提供一个紧凑的框架。[①] 中国香港课程论专家罗厚辉强调："为了保证课程规划的合理与一致，主张采用描述清晰的目标是切合实践、正确合理的。"[②] 赫斯特（Hirst）认为："教育目标表述清楚，可用于判断学习活动是否正确，是否取得了令人满意的成绩。"[③] 由于创新创业教育需要依托创新创业课程得以落实，因此创新创业教育课程目标往往反映了创新创业教育目标。创新创业教育校本课程目标与创新创业教育目标密切关联[④]。有学者提出："课程的目的，在一定意义上讲就是教育目的。"[⑤] "课程目标应该根据教育目的和培养目标，在学科内容的基础上加以具体化。"[⑥] 案例高校在开发创新创业教育校本课程时大都能注意

---

① Taba，H. Curriculum Development：Theory and Practice[M]. New York：Harcourt，Brace and World，1962.

② 罗厚辉 . 课程开发的理论基础 [M]. 济南：山东教育出版社，2002：118.

③ Hirst，PH. Knowledge and the Curriculum[M].London：RKP，1974.

④ T 省学者认为不同层次目的与目标彼此间是连续、延展、关联的，并非单独、片段存在；由高到低依次为教育目的、课程目的、各领域课程目标、教学目的、教学目标；要达到高层次目标，先要达到低层次目标。参见：简楚瑛 . 课程发展理论与实践 [M]. 北京：教育科学出版社，2010：107–108.

⑤ 王伟廉 . 高等学校课程研究导论 [M]. 广州：广东高等教育出版社，2008：12.

⑥ 施良方 . 课程理论：课程的基础、原理与问题 [M]. 北京：教育科学出版社，1996：96.

到学校教育目的和课程目标之间的关系。同时，由于创新创业教育是案例高校学校发展整体工作的一部分，因此也映照了其发展愿景和办学理念等。本节将结合案例高校创新创业教育规划、目标及其开展情况，对其所开发创新创业教育校本课程的目标进行描述，并进行比较分析。

一、案例高校创新创业教育校本课程的目标

由于各种原因，案例高校所确定的创新创业教育校本课程目标存在较大差异，呈现出多样性和复杂性。为比较分析方便，笔者按照高校类别将案例高校创新创业教育校本课程目标分为技职高校和普通高校两类进行描述。

（一）技职高校创新创业教育校本课程目标

1. A 大学：致力于学生创新创业力培养

A 大学将自己定位于"具技职特色的实务性研究型大学"，在其学校发展愿景中提出以培养"创新创业型人才为己任"。A 大学拥有深厚的创新创业基因，毕业生中很多人都投身于创新创业中，产生了郭台铭等杰出校友，被誉为"创业家的摇篮"。在新的时期，为适应新形势，A 大学不仅大力发扬历史传统优势致力于创新创业教育，而且将创新创业教育作为重建学习生态系统创新的根本方式，通过建设和发展学习创新创业大教室——A 大学光大创创学院，开发和实施创新创业教育校本课程——创新创业课程，以续写"创业家的摇篮"的光辉荣耀。

2016 年 2 月，A 大学成立了创新创业教育的虚拟学院[1]——光大创创学院。A 大学成立光大创创学院的目的在于："致力于学生基本专业以外的创新创业能力培养，以学校邻近的大光华商圈及大稻埕商圈作为学生学习 3C 产业及文创产业的创业大教室，并结合物联网、互联网 + 及金融技术（FinTech）及社会磨炼与资源整合，实现创业家摇篮的梦想。"[2]

---

① 关于虚拟学院，访谈中有专家指出：我们叫它为虚拟学院，是因为省教育主管部门没有承认，只有我们学校承认。学校会安排一些人员并给经费，然后负责运作，主要是负责开课。

② A 大学 . 光大创创学院介绍 .[EB/OL].http://rnd.ntut.edu.tw

A 大学光大创创学院还提出了自己的发展愿景：即"培育学习者结合软、硬体专业知识与数位金融科技实现青年创业的能力"，同时"打造台北成为科技、文化与创新创业荟萃的闪亮焦点"。A 大学还设想借助光大创创学院，通过与台北市政府合作，在城市建设议题与创新创业教育方面，取得短期、中期、长期三方面效益。短期效益即通过光大创创学院、3C 物联网创新创业课程与文艺互联网＋创新创业课程、创新创业教育平台建立，启动跨界学习政策；中期效益即通过与商家形成的联盟，逐步扩大科技与文创两大教室，使无边界学习生态继续深入发展；长期效益即强化学生数位商务能力及企业国际观，提升其创新创业的能力及成功概率，并将所学专业知识技能以创业形式回馈给社会。^①

A 大学在 2016 年提交教育主管部门的《补助办理大学学习生态系统创新计划申请书》中强调：本校致力于学生创新创业力培养，加强落实企业家摇篮的目标。在通识教育课程中增列"创新与创业"新向度，为全校必修通识课程，并导入创创课程，以设计思考（Design Thinking）课程、工作坊为特色，由创业与财务分析、创业与行销分析、创业与事业分析、创业计划书撰写，培养学生创新思考能力及创业家精神。课程方面则不断引入创创论坛、讲座、进行标杆企业参访、鼓励师生研发成果商品化。^②A 大学为有效培养学生创新创业力，以教师面、学生面、课程面和实践面四个方面为抓手，落实创新创业教育理念，通过创新创业教育通识教学强化基础专业能力。^③

为落实"课程面"设想，A 大学以学校为中心、本位和主体，开发了两个创新创业教育方面的学习方案或计划，提供给在校学生修读。这两个学习方案或计划即"3C 物联网创新创业课程"与"文艺互联网＋创新创业课程"。A 大学为了让学生在互联网时代能更具有实战能力，还将"互联网＋"

①②③ A 大学. 学习创新创业的大教室 –A 大学光大创创学院计划 [EB/OL]. https：//rnd.ntut.edu.tw//ezfiles/5/1005/img/1911/95900330.pdf.2018–11–02.

以及即将来临的"后互联网"时代"传感器＋互联网"所形成的"物联网"概念引进了课程领域，开发了目标明确的创新创业教育校本课程。

A 大学开发的"3C 科技创新创业课程"[①] 目标为：

其一，培养具备 3C 产品组装、维修、判别核心问题及动手解决能力的专业人才。

其二，培养具备 3C 产品网实整合及营销策略能力的专业人才。

其三，建立 3C 科技的社会实作平台与交流网络。

A 大学开发的"文化艺术创新创业课程"[②] 目标为：

其一，培养艺术文化产业创新及管理的专业人才。

其二，培养文艺产品策略营销使者。

其三，社会文艺传承的交流平台及据点。

2. B 大学：培育具备创造力、创意加值与创业的人才

B 大学秉持"务实、卓越、创新"核心理念，以"培育兼具专业技术及人文素养的博雅科技实务人才"为教育目标，办学定位为"实务应用型大学"，多项办学绩效指标为 T 省北部地区私立科大第一。近年来，B 大学获得不少来自教育主管部门的补助，如"2018 年度高教深耕计划"获得 1.0414 亿元[③] 奖助，连续 12 年（2006 年到 2017 年）获得教学卓越计划 6.6185 元奖助，连续 6 年（2012 年到 2017 年）获典范科技大学补助等。[④]

B 大学对学校发展有明确的规划。为打造办学特色，提出了 12 方面举措，包括推动教师教学知能认证，提升教学质量；推动创新教学，提升学习成效；强调全人教育，建置 C＝（K+S）A 量化系统，检核学生竞争力；推展"订单式就业课程"，落实学用无缝接轨；落实三级毕业门槛机制，确

① A 大学"3C 科技创新创业课程"部分引用资料中简称为"3C"。其中的"3C"为 A 大学对计算机（Computation）、通信产品（Communication）、消费性电子产品（Comsumer electronics）的简称。

② A 大学"文创艺术创新创业课程"在部分引用资料中简称为"文创"。

③ 指新台币，下同。

④ B 大学 . 发展典范科技大学计划 [EB/OL].http://www.lhu.edu.tw/m/m10/MOD/about.htm.2018-12-28.

保学生质量；订定全校五大共同必修特色课程，厚实学生软实力；推动跨领域课程，强化就业竞争力；等等。在"推动跨领域课程"方面，B大学大力推动学生跨领域学习，先后设置18个跨领域学分课程（含三创课程），累计取得课程证书人数已超过3000人。在"五大共同必修特色课程"方面，B大学的重要做法之一就是开发创新创业教育校本课程，即"创新创意创业课程"[①]。

B大学认为，通过创意带动经济增长、提高生活质量，已是全球发展方向，以创新能力提高技术研发与软性创意附加价值，在各个经济体成长中都扮演重要角色。T省产业正在朝向高附加值转型，跨领域、有创意的人才是重要人力资产，培育以创新为基础的创业人才是地区经济发展的要务。为此，B大学于2009年8月成立了创新创意创业中心（三创中心）。

B大学创新创意创业中心承袭B大学核心价值，全面培养学生的创意思考、创新实作与创业发展能力，以实现学生创新性核心竞争力培养，助力学生在经济技术环境剧烈变迁时代立足发展。[②]B大学创新创意创业中心强调，依托"创新创意创业课程"强化校内教师与学生的创新能量，提升创新产出，提供创意实践、创新转化、创业辅导三大功能，推动师生创意与发明成果的商品化或产业化，足见"创新创意创业课程"在B大学创新创业教育中的重要地位。为落实学校发展规划，落实社会责任，同时实现学校创新创业教育目标，B大学倾力开发了创新创业教育校本课程——"创新创意创业课程"。

B大学开发的"创新创意创业课程"，目标是设定为培育具备创造力、创意加值与创业的人才。具体目标包括三个方面：

其一，配合政府提升产业转型与高值化经营的目标，培育能够将技术精进化、技术商品化的跨科技整合人才，以提供产业所需。

---

① B大学. 学校特色说明 [EB/OL].https：//www.lhu.edu.tw/charge_info/1-4-1.htm.2018-12-28.

② B大学创新创意创业中心. 中心简介 [EB/OL].http：//www.lhu.edu.tw/innovation/intro.htm.2018-12-28.

其二，响应政府对创意产业发展的政策，培育学生对各式智慧财产保护、应用具备相关知识与能力，能够在创意产出外，进行进智财保护的策略布局，并能勇于创业。

其三，提供创意、创新、创业相关课程实作环境，以落实本校务实、卓越与创新教育理念。①

3. F 大学：增加就业竞争力与创业成功概率

F 大学基于其发展愿景、办学定位、办学理念，长期致力于打造卓越教学，提升学生专业能力，增强学生职场竞争力。F 大学提出：创新创意能力有持续不断进步的源头，唯有源源不绝的创意，才能持续地成长，增加自我价值。但创新创意若只是不切实际的空想而无法落实，那也是枉然。因此学习如何运用自身所学专业技能，将创意变成可行性、实用性的商品，是非常重要的课题。② 为帮助学生在多元学习环境和教学资源中习得应有专业能力，F 大学在"教学卓越计划"中实施了"启发创新与多元学习以强化专业力"子计划，以培养学生"创新创意能力"作为目标。

2018 年，F 大学对学校发展做了新的规划，提出以培育跨域创新人才、发展景文多元特色、办学信息透明公开、落实弱势助学机制及深耕在地产业再造为总目标，未来执行四项子计划，即落实教学创新、发展学校特色、提升高教公共性、善尽社会责任。在"落实教学创新"子计划中，F 大学提出将规划 Maker 课程等，以厚植学生基础能力；实行实务专题制作、协同教学，培养学生专业能力；规划学生跨域课程、跨域学习制度等，建构跨域学习环境；设置共学与创客中心，提供良好学习环境，激发创新创客思维；等等。以此扎实学生基础力与专业力、跨域力、创造力，提升学生竞争力与职场就业力。

F 大学除对学校发展进行规划外，还注重系统的课程规划。例如，F 大

---

① B 大学.认识创新创意创业课程 [EB/OL].http：//140.131.10.1/innovation/.2018-12-09.

② F 大学.教学卓越计划 [EB/OL]. http：//pride.just.edu.tw/Pride/web/doc/uptDoc.aspx?p0= 343.2018-12-20.

学营销与流通管理系提出的设想是：课程规划与职场需求相配合，兼顾学生未来发展潜力提升；除教导学生有关营销与流通等的基本观念与技巧外，着重教授创新与创业、营销企划实作、e 化管理与服务、物流管理、供应链管理、顾客关系管理、网络营销、零售管理、门市（连锁）经营管理等知识；理论与实务并重；课程学习与取得专业证照、校外实习课程配合设计；让学生有更多元学习，让学生依自己的生涯规划选择跨领域相关课程；等等。①

为达到资源整合共享，为学生提供多样且具弹性的"跨领域"学习环境，培养拥有第二、第三专长全方位产业人才目标，F 大学自 2007 年起开始开发课程。为提升学生专业能力，增强学生职场竞争力，同时适应国际化潮流，F 大学依托其实力雄厚的商管学院，于 2013 年开发了提供给全校学生修读的创新创业教育校本课程——"创新与创业课程"。

F 大学"创新与创业课程"的规划理念是：在全球竞争环境下，为掌握国际竞争优势，拥有创新能力的人，则将有永续成长的动力。为培育创新事业人才，整合校内相关课程，特规划"创新与创业课程"，培养学生具备创意思考能力及创新事业经营管理知识，以增加学生就业竞争力与创业成功之概率。② 其具体目标是：

其一，培养学生创新创意精神，辅导学生模拟创业历程，强化学生就业竞争力，提供优秀之创新事业人才。

其二，提供学生跨系之多元课程修习机会，培养在校学生第二专长技能。

其三，提供学生创新事业的实务技能。

其四，透过知识培养与企划实作等课程设计和实施，提升校园总体创新事业能力。

---

① F 大学行销与流通管理系 . 课程目标 [EB/OL]. http：//mlm.just.edu.tw/files/11-1006-2153.php? Lang=zh-tw.2018-12-21.

② F 大学商管学院 . 创新与创业课程 [EB/OL]. http：//coba.just.edu.tw/files/11-1020-4706-1.php? Lang=zh-tw.2018-12-20.

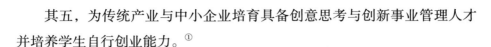

其五，为传统产业与中小企业培育具备创意思考与创新事业管理人才并培养学生自行创业能力。[①]

（二）普通高校创新创业教育校本课程目标

1. C 大学：培育具有创造力并将思维转行动的人才

C 大学是一所以文法商管见长的研究型大学，在发展过程中，沉积了文、商、法、管等人文社会优势和传统。C 大学致力传承人文社会科学优良传统，以打造国际一流人文社会学术殿堂为愿景，以培养具有"人文关怀、专业创新、国际视野"的新世纪领导人为重要使命。由于 C 大学具有实力雄厚的商学院[②]，一直以来，C 大学主要依托商学院开展创新创业教育。1994 年，C 大学商学院为回应产业界需求与地区经济发展趋势，整合相关领域资源成立了科技管理研究所，开始培养企业经营管理人才。2002 年，C 大学商学院成立 T 省第一个智慧财产研究所，开始培养智财管理人才[③]。2013 年，C 大学商学院将科技管理研究所、智慧财产研究所正式合并，命名为"科技管理与智慧财产研究所"，希望有效整合不同领域的知识，以智财为核心，链接创意、创新到创业的发展，培养专业科技管理与智慧财产人才，进而成为创新经营者、创业家、研究学者与政府科技规划及决策领

---

① F 大学商管学院. 创新与创业课程 [EB/OL]. http：//coba.just.edu.tw/files/11-1020-4706-1.php? Lang=zh-tw.2018-12-20.

② C 大学商学院荣获 EQUIS（EFMD Quality Improvement System）五年期国际认证，为 T 省唯一拥有 EQUIS 和 AACSB（Association to Advance Collegiate Schools of Business）两大国际认证的商管学院。年期认证是 EQUIS 认证对一所商学院的最高评价，表明其在国际上处于领先地位。全球知名商管学院认证机构有二：一为美规的 AACSB 商管学院认证；二为欧规的 EQUIS 认证。AACSB 认证强调创新、参与及影响力，注重课程规划与多面向的学习成效确保；EQUIS 由欧洲权威机构 EFMD 核发，其认证规则重视教职员与课程的国际化、企业联结与伦理教育。参见：C 大学商学院. 商学院荣获 EQUIS 国际认证最高评价 [EB/OL]. https：//commerce.nccu.edu.tw/zh_tw/glory0/glory3/2016_EQUIS_AACSB.

③ T 省高校的研究所是承担研究生招收、培养人才的基本单位，不同于我国设置于高校中的研究所。后者主要指研究、咨询类机构，一般不属于人才培养实体机构。

导人员。①

多年来，C 大学致力于打造"创新创业平台"，构建"三阶段创新创业之路全程支持"。C 大学将"创新创业平台"分为前育成、育成和后育成三大阶段，提供创新创业之路全程支持。其中，前育成主要指在学生在学习阶段，由教师开设相关课程，帮助学生了解相关知识，以实际行动实践创新创意；在育成和后育成阶段，C 大学主要以现有"创立方"和"育成中心"为基础，通过向进驻团队提供以 C 大学师资团队、业界咨询团队为后盾的各项辅导服务，让学生创意梦想能更真实成功地进入市场。C 大学希望依托其商学院、其他各学院资产、庞大校友资源、年轻学子创意，打造前、中、后育成的创意实践生态体系，进而建立 C 大学创新创业品牌。②

为适应创意经济和多元产业竞争的挑战，符合世界创新创业精神教育政策趋势，同时配合推进培育具备创造力的人才，2003 年 C 大学创立了校一级研究平台——创新与创造力研究中心。该中心致力于推动"创新"与"创造力"研究，力图在学术研究、推广与交流基础上，采用创新思维达到跨域整合、多元发展目标，并能共创资源价值，培育具有创造力人才，将思维转变为实际行动，解决社会问题。③该中心成立以来，从"创意教育与生活"主轴开展研究，经历了开始实践"创造力创新"思考、推动"未来想象与创业精神"、深耕"人文创新"发展、迈至"多元创新"等发展阶段。④

C 大学创新育成中心是创新创业教育的另一个重要机构。C 大学创新育成中心于 2008 年 1 月成立，设有推动委员会、主任、辅导专家群、专案经理及工作人员。为了搭上全球创新创业浪潮，2015 年 C 大学建设落成研究暨创新育成总中心，仿效美国柏克莱大学及多家著名育成中心的做法开始

① C 大学科技管理与智慧财产研究所 . 课程目标与特色 [EB/OL]. https：//tiipm.nccu.edu.tw/zh_tw/course/Program.2018-12-02.

② C 大学 . 鼓励创意实践 C 大学成立创新创业平台 [EB/OL]. http：//www.nccu.edu.tw/zh_tw/news/. 2018-11-27.

③④ C 大学 . 创新与创造力研究中心 [EB/OL]. http：//www.ccis.nccu.edu.tw/zh_tw/about1/intro1.2018-12-27.

启用新育成空间。C 大学服务对象以辅导有意创业学生及校友为主，提供新创团队中小型独立进驻空间。C 大学创新育成中心，一方面积极推动校园创业课程创办，另一方面则规划整体创业活动，包含创业前辈经验分享、校友资源引进，建立 Mentoring、Networking 等辅导服务的机制，协助有意创业学生顺利踏上创业道路。[1]C 大学还通过引进欧美的"共同工作空间"（Co-working Space）概念成立了"创立方"，以提供多个创业团队在同一开放空间工作和交流的机会。创立方会邀请创新、创意与创业方面的经理人与创业家担任老师（Mentors），提供创业建议与咨询；教师群也会不定期授课，分享最新产业趋势与实务经验。[2]

　　尽管拥有创新创业教育方面的优厚沉积，但 C 大学对创新创业教育重要性和发展形势有清晰认识，近年来一直致力于创新创业教育转型发展。为进一步发展和实施创新创业教育，C 大学打算依托创新与创造力研究中心、科技管理与智慧财产研究所、创新育成中心、创立方等资源和能量成立虚拟"创新创业学院"，并且正在酝酿研制"创新创业课程"。"C 大学没有要求所有学生修创新创业之类的课程，但会有不少类似的课，也会有很多 maker 的概念进来。""就 C 大学来说，还没有将这样的课程设定为必修，就是学生在毕业门槛中不一定必须学习这样的课程。""C 大学虽然没有一个全校性的创新创业必修课，但是一些系所会有，我们的商学院老师会开类似的课程。"

　　2018 年 9 月，C 大学正式成立了创新创业学院。"创创学院于今年 8 月 1 日通过设置办法，9 月 17 日公告正式成立，与人文创新数字学院同属本校两大跨领域功能性学院，目的是在本校九大实体学院外，以不排挤现有实体学院资源，提供一个跨域实践与创新实验的场域。"[3]考虑到跨域能力是

---

[1]　C 大学创新育成中心简介 [EB/OL]. http://iic.nccu.edu.tw/zh-hant/content/meet-team.2018-12-02.

[2]　C 大学创新育成中心 . 创立方 [EB/OL].http://www.iehnccu.com.tw/.2018-12-02.

[3]　C 大学 . 创新创业学院开幕 培育开创未来优秀人才 [EB/OL].https://www.nccu.edu.tw/zh_tw/news/.2018-12-13.

创新发展的必备条件，C 大学对创新创业学院人才培养的期许是："'创造力'、'科技力'与'创业力'三大课程主轴，通过师生跨域培力、推动师生微型创业、孵化师生创业（体验）团队三大任务，希望培育'勇于面对问题'、'积极参与设计'与'主导开创未来'的优秀人才。"①C 大学的创新创业学院未来愿景是："未来将融合学生社团创联会的自主学习平台，开发跨域共授共学课程，导入系统化创新人才培育场域，以师生共同实践创家精神为长期目标。"②

　　C 大学的受访者指出："在讲创新创业时我们把它分为前育成、育成与后育成。前育成、育成与后育成整个是一个生态圈。育成的话就是除了讲座、一对一的辅导，可能还有一些技术的补强。对于高等教育来说，它不是商业组织，主要是讲前育成。前育成的话就涉及开的课。"由于 C 大学创新创业课程还在开发形成中，笔者无法得悉其具体课程目标，但从诸多报道内容可知，C 大学希望透过创新创业课程培育"勇于面对问题""积极参与设计"与"主导开创未来"的优秀人才，开发跨域共授共学课程，导入系统化创新人才培育场域，以师生共同实践创家精神为长期目标。

　　2. D 大学：将系所带进创业实务，培养学员创业新思维

　　D 大学拥有近 100 年的历史，光复后一直是 T 省地区文教工作改革发展的桥头堡。D 大学秉持"教育国之本的精神，培育杏坛良师为宗旨"，培养了大量优质中学教师和校长，在 T 省具有重要影响力，目前已成为一所全面均衡发展各学术领域、教学与研究兼重的综合型大学。

　　D 大学的教育、音乐、艺术、运动、休闲在 T 省具有优势，在科学、科技及人文领域存在巨大能量。进入 21 世纪后，D 大学一直致力于在传统人文社会科学与科学科技融合发展过程中追求卓越发展。处于转型发展中的 D 大学，注重校务发展规划，对自身的定位为综合型大学，强调以师范

---

①② C 大学. 创新创业学院开幕 培育开创未来优秀人才 [EB/OL].https：//www.nccu.edu.tw/zh_tw/news/.2018-12-13.

精神为典范，以人文、艺术、科学整合发展为特色；兼顾教学与研究发展，加强产学合作，以培养专业人才与跨领域领导人才为目标。

由于长期以师范教育为专长，D大学的创新创业教育可谓姗姗来迟。在很多高校都在推行创新创业教育时，D大学尚未在学校层面上对创新创业教育进行系统设计。但为培育具有国际视野、跨领域专业人才，从2000年开始，D大学基于既有教育专业优势，结合系、所、课程、中心及研究计划等资源，建立了一系列跨领域课程，希望以课程为基础，对外争取资源，发展学校重点特色。D大学对跨领域课程的重视和开发，无疑为创新创业教育校本课程的开发奠定了基础，积累了经验。

2015年，D大学发布了新的"五年校务发展计划"，对学校发展进行了重新定位，将其定位为"跨域整合，为师为范之综合型大学"，强调教学、研究、创作三个方面均衡发展，以培养具备全人素养与跨领域领导人才为目标。① 并且提出四大愿景。其中，目标二是落实科际整合，提升学生跨域知能，举措包括落实多元学习机制，鼓励学生跨域学习；推动自主学习机制，培养学生创新创意能力；等等。目标四是推动产学合作，带动产业创新升级，主要举措包括开设创新创业课程，强化师生企业经营实务经验；建构创业咨询及辅导机制，鼓励师生以研发成果创业；成立控股管理公司，投资具备潜力师生创业团队；等等。②

由于新的发展计划对创新创业教育进行了系统的顶层设计，并且提出了创新创业课程开发规划。为落实新的发展规划，培养学生创新与创业跨领域知能，并迈向实务创业之路，D大学于2016年开发出了其创新创业教育校本课程——"大师创业学分课程"。D大学希望通过"大师创业学分课程"将D大学各系所专业带进了创新创业实务，同时通过创客基地实作空间、Co-working Space、实作课程材料补助等，为学生提供完整的创业支

---

① ②　D大学.五年校务发展计划[EB/OL]. http://pr.ntnu.edu.tw/archive/activitise/connect2.html. 2018–12–28.

持。①D大学将创新创业教育校本课程视为构建一条龙模式培育创业人才的重要举措。2018年，借助高等教育深耕计划②对学校发展进行的新的设计中，提出设置创业学分课程，成立新创事业投资控股公司，首创社团领导课程，成立跨校CreaXe创融学院等举措，进一步建构创新创业生态环境。③

D大学开发的"大师创业学分课程"，旨在培养学员多元跨域学习，展现多元创意，开启创业新思维。2016年12月，D大学第一届"大师创业学分课程"开始招生。其招生宣传页称："为鼓励学生尝试多元跨域学习，将各系所之专业，带进实务创业，2016年12月D大学第一届'大师创业学分课程'开始招生。并通过小组实践与讨论的过程，碰撞出全新创意火花，激发无限创新、创业可能，谁都可能成为下一个Steve Jobs。"

3. E大学：培养学生多元创意及创业精神

E大学将校训"敦品励学、爱国爱人"作为学校中长期发展的核心价值，期许成为世界顶尖的"伟大大学"（Great University），希望培育关怀社会与知识创新的人才，协助地区及世界经济增长，成为推动社会前进的力量。为实现其构想，E大学提出了四大发展目标，即发展学校特色，落实教学创新，善尽社会责任，提升高教公共性。创新创业教育被视为"落实

---

① D大学高等教育深耕计划执行成果[EB/OL]. http：//top.ntnu.edu.tw/CPdetail.aspx?b=2.2018-08-10.

② T省"高等教育深耕计划"简称"高教深耕计划"。2018年开始实施，总经费118亿元，高出现行3项高教计划（顶大、典范科大及教学卓越计划）55.7亿元，其中二成经费将依各校规模提供基本需求，八成经费用来发展大学特色。T省"高教深耕计划"分两部分。第一部分用于"全面提升大学质量与多元发展"，包含整体教学创新、学校特色、高教公共性、社会责任等，约88亿元。各校须将五成经费用在教学创新，其他则用于发展学校特色。其中"大学社会责任"被单列共有12亿元。第二部分用于"追求国际一流及强化研究能量"，包括"国际竞争"与"研究中心"两项，共计60亿元。"国际竞争"部分高水平研究型大学才有办法申请到经费；"研究中心"意在帮助发展尖端研究，拟投入20亿元。参见：李高英. 高等教育深耕计划相关问题研析[EB/OL]. https：//www.ly.gov.tw/Pages/Detail.aspx?nodeid=6590&pid= 85569.2018-04-28.

③ D大学. D大学高等教育深耕计划手册[EB/OL]. http：//top.ntnu.edu.tw/CPdetail.aspx?b=48.2018-12-28.

教学创新”发展目标的重要内容。

E 大学多年来致力于构建以"创业教育""团队孵化""创业加速""产业转化"为构成要素的创新创业生态体系。2008 年，E 大学开发了"创意创业课程"（Creativity and Entrepreneurship Program），借助创新创业教育校本课程推进创新创业教育。2013 年，E 大学在水源校区创设共同工作空间，即"E 大学车库"（NTU Garage），提供给创业团队使用（现发展为"E 大学新创团队孵化器"）。2014 年，E 大学新成立了校内一级单位——"创意创业中心"（TEC，简称"创创中心"），以整合校内外创业资源，进一步夯实创新创业教育。2016 年，E 大学举办了首届"E 大学创创挑战赛"（NTU Challenge），以推动创新创业教育深化发展。2017 年，E 大学建立了"E 大学创创加速器"（NTU Accelerator），为构想阶段及产品迈向市场阶段的新创团队提供客制化服务。2018 年，E 大学在总结回顾过去十年校务发展及迈向顶尖大学计划取得的重要成果时，将"跨域课程学习，培育创造力"和"推动创意创业生态环境，增进师生创业动能"作为在"落实教学创新"方面最重要的成绩。[①]

目前，E 大学的创新创业一条龙构建已经完成，创新创业生态体系建设已经逐渐成型。E 大学构建了从创新创业理论教育到实作课程，从"创意创业课程"到可以通过资源的"创意创业中心"，为有创业想法的学生提供了较为完善的教育辅导机制。但是，2018 年 E 大学的高等教育深耕计划，仍将"建构创新创业生态环境"作为重要内容，提出将通过举办创新创业竞赛，如创创挑战赛、青年回响竞赛等，输出创新创业机制，并进一步加强"建构创新创业生态环境"。

"创意创业课程"作为 E 大学实施创新创业教育，建构创新创业生态环境，打造从课程至创业一条龙服务的"桥头堡"，E 大学对"创意创业课

---

① E 大学 .E 大学 2018 年高等教育深耕计划第一部分计划书 [EB/OL]. https：//www.ntu.edu.tw/about/doc/ntu_hesp.pdf.2018–11–10.

程"开发给予了高度重视。E 大学"创意创业课程"在世界金融危机大背景下诞生。"世界在金融风暴冲击下，旧有的框架正在变化，许多新兴的机会必然出现。准备好了，机会才是你的。创创课程强调的各项实践促使同学思考进入社会后的各种情境，不再以校园象牙塔为框，培养同学面对未来，创造掌握机会的能力。"①E 大学强调"创意创业课程"的普惠性和跨领域性，致力于打造适合所有 E 大学人的"创意创业课程"，希望通过课程提供给学生一个多元学习的平台，通过平台"期待与各科系所之专业知识结合，以创意核心基础为火种，以价值创造为标的"②。同时，E 大学"创意创业课程"也力图通过课程与真实世界互动培养学生的创业家精神，让有志向创业的年轻学生为社会和个人创造价值。"课程致力于实践家的精神，实现从学中做、做中学的学习效果。""在课程设计及要求上与真实世界息息相关。"③E 大学"创意创业课程"产生了广泛的社会影响，筹备之初就被 T 省报纸、杂志广泛报道，开办以来在网络、校园内也引起颇多讨论。

　　E 大学开发的创新创业教育校本课程，目的是培养学生以跨领域多元学习整合行动实践，展现多元创意及不怕失败的创业精神。④《E 大学创意创业学分课程设置办法》（2008 年 3 月教务会议通过，经过 4 次修订，最新修订于 2016 年 6 月教务会议修正通过发布）第一条规定："创意创业课程为学分课程，旨在为经过专业知识训练后的学生，提供相关异质性课程的修习以及创意实践的平台，提升其创意及创新能力，并引导以参与社会的实际行动，令学生得以充满热情地发挥创造潜能，进而实践创意创业的理想与目标。"⑤

---

①②③ E 大学学分课程 . 创意创业学分课程 [EB/OL]. http：//ifsel3.aca.ntu.edu.tw/cou_stu/index.php/
　　cur/query?CurQuery=P370.2018-12-13.

④　E 大学 .E 大学创创课程 [EB/OL].https：//cep.ntu.edu.tw/.2018-12-13.

⑤　E 大学 .E 大学创意创业学分课程设置办法修正后全文 [EB/OL]. https：//cep.ntu.edu.tw/wp-content/
　　uploads/2016/07/unnamed-file.pdf.2018-12-13.

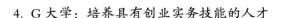

4. G 大学：培养具有创业实务技能的人才

G 大学设立有管理、传播、旅游、信息、法学、设计、应用语文、社会科学、国际、健康科技十个学院，致力于开展全能教育。G 大学以"十项基本能力"作为培养全人的抓手。这十项基本能力包括传统的德、智、体、群、美五育，着重培养学生的道德力、知识力、体能力、群体力、美感力；与现代社会所需要的工作执行能力，主要培养学生的企划力、沟通力、科技力、国际力、就职力。G 大学力图通过结合系院专业培养学生的十项能力，以建构完整的全人教育体系。G 大学确定的基本十项能力，囊括了不同的学习领域，既是其推进跨领域学习的重要举措，更是其进行全人教育的主要做法。G 大学强调，一位称职的知识工作者，必须具备创新创意能力、国际移动能力与解决问题的能力，不仅能独立作业，更要能团队合作，因此十力教育是培养当前与未来社会所需的全球化人才。[①]

G 大学设定的企划力基本检核项目包括具备项目管理的技术及有效执行工作计划的能力。符合下列条件之一者为通过基本能力：一是修毕且通过管理学、企业管理、企划等专业课程，经学校审定，符合前述专业相关课程。二是参与校内外创新创业竞赛，或曾参与撰写学系、学会或社团活动企划书（一企划书限一至三人申请），并提供相关佐证资料经学生所属学系、课程审核通过者。三是通过 moodle 系统在线自学"企划力"9 小时课程，并经题库随机出题检测通过者。四是考取"项目管理师""企划师""营销企划""商务企划"等相关证照，经审核通过者。五是参与国际性或全国性创新、创业及企划相关竞赛，获得优良奖项，并提供获奖佐证数据经审核通过者。[②] 企划力卓越检核项目是：符合上述第四项及第五项者，视同达到卓越表现。

在《2019 年度高教深耕计划—计划申请说明》[③]中 G 大学提出，将以

① G 大学. 基本十项能力 [EB/OL].http：//10pillars.mcu.edu.tw/.2018–12–31.

② G 大学. 基本十项能力—企划力 [EB/OL]. http：//10pillars.mcu.edu.tw/zh-hant/planning.2018–12–31.

③ G 大学. 高教深耕计划简介 [EB/OL].http：//www.tec.mcu.edu.tw/zh-hant/node/4.2018–12–31.

"创新教学、学用合一"为宗旨，强化大学教育在认知、技能及情意三大领域教育目标的均衡发展，以培养学生具备专业知识、高度技术及正确态度的共通基本职能及专业职能，期望通过"落实教学创新""深化国际移动""提升高教公共性"与"善尽社会责任"各子计划的协同合作，结合 G 大学 14 万校友的丰沛资源，全面推动校、院、系与企业结盟，让学校教育能够具备足够的产业知能与资源，配合厚植学生能力、全语文领域培养、混合教学创新、全程实作专题、发展学用课程、全面校外实习、创新创业辅导、深化国际移动、弱势学生辅导、完善社会服务、链接在地产业、全面产业接轨、全球实习就业等重点策略的推动，以及全面两年英文课程由外籍教师授课的强化，并以企业实习与产业专题的整合式课程进行毕业前学习总体检，通过四大计划推动，实现"创新教学、学用合一"的理念，让学生具备国际视野及高度就业竞争力，以期于毕业后五年内成为产业的中坚干部，在管理营销、数字传媒、信息应用、生物科技、设计文创、观光旅游等产业，为社会培育优质的产业实务人才、乐活创新人才与国际就业人才。

在其《子计划—落实教学创新》[①]中提出：本计划拟在混合教学跨域创新及课程创新教学方法两项理念下，以促进跨域学习、培植基本能力与强化核心产业三大区块发展教学创新。在促进跨域学习下，推动院实质化、开设微学分课程与跨域课程；在培植基本能力下，养成学生程序与运算、中文识读与写作、外语沟通与广度的跨域能力；在强化核心产业下，盘整教师专长，聚焦物联网络、软件人才与智能机械等核心产业。通过上述各项策略巩固学生基础，再加上强化实作教学，建构校园共创基地，提供场域让学生实习，或实际动手将创意转化为实体成果，据以提升其就业竞争力，进而创新创业。

G 大学还将建构创新创业生态环境作为落实教学创学的六大主轴之一，

---

① G 大学. 高教深耕计划简介 [EB/OL]. http：//www.tec.mcu.edu.tw/zh-hant/node/4.2018-12-31.

力图以发展创新教学模式、厚植学生基础能力、建构跨域学习环境、强化核心（5+2）产业人才培育、建构创新创业生态环境、培养学生就业能力、作为落实教学创新的六大主轴。G大学同时将全程实作专题、科技融入专业、完备企业实习、提升就业竞争作为落实教学创新，提高就业能力的途径；将创新创业课程、创新创业辅导、校园共创基地、创业资源整合作为提升创新创业能力的途径。在《子计划 – 善尽社会责任》[①]中，G大学为落实社会责任实践，提出了四项执行策略，即发展完善社会服务、强化科技融入、关怀环境人文、链接在地产业。并由教学及行政跨单位组成社会责任实践执行委员会暨执行小组，通过建置互动平台，创建训练基地，以问题导向创新教学模式，开设微型学分课程与跨领域课程，让学生体验服务学习与实作，解决在地产业问题、发展特色。

G大学主要依托管理学院开展创新创业教育。G大学以商管起家，管理学院是其历史最久、规模最大、实力最强的学院之一。目前下设财务金融学系、企业管理学系、风险管理与保险学系、会计学系、国际企业学系五个科系。2017年，G大学管理学院通过了AACSB国际认证，成为全球为数不多的取得认证的商管学院。G大学管理学院提出的教育使命是：结合学术训练及经验式学习，培养具有专业能力、伦理素养、国际观的学生。[②]G大学管理学院强调课程上创新，强调学生创业精神培养，致力于培养学生解决问题的能力、创新创意的能力与控制思考的能力，不仅传授知识，还教导能力。

根据其办学理念和校务发展规划，G大学委托管理学院先后两次开发了创新创业教育校本课程。2006年，G大学管理学院开发了第一个创新创业教育校本课程——"创业与就业学分课程"；2016年，G大学再推出新开发的创新创业教育校本课程——"创业学分课程"。尽管G大学两次开发的

---

① G大学.高教深耕计划简介 [EB/OL].http：//www.tec.mcu.edu.tw/zh-hant/node/4.2018-12-31.

② G大学.G大学管理学院简介 [EB/OL].http：//web.ms.mcu.edu.tw/.2018-12-31.

创新创业教育校本课程都依托管理学院规划和实施，但均提供给全校所有学生修读。有受访者指出："这两个课程是由管理学院开给所有科系学生的课程。"根据 G 大学发布的《创业与就业学分课程实施细则》和《创业学分课程实施细则》，"创业与就业学分课程"的目标在于"培养具有创业与就业实务技能之人才"[①]，"创业学分课程"的目标在于"培养兼具创新创意之创业管理人才"[②]。尽管其"创业与就业学分课程"和"创业学分课程"在培养人才目标表述方面有所不同，综合看主要是培养具有创业实务技能的人才。

二、案例高校创新创业教育校本课程目标比较分析

为清晰比较分析案例高校创新创业教育校本课程目标，笔者根据"创意—创业"和"学校—学生"两个向度，尝试性地通过网格对案例高校创新创业教育校本课程目标比较分析。"创意—创业"向度主要考察案例高校的创新创业教育校本课程目标更倾向于培养学生创意还是创业，0~9 数字越大表示更倾向于创业。"学校—学生"向度主要考察案例高校的创新创业教育校本课程目标，0~9 数字越大表示越倾向于学生。这样可以获得案例高校创新创业教育校本课程目标网格图，如图 2-1 所示。

由图 2-1 可以发现，"创意—创业"向度上从"创意"到"创业"案例高校依次为：E 大学、C 大学、D 大学、F 大学、B 大学、G 大学、A 大学。普通高校中 E 大学"创意创业课程"强调通过提供异质性课程修习以及创意实践平台，提升学生的创意及创新能力，通过引导学生参与社会实际行动，进而实践创意创业的理想与目标，说明 E 大学更倾向于发展学生创意。D 大学"大师创业学分课程"强调培养学员多元跨域学习，展现多元创意，开启创业新思维，说明 D 大学对创业也强调但比较

---

① G 大学. 学分课程系统课程实施细则 [EB/OL]. http：//stu.mcu.edu.tw/appx/credit/CC_CreditCourse Dialog.aspx. 2018-12-13.

② G 大学. 创业学分课程 [EB/OL].http：//web.ms.mcu.edu.tw/zh-hant/content. 2018-12-13.

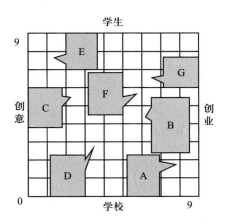

图 2-1 案例高校创新创业教育校本课程目标网格图
资料来源：笔者制作。

而言更倾向于培养学生的创意。C 大学"创新创业学院"目标在于培养
创新、创业、创意三创人才，其"创新创业课程"希望培育"勇于面对
问题""积极参与设计"与"主导开创未来"的优秀人才，总体来看 C 大
学更倾向于培养创意。G 大学的"创业与就业学分课程"强调培养具有
创业与就业实务技能的人才，G 大学"创业学分课程"强调培养兼具创
新创意的创业管理人才，说明 G 大学倾向于创业。技职高校中 A 大学明
确提出培养"创新创业型人才"，"3C 物联网创新创业课程"强调培养具
备"3C"产品组装、维修、判别核心问题、动手解决能力、营销策略能
力专业人才；A 大学"文艺互联网＋创新创业课程"强调培养艺术文化
产业创新及管理的、文艺产品策略营销等专业人才，旨在提高学生创新
创业能力，说明 A 大学更倾向于创业。B 大学"创新创意创业课程"目
标是培育具备创造力、创意加值与创业的人才，其具体目标强调培育能
够将技术精进化、技术商品化的跨科技整合人才，培育学生在创意产出
外进行进智财保护并能勇于创业，说明更倾向于创业。F 大学"创新与
创业课程"强调培养学生创新创意精神、培育创意思考能力，但也强调
培养学生第二专长技能、创新事业实务技能、创新事业管理人才并培养
学生自行创业能力，说明 F 大学尽管也强调培养学生创意，但比较而言

更重视培养创业能力。E大学创新创业教育校本课程目标最倾向于创意，A大学最倾向于创业；普通高校创新创业教育校本课程目标更倾向于创意，技职高校更倾向于创业；技职高校中F大学最倾向于创意，普通高校中G大学最倾向于创业。

"学校—学生"向度上从"学校"到"学生"案例高校依次为：A大学、D大学、B大学、C大学、F大学、G大学、E大学。普通高校中E大学"创意创业课程"强调提升学生的创意及创新能力，但对发展学校特色很少强调，说明E大学更倾向于学生。D大学"大师创业学分课程"希望将各系所专业带进实务创业，同时强调培养学员多元跨域学习，展现多元创意，开启创业新思维，说明D大学既重视学校发展也重视培养学生。C大学重视培养学生，同时强调通过打造前、中、后育成的创意实践生态体系，建立C大学创新创业品牌，说明C大学更倾向于培养学生，但对发展学校也有考虑。G大学对培养学生强调较多，但对发展学校较少强调。在技职高校中，A大学强调致力于学生创新创业力的培养，加强落实"企业家的摇篮"的目标，其设立课程主要目的在于传承和发扬"企业家的摇篮"传统，因此A大学更倾向于发展学校特色。B大学"创新创意创业课程"将"提供创意、创新、创业相关课程实作环境，以落实学校的务实、卓越与创新教育理念"作为具体目标，同时强调"创新创意创业课程"是学校提供给学生的"五大共同必修特色课程"，说明B大学也强调以创新创业教育校本课程发展学校，但相较而言，培养人才还是主要的。F大学"创新与创业课程"还将"通过知识培养与企划实作等课程设计与实施，提升校园总体创新事业能力"，说明其对发展学校也较重视。相较而言，E大学创新创业教育校本课程目标最倾向于学生，A大学最倾向于学生；技职高校中F大学最倾向于学生，普通高校中D大学最倾向于学校。

若以第五格为"中间量"，可以将案例高校创新创业教育校本课程目标大致归纳为四种类型：

其一，以 E 大学、C 大学为代表的"学生创意型"。其特征是创新创业教育校本课程目标倾向于学生和创意。E 大学、C 大学所确定的创新创业教育校本课程目标之所以如此，可能与其身处 T 省高校前段位置，没有太多生存压力，同时又是非理工类高校有关。

其二，以 D 大学为代表的"学校创意型"。其特征是创新创业教育校本课程目标倾向于创意，倾向于学校。这可能与 D 大学科系特性以及目前正处于转型发展期有关。有受访者表示："创新创业课程在某种程度上也是学校发展的需要。""师大的创新创业课程一方面是为了满足学生的需要，另一方面是学校特色的反映。"

其三，以 A 大学、B 大学为代表的"学校创业型"。其特征是创新创业教育校本课程目标倾向于学校，倾向于创业。此类型案例高校虽然也重视通过创新创业教育校本课程开发培养学生，但相较而言，更强调创新创业教育校本课程开发对学校辉煌历史传承或特色塑造方向的价值。

其四，以 G 大学、F 大学为代表的"学生创业型"。其特征是创新创业教育校本课程目标倾向于学生和创业。G 大学创新创业教育校本课程的目标倾向，则可能与其长期秉持的"人之儿女、己之儿女"教育理念、坚持的"追求教育卓越，培养理论实务并重，具备团队精神与国际视野之人才"的教育宗旨密切关联。

第二节　案例高校创新创业教育校本课程目标的确定

课程目标的确定很大程度上是确立价值的过程，需要在集体审议的基础上确定主导价值或取得较为一致的价值判断。"在确定课程目标时，关键还是在于课程编织者要澄清课程目标的一些基本哲学假设，并根据实际情况，经过集体审议，得出较为一致的价值判断。"① 由于在实践中，这一价值

---

① 施良方. 课程理论：课程的基础、原理与问题 [M]. 北京：教育科学出版社，1996：98.

确立过程，与课程方案或计划提出过程是同步进行的，因此创新创业教育校本课程目标确定的过程，实际上是创新创业教育校本课程方案或计划的确定过程。通过对这一过程的描述，我们大致可以知道案例高校创新创业教育校本课程目标确定的过程。

一、案例高校创新创业教育校本课程目标确定模式

案例高校创新创业教育校本课程目标确定出现了校内外合作模式、校内委员会审查模式和校内多部门联合模式。

（一）校内外合作模式

A大学研究发展处2017年5月的结案报告显示：A大学在确定创新创业教育课程目标时充分结合了学校内外部力量。校外力量主要有："产发局"局长、校友（昱源科技董事长）、学界人员、商家（瑞德感知科技股份有限公司总经理、友视达科技股份有限公司董事长）；校内力量主要是校长、副校长、教务处处长、研发处处长、产学处处长，有关系、院、部负责人（创新设计与知识管理研发中心、电机工程系、电子工程系、创新设计与知识管理研发中心、工业设计系、进修部、管理学院、资讯与财金管理系、技术及职业教育研究所、建筑系）。

首先，由受聘的校外有关人士和校内有关人士联合召开创创学院[①]院务会议，在创创学院院务会议上讨论确定计划目标；其次，由创创学院根据计划目标，A大学、光大创创学院教育目标，提出课程规划设计方案；再次，进行课程规划设计方案试教，课程规划方案与试教情况报送创创学院院务会议和创创学院课程会议审议；最后，在审查的基础上，由创创学院课程会议结合教学评量结果再行审查，审查通过后确定，如图2-2所示。

---

① A大学对创新创业学院的简称。其他案例高校也存在类似情况，如C大学将《创新创业入门》称为《创创入门》。

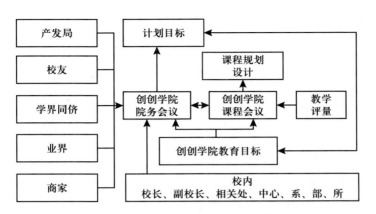

图 2-2　A 大学创新创业教育校本课程目标确定流程

资料来源：A 大学光大创创学院第二期结案简报 [EB/OL]. https：//rnd.ntut.edu.tw//
ezfiles/5/1005/img/2529/102606054.pdf.2018−12−13.

A 大学创新创业教育校本课程开发并非一蹴而就，整个课程开发过程历时两年多，经过了若干重要发展阶段。早在 2015 年，A 大学就与当地市政府商议共同确定了发展方向；2016 年 2 月，A 大学在资源整合的基础上成立了光大创创学院；2016 年 5 月，A 大学开发了大光华商圈，并达成协议；2016 年 6 月，A 大学设置光大学院第二专长，并开发了大稻埕商圈；2016 年 8 月，光大学院专案教师正式开课；2016 年 10 月，A 大学的两大课程，即"3C 科技创新创业课程""文创艺术创新创业课程"正式成立；2017 年 1 月，光大学院开课法规取得突破，并举办了第一场工作坊研习营；2017 年 3 月，QS World 宣传光大理念。可以说，A 大学用两年多时间完成了创新创业教育校本课程开发，并在世界范围内产生了一定影响。[①]

（二）委员会审查模式

委员会审查模式主要是通过设立委员会，由委员会审查后确定。但以委员会审查模式确立创新创业教育校本课程目标的案例高校，其做法存在一定差别。

---

① A 大学 .A 大学光大创创学院第二期结案简报 [EB/OL]. https：//rnd.ntut.edu.tw//ezfiles/5/1005/img/
2529/102606054.pdf.2018−12−13.

1. D大学：院系提课程修习要点，校审查委员会及教务会议通过后确定

根据D大学《课程设置要点》（2003年7月通过，后修订过7次，最新修订于2018年4月完成并发布），D大学设计课程的基本考虑是适应社会及产业多元化发展趋势，促进不同学科间科际整合，增加学生选课弹性。院、系（所）、教务处、通识教育中心通常是课程设置的主体。课程的设立首先要根据需求制定"学分课程修习要点"。课程选修和学习要点一般都包含课程宗旨①、课程名称、课程规划、学分数、修读资格等。《课程设置要点》第三条规定："各学分课程修习要点应包括设置宗旨、课程名称、课程规划及学分数、修读资格等项目。"② 由于在学分课程修习要点中，课程宗旨一般都会说明课程目标，因而课程目标与课程规划是一同进入审查程序的。

按照D大学《课程设置要点》的规定，课程选修和学习要点要经学校学分课程审查委员会及教务会议通过后才能设立。学分课程审查委员会由教务长担任召集人，委员有7~9人，除国际事务处处长、师资培育与就业辅导处处长外，其余委员由教务长从本校专任教师中遴聘，或者根据需要聘请校外学者专家担任。课程审查委员会必须根据需要邀请学生代表或相关人员列席。

2. G大学：院课程委员会提规划，各级课程委员会及教务会议审核，校长核定

根据G大学管理学院《创业与就业学分课程实施细则》（2006年10月系务会议通过，后经5次修订，最新修订于2012年由教务会议修订通过），G大学"创业与就业学分课程"规划工作由"课程委员会"负责。课程委员会由G大学管理学院企业管理学系4名教师组成，由委员互推1人担任召集人。课程委员会的工作是负责"创业与就业学分课程"课程规划。"创

---

① 课程宗旨一般都会对课程方案或计划目标作出说明。

② D大学.课程设置要点[EB/OL].https：//program.cge.ntnu.edu.tw/法规专区/.2018-12-10.

业与就业学分课程"的业务承办单位是 G 大学管理学院企业管理学系。"创业与就业学分课程"应修科目学分表经各级课程委员会及教务会议审核通过，校长核定后实施。①

　　根据 G 大学管理学院《创业学分课程实施细则》，G 大学"创业与就业学分课程"由课程委员会负责课程规划。课程委员会由管理学院院长担任召集人，学分课程委员会委员由管理学院教师组成。"创业与就业学分课程"业务承办单位为 G 大学管理学院。"创业与就业学分课程"应修科目学分表经各级课程委员会及教务会议审核通过，校长核定后实施。②

　　3. F 大学：系提规划，委员会层层审查，校长核定

　　F 大学的"创新与创业课程"为商管学院营销与流通管理系主要规划。从该校发布的有关文件看，F 大学创新创业教育校本课程目标的确定是经过了课程规划委员会审查。"经院课程委员会、院课程规划委员会、校课程规划委员会以及教务会议等会议审查通过实施。"③

　　首先是商管学院课程委员会审查。根据《F 大学商管学院课程委员会设置要点》④（2007 年 4 月院务会议通过，2008 年 5 月院务会议通过），F 大学为培养学生第二专长，增进学生就业机会，由商管学院设置的课程委员会负责规划。⑤ 院长为课程委员会主任，另设有委员 5~7 人，由系主任互推产生。院长室负责执行具体工作。课程委员会的职责包括：研议课程的开设方向；审查课程的课程规划；检讨课程开设成效。F 大学的"创新与创业课程"在营销与流通管理系规划完成之后，由商管学院院长、系主

---

①② G 大学 . 学分课程系统课程实施细则 [EB/OL]. http：//stu.mcu.edu.tw/appx/credit/CC_CreditCourse Dialog.aspx. 2018−12−13.

③　F 大学商管学院 . 创新与创业课程 [EB/OL]. http：//coba.just.edu.tw/files/11−1020−4706−1.php? Lang=zh−tw.2018−12−20.

④　F 大学商管学院 . 学院法规 [EB/OL]. http：//coba.just.edu.tw/files/11−1020−88.php?Lang=zh−tw. 2018−20−21.

⑤　根据《F 大学商管学院课程委员会设置要点》，课程应该由商管学院设置的课程委员会负责规划。根据其网页信息，"创新与创业课程"事实上为商管学院行销与流通管理系规划完成。

任组成的课程委员会对其课程规划进行了审查。

其次是商管学院课程规划委员会审查。根据《F大学商管学院课程规划委员会设置要点》[①]（2007年11月院务会议通过，2008年5月院务会议通过），F大学商管学院为使课程规划周延，还成立了商管学院课程规划委员会。商管学院课程规划委员会的主要职责是：审议各系（科）所课程；规划协调所开设共通课程；规划协调开设跨系课程；其他课程相关事项。商管学院课程规划委员会委员主要包括院长、各系（科）所主管，各系（科）所推选的专任教师1人，必要时可以邀请相关人员列席。F大学的"创新与创业课程"在由商管学院院长、系主任组成的课程委员会进行审查后，商管学院课程规划委员会还对其进行审查。

再次是学校课程规划委员会审查。根据《F大学课程规划委员会设置要点》（1998年11月教务会议订定，后经过9次修订，最新修订于2017年10月完成发布），F大学课程规划委员会由产官学代表、各学院院长、图书信息处图资长、体育室主任、通识教育中心主任、各系课程规划小组，各系选出教师代表1名及学生代表2名等组成。教务长为召集人，课务组组长为秘书。学校课程规划委员会课程委员会的主要职责之一是：审议各系（科）所毕业学分数、课程架构、其他有关课程规划共同事项等。[②]F大学的"创新与创业课程"在历经学院委员会两次审查后，还需要通过学校课程规划委员会的学校一级审查。

最后是教务会议审议和校长核定。根据《F大学课程设置要点》（2007年1月教务会议新增通过，后经6次修订，最新修订于2015年10月完成发布），"各教学单位设置课程时，应组成课程委员会，拟订课程规划书，送学校课程规划委员会及教务会议审议并陈校长核定后办理。第三条规定：

---

① F大学商管学院.学院法规[EB/OL]. http: //coba.just.edu.tw/files/11-1020-88.php?Lang=zh-tw. 2018-20-21.

② F大学.法规查询[EB/OL].http: //203.64.67.223/rule/sch_laws_list.php?category=A003. 2018-20-21.

课程的规划与推展由课程负责单位统筹办理"。① 可见，"创新与创业课程"还需教务会议审议和校长核定后才能办理确定。

4. C 大学：教研单位提细则，校课程委员会审查，教务会议审议后确定

根据 C 大学《学分课程设置办法》（2003 年 11 月通过，后经过 6 次修订，最新修订于 2016 年 8 月发布），为整合资源，鼓励学生有系统地学习跨领域课程，培养多方面专长人才，C 大学要求各教学、研究单位要根据学生生涯规划、教学研究发展需求规划设置跨院、系、所或跨校的学分课程。C 大学的学分课程不仅有跨院、系、所的，如"创意课程"，还有跨校的学分课程。

C 大学要求"学分课程以现有的课程为原则。学分课程如有新开的必修课程，需提送课程委员会及教务会议审议通过后，始得开课"。② 教学研究单位先要提出"学分课程施行细则"，内容应包括设置宗旨、课程名称、召集人及课程委员会委员、课程计划及学分数、修读资格、人数限制、申请及核可程序等项目。教学研究单位先将"学分课程施行细则"报送学校教务处，由教务处汇总，并请校外委员审查；校外委员审查后，再提交本校课程委员会、教务会议审议。召集人以课程整合院、系、所、中心主管为原则。学分课程施行细则经教务会议通过后公告施行。③

（三）校内多部门联合模式

1. E 大学：共同教育中心与学务处筹设，教务会议通过后课程主任统筹执行

E 大学的"创意创业课程"由共同教育中心与学务处负责筹设，由校长聘请课程主任统筹执行。根据《E 大学创意创业学分课程设置办法》

---

① F 大学.法规查询 [EB/OL].http：//203.64.67.223/rule/sch_laws_list.php?category=A003. 2018-20-21.

②③ C 大学.C 大学学分课程设置办法 [EB/OL]. http：//aca.nccu.edu.tw/download/rulesdata/law09A. pdf. 2018-10-23.

（2008年3月教务会议通过，经过4次修订，最新修订于2016年6月教务会议修正通过发布），E大学"创意创业学分课程"由共同教育中心与学务处2个机构负责共同筹设，由各系所协办。"创意创业学分课程"设置课程主任1名，由教务长和创新设计学院执行长商议从专任教师中荐请课程主任，并由校长聘请兼任，具体负责统筹和执行"创意创业学分课程"各项事宜。课程主任的聘期一任3年，可以连续聘任。课程主任也可以推进任副主任1~2人，并请校方聘任，以协助推动"创意创业学分课程"相关事务，聘期与课程主任相同，可连续聘任。①

根据E大学校园网资讯《改造E大学成为引领T省创新创业火车头》，E大学"创意创业学分课程"第一任课程主任为电机系教授陈良基，副课程主任为电机系黄钟扬教授；第二任课程主任为管理学院电机系教授李吉仁，副课程主任仍为黄钟扬教授。②为提升"创意创业学分课程"发展水平，E大学还设置了课程咨询委员。课程咨询委员由课程主任自学界、业界及E大学校友中推荐9~12人，并由校长聘任，任期3年，可连续聘任。③

根据《E大学跨院系所学分课程设置准则》（1998年教务会议通过，经过10次修订，最新修订于2016年6月发布），教学研究单位设置学分课程时应提出计划书。"学分课程计划书应经参与单位及所属学院会签，教务会议通过后公告实施，修正时亦同。"④课程计划书应载明事项，包括：学分课程名称；设置宗旨；参与教学研究单位；授课师资；课程必修科目学分、选修学分及应修学分总数；所需资源的安排；行政管理；招生名额。可见，E大学的"创意创业课程"由共同教育中心与学务处负责筹设，经教务会议审查通过后由课程主任统筹执行。

①③ E大学.E大学创意创业学分课程设置办法修正后全文[EB/OL]. https：//cep.ntu.edu.tw/wp-content/ uploads/2016/07/unnamed-file.pdf.2018-12-13.

② E大学焦点新闻.改造E大学成为引领T省创新创业火车头[EB/OL]. https：//www.ntu.edu.tw/spotlight/2016/806_20160502.html.2018-12-14.

④ E大学.E大学跨院系所学分课程设置准则[EB/OL]. http：//www.aca.ntu.edu.tw/curri/statute/跨院系所学分课程设置准则.pdf.2018-12-14.

2. B 大学：多部门联合开发，合作实施

B 大学在评估未来产业人力需求的基础上，组织工程学院的机械工程系、化工与材料工程系，电资学院的电机工程系、电子工程系、信息网络工程系，管理学院工业管理系、国际企业系、财务金融系、信息管理系、企业管理系，人文暨科学学院的应用外语系、多媒体与游戏发展科学系、通识中心等系所的资源与人力，共同规划了"创新创意创业相关课程"。[①]参与"创新创意创业相关课程"方案设计的部门多达 4 个学院、13 个系所。

这些参与课程方案设计的部门同时是课程实施部门。B 大学"创新创意创业相关课程"的开课系所包括：工程学院的机械工程系、化工与材料工程系；电资学院的电机工程系、电子工程系、信息网络工程系；管理学院的信息管理系、企业管理系、国际企业系、工业管理系、财务金融系；人文暨科学学院的游戏与多媒体系、应用外语系、通识中心。[②]

根据 B 大学《创新创意创业课程规划书》（2007 年），B 大学"创新创意创业相关课程"的课程委员会由管理学院课程委员会所有成员组成；"创新创意创业相关课程"的修订，要经过院级、校级课程委员会及教务会议审议通过后实施。[③]目前 B 大学实施的"创新创意创业相关课程"是 2007年的"升级版"，于 2016 年完成重新规划并实施。根据《创新创意创业跨领域课程规划书》（2016 年），B 大学新规划实施的"创新创意创业相关课程"，不仅设置了召集人 1 人，负责统筹与办理课程相关业务，还设置了跨院系的由具有创意创新创业专长教师 3~6 人所组成的课程委员会，由课程召集人邀请相关专长教师担任课程委员会的委员。委员会要在课程规划与开设方面为课程提供咨询意见。[④]

---

① ② B 大学. 认识创新创意创业课程 [EB/OL].http：//140.131.10.1/innovation/.2018-11-09.

③ ④ B 大学. 创新创意创业课程规划书 [EB/OL]. http：//www.lhu.edu.tw/m/oaa/course/mix/105/.pdf.
2018-09-27.

二、案例高校创新创业教育校本课程目标确定的比较

为清晰比较分析案例高校创新创业教育校本课程目标确定过程，笔者根据"校内—校外"和"高位—低位"两个向度，尝试性地通过网格对案例高校创新创业教育校本课程开发和目标确定过程进行比较分析。"校内—校外"向度主要考察案例高校在高校创新创业教育校本课程目标确定和开发过程中，主要依靠的是校内人员还是校外人员，0~9数字越大表示校外人员发挥的作用越大。"高位—低位"向度主要考察案例高校在创新创业教育校本课程目标确定和开发过程中，具有最后确定机构（者）的"位阶"，0~9数字越大表示最后确定的机构（者）"位阶"越高。这样就可以得到案例高校创新创业教育校本课程目标确定网格图，如图2-3所示。

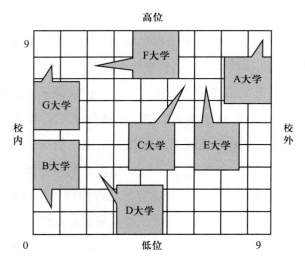

图2-3 案例高校创新创业教育校本课程目标确定网格图
资料来源：笔者制作。

可以发现，"校内—校外"向度上从"校内"到"校外"案例高校依次为：F大学、B大学、G大学、D大学、C大学、E大学、A大学。其中，G大学会和B大学几乎没有利用校外力量，D大学提出可以根据需要聘请校外学者专家，F大学在课程规划委员会中安排有产官学代表，C大学有

邀请校外委员审查"学分课程施行细则"环节，E 大学建有课程咨询委员（委员由课程主任自学界、业界及 E 大学校友中推荐，有 9~12 人），A 大学则聘请"产发局"局长、校友、学界人员、商家代表直接参与课程规划设计方案讨论。相较而言，A 大学在创新创业教育校本课程目标确定和开发中对校外人员最为重视，G 大学和 B 大学则对校外人员较不重视。

"高位—低位"向度上从"低位"到"高位"案例高校依次为：B 大学、D 大学、C 大学、E 大学、G 大学、F 大学、A 大学。其中，B 大学由教务会议审议确定，D 大学由教务长召集的教务会议确定，C 大学由教务会议通过后公布实施，E 大学由教务会议确定但由校长聘课程主任统筹执行，G 大学在各级课程委员会及教务会议审核后由校长核定，F 大学委员会层层审查完后由校长进行核定，A 大学尽管由创创学院课程会议决定，但校长、副校长均是主要参与者。相较而言，A 大学在创新创业教育校本课程目标确定和开发中"位阶"最高，B 大学、D 大学、C 大学则"位阶"相对较低。

如以第五格为"中间量"，可以将案例高校创新创业教育校本课程目标确定和开发大致归纳为以下三种类型：

其一，以 A 大学、C 大学、E 大学为代表的"外高型"。其特征是在创新创业教育校本课程目标确定和开发过程中，较好地动员了学校外部力量，同时学校高层参与或部分参与了课程方案或计划相关工作。这种创新创业教育校本课程目标确定和开发类型，一方面，有利于吸收校外人士，尤其业界人员的宝贵意见和建议，对创新创业教育校本课程获得外界支持，产生良好社会影响具有促进作用；另一方面，由于"位阶"较高，权威性、认可度更高，且容易凝聚共识，对内形成有利于创新创业教育校本课程实施的良好氛围。

其二，以 G 大学和 F 大学为代表的"内高型"。其特征是在创新创业教育校本课程目标确定和开发过程中，学校高层参与或部分参与了课程方案或计划相关工作，但对学校力量利用不够。这种创新创业教育校本课程目标确定和开发类型权威性、凝聚性较好，容易形成校内共识，容易动员和组织，但由于没有吸纳校外人员参与创新创业教育校本课程目标确定和开发过程，对利益相关者关照不够，容易陷入"象牙塔"内部循环的困境，不利于寻求外界支持。

其三，以 B 大学、D 大学为代表的"内低型"。其特征是在创新创业教育校本课程目标确定和开发过程中，学校高层没有参与课程方案或计划相关工作，创新创业教育校本课程目标确定和开发过程也没有动用校外力量。这种创新创业教育校本课程目标确定和开发类型也有其优势，因其一般走的是从下到上设计实施的路线，底层基础相对牢靠，而且由于课程方案或计划来源于底层，在层层审查过程中课程的规范性、科学性、民主性能够得到保证。不足在于，课程方案或计划的权威性稍差，全局意识、长远意识也可能不够。加之局限于校内人员，不利于获得外界支持。

第三节　案例高校创新创业教育校本课程目标确定考虑要素

高校在创新创业教育校本课程开发中，为确定合理的校本课程目标，有些要素要重点给予考虑。案例高校在创新创业教育校本课程开发确定课程目标过程中，重点考虑了如下要素。

一、教育哲学

教育哲学是高校创新创业教育校本课程开发的灵魂。不管是高校创新创业教育目标，还是进一步细分后的高校创新创业教育课程目标，反映的都是高校的教育哲学。理所当然，学校教育哲学也是高校确定创新创业教育校本课程目标时要优先考虑的要素。"目的问题与其说是一个科学问题，不如说是一个价值选择问题。"[①] 而学校教育哲学可以有效解决价值选择问题。"任何一所学校都有一种教育哲学在支配着，只不过有的已经概念化，

---

① 王伟廉. 高等学校课程研究导论 [M]. 广州：广东高等教育出版社，2008：12.

且明确地表达出来了；有的意识到了还没有明朗化；有的可能还没有意识到。校本课程开发的前提条件之一是需要一种明确的学校教育哲学，通常用培养目标或办学宗旨等表示。"① 案例高校都有自己的学校教育哲学。案例高校的教育哲学不仅体现在培养目标、办学宗旨、办学愿景中，还体现在校长的治校理念或办学理念中。

B 大学在校园网醒目位置说明了其办学理念：身为技职大学，坚持"二不二要"，"二不"是不盲目追求国际间大学排名、不以培养诺贝尔奖得主为目标；"二要"是要学生毕业后能广受企业欢迎，为企业所用、更要毕业学生能获得企业较高的待遇。② 笔者于 2018 年 4 月末去 B 大学参访，B 大学校长详细阐述了其办学理念和办学思想。他说："我们的定位是应用型本科，我经常在公开场合讲我们要做到'二不'。'二不'是说我们不干两件事情。第一，刻意追求世界排名的事情我们不干。我们不追求世界大学排名榜上的排名，不要求老师发表非常学术化的论文。冲排名、发 SCI 这样的事情我们不干。第二，梦想培养诺贝尔奖获主的事情我们不干。我们对学生的品质心里有数。即使真的发现一个很优秀的学生，我们也不会把资源囤积在他那儿，培养他去拿诺贝尔奖。这样的事情我们不做。'二要'是说我们要干两件事情。第一，我们的学生毕业后能比较轻松地找到工作，甚至企业主动找他，而且企业要拿比较好的薪水聘我们的学生。我们要做这个事情。尽管 T 省官方没有公布相关数字，我们从一个民间的人力网站看到，B 大学校友拿到的工资是高于全 E 大学校友平均工资的。这是我们想要的结果。我们主要看结果，其他的如设备多么先进、投入了多少钱都是过程。你投入了很多钱，结果学生找不到工作，等于钱白投了。第二，我们要做的就有，作为一个应用型科技大学，一定要有一些研发力量去帮助企业解决问题。我们学校所处的位置十分重要，这里有一个园区，

---

① 崔允漷. 校本课程开发：理论与实践 [M]. 北京：教育科学出版社，2000：128.

② B 大学. 龙华简介 [EB/OL]. http://www.lhu.edu.tw/about/history.htm.2018-12-09.

T省很多重要的中小产业都在这里聚集，产值已经超过新竹科学园区了。你要让企业感觉到你存在的价值。假如有一天 B 大学要搬家了，要搬到中部、南部去了，这些产业会很紧张。他们的人力资源会缺少很大一块。我们要有这样的期许。在这个园区之间你能够帮助企业升级发展，解决他们发展的问题。我们学校有 250 多位老师，80% 都有博士学位，这些人很聪明，可以解决中小企业发展的问题。我们要有帮助企业升级发展和解决问题的能力。所以两个事情我们要做，而且必须做好。"

B 大学提出其秉持的核心理念是"务实、卓越、创新"，其教育目标是"培育兼具专业技术及人文素养的博雅科技实务人才"。B 大学的过人之处在于，其学校教育哲学不仅"写"在网页上、"题"在校园里、"说"在嘴上，还体现在整个办学过程中，体现在机构理念、教师升等、教学实习、课程开发设置等多方面。例如，B 大学的创新创意创业中心的理念是："承袭本校'务实、卓越、创新'的核心价值，在'创新'方面，全面培养学生具备创意思考、创新实作与创业发展的能力，使本校学生能在经济与技术环境变迁剧烈的时代立足，并且全面提升及发挥本校师生的智慧资本，进一步具体实现学生创新性核心竞争力的培养与展现。"[①] 依托创新创意创业中心开发的创新创业教育校本课程，其目标自然要体现在学校教育哲学。如其开发设置的《创新创意创业课程》目标之一是，提供创意、创新、创业相关课程实作环境，以落实本校务实、卓越与创新教育理念。

G 大学的学校教育哲学体现在教育理念、教育宗旨和教育目标中。G 大学一直以来秉持的教育理念很"传统"，属于中国传统文化中"推己及人""仁者爱人""己所不欲，勿施于人"等精神的体现，被概括为"人之儿女、己之儿女"。G 大学提出的教育宗旨是：秉持"人之儿女、己之儿女"之教育理念，以追求教育卓越，培养理论实务并重，具备团队精神与国际视野的人才为宗旨。G 大学将自身定位为一所"强调教学、重视应用

---

① B 大学. 创新创业创业发展中心 [EB/OL]. http：//www.lhu.edu.tw/innovation/intro.htm.2018–12–09.

性研究的国际化综合大学"，强调通过推动"全球知识在地化、在地知识全球化"及"知识产业化、产业知识化"的教育发展主轴，达成学生"毕业即就业"教育与现实社会无缝接轨。①G 大学提出的教育目标是：秉持"人之儿女、己之儿女"之教育理念，推动"卓越化、专业化、国际化"之教育目标。为此，G 大学提出了"十项基本能力"教育，并且发布了《G 大学校定十项基本能力检核办法》(2015 年 4 月 27 日行政会议通过，后经过3 次修订，2018 年 10 月 1 日行政会议修订通过)。《G 大学校定十项基本能力检核办法》提出校定十项基本能力检核目的是，达成学校"一念三化"②的教育理念与目标，使学生具备学用合一、学以致用的基本能力，本校致力培育学生拥有扎实的专业核心能力与深厚的基本素养，并使基本素养能够具体检核验证，成为未来职场应用的基本能力。③ 其依托 G 大学管理学院开发的《创业与就业学分课程》，目的是培养具有创业与就业实务技能的人才；《创业学分课程》目的在于培养兼具创新创意之创业管理人才。

F 大学的学校教育哲学体现在治校理念、教育宗旨、校务愿景中。F 大学提出的治校理念是：建构安全环保校园，营造温馨友善有活力的校园文化；孕育学生人文底蕴，厚实专业能力，提升就业力；产学共构课程，多元创新教学，创造优质教学质量；整合校内资源，强化校院系识别特色，提升整体竞争力；加强国际交流，推动国际化，提升师生国际移动力与竞争力；产学研一体化，争取公私部门资源，开源节流，绩效加乘；塑造JUST 品牌形象，成为企业最爱人才培育学府；检讨过去，掌握现在，策励未来，追求卓越，迈向永续发展。④F 大学对学校的定位是"本校为一所实务教学型大学"，教育宗旨是"以培养业界所需之实用人才为宗旨"。校务

---

① G 大学 . 教育宗旨 [EB/OL].http：//web.mcu.edu.tw/zh-hant/content/.2018-12-13.

② "一念三化"即 G 大学提出的教育目标秉持"人之儿女、己之儿女"之教育理念，推动"卓越化、专业化、国际化"之教育目标。

③ G 大学 .G 大学校定十项基本能力检核办法 [EB/OL]. http：//10pillars.mcu.edu.tw/.2018-12-31.

④② F 大学 . 治校理念 [EB/OL].https：//www.just.edu.tw/files/11-1000-103-1.php?Lang=zh-tw.2018-12-20.

愿景是：一本创校培德育才的初衷，齐心协力励精图治，善尽教育青年责任，发挥技职教育务实致用的办学特色，营造乐在学习的优质校园环境，运用理论与实务兼具的课程设计与多元教学，养成学生勤劳、信实、谦敬、创新的态度，循循善诱，让学子能以诚挚的心态服务产业、回馈社会，并且诚实面对自我，清楚认知自己未来发展与优势所在，造就独一无二的竞争力人才。F大学还提出了"塑造全人科技人才""强化校企双向交流""提升学校整体效能"及"拥抱小区胸怀国际"四大目标，旨在创造JUST（Joyous，Unique，Sincere，Truthful，JUST）优质品牌形象，迈向永续发展、追求卓越，达到培育企业最爱人才之一流学府的愿景。[②] 基于此，开发了《创新与创业课程》，目标包括"培养学生创新创意精神，辅导学生模拟创业历程，强化学生就业竞争力，提供优秀创新事业人才""提供学生创新事业的实务技能"等。

A大学的学校教育哲学体现在校训和校长治校理念等方面。该校一向奉行"礼、义、廉、耻"的共同校训，为发扬优良校风，以"诚、朴、精、勤"四字为校训，作为师生精神指标共同努力的准绳。根据《A大学校讯（349）》报道，A大学新任校长提出的治校理念是："发扬务实致用的品牌形象，重塑以学生为主体的教学环境，重视全人发展、品德为先、在地关怀、社会实践等，并承诺传承'工专精神'，发展A大学成为一所兼具人文素养、科技创新、理论与实务并重的科技大学。"

C大学的学校教育哲学不仅体现在对传统的坚守，也体现在变革的决心。C大学建校以来，一直致力传承人文社会科学优良传统，以打造国际一流人文社会学术殿堂为愿景，更以培养具有"人文关怀、专业创新、国际视野"的新世纪领导人为使命。面对高等教育国际竞争和中国高教资源竞争加剧，C大学积极变革。新任校长表示："C大学作为人文社会科学重要的标杆大学，我们更要走出校门。"并且希望以伦敦政治经济学院、巴黎政治学校为标杆，通过改革，如引进第三学期、夏日学校（Summer School）制度，改变教学内容规划及课程参与模式，检讨内部财务，简化行政程序、退休人员再聘用等，把 C 大学办成像英国伦敦政治经济学院和巴黎政治学校一样的国际一流大学。①

D 大学的学校教育哲学集中体现在校长的办学思想中。D 大学现任校长提出：D 大学已有近百年的历史，学生通过跨域学习，表现出特有的能力与气质。优质的大学只有一个指标，那就是师生都能够有杰出的表现，并能贡献所长于社会。期望自己及所带领的团队，能扮演好服务师生、支持师生、成就师生的角色。特别着重三个工作重点：深化国际化，培养学生的国际移动力；强化与产业联结，增进学生实务及就业能力；建置强大校友网络，作为本校永续发展经营的基础。②为培养学生创新与创业跨领域知能，迈向实务创业之路，D 大学开发的《大师创业学分课程》，旨在培养学员多元跨域学习，展现多元创意，开启创业新思维。

E 大学的学校教育哲学集中体现在其愿景中。E 大学提出的愿景是：本校为一综合研究型大学，规模、领域完整，师资及学生素质优异，校务发展在秉持核心价值"敦品励学、爱国爱人"理念下，以教学精进、学术卓越、放眼国际、行政优化及友善校园为主轴，积极推动"多元深化学习、跨业界无缝合作""强化研发成果及创新研究""课程国际化、开拓师生视野全球化""建立良善沟通平台、提升工作士气与效率""打造健康无虑的学习环境、提升 E 大学师生的认同感"。本校不仅提供师生一流学习与创新的优质环境，培养社会领导精英与知识创新研究人才、提升 T 省学术水平，并协助国家经济发展，解决人类永续发展重大问题，达到"华人顶尖、世界一流"大学的愿景。③分析 E 大学提出的愿景，可以发现其中不仅包含对学校的定位、办学理念，还包含校务发展的核心、举措和目标，形成了完整的学校教育哲学。其于 2008 年设立的"创意创业课程"目标之一是培

---

① C 大学. 新团队上任展现新气象 持续培育人才提升国际竞争力 [EB/OL]. http：//info.nccu.edu.tw/epaper/news_detail.php?AT_ID=201812190002.2019-01-03.

② D 大学. 校长的话 [EB/OL].https：//www.ntnu.edu.tw/president/.2019-01-03.

③ E 大学. 愿景 [EB/OL].http：//www.ntu.edu.tw/about/vision.html.2019-01-03.

养学生以跨领域多元学习整合行动实践，展现多元创意及不怕失败的创业精神。

二、社会需求

社会需求是案例高校创新创业教育校本课程开发目标确立考虑的要素。案例高校在确立创新创业教育校本课程目标，或开发说明的缘由时，都会关注到社会需求。

例如，B 大学在分析知识经济时代的经济发展的需求特点、T 省地区产业发展对跨领域、有创意人才需求增加的基础上，说明了其创新创业教育校本课程目标确立的依据。B 大学提出，设立"创新创意创业课程"的缘由在于："在知识经济时代，以创意带动经济成长，提高生活质量，已是全球发展方向。不论是技术创新或文化创意，以创新能力提高技术研发与软性创意的附加价值，在经济迅速成长中扮演重要角色。T 省地区产业未来为朝向高值化的方向转型，跨领域、有创意的人才是必要的人力资产，培育能够以创新为基础的创业人才更是经济发展的要务。本校在此未来的产业人力需求下，筹设'创新创意创业课程'，以期能培养可跨领域技术创新、创意加值与智财运用的专业人员与创业者。"[①]

又如，D 大学在确定创新创业教育校本课程目标时，重点说明现今社会经济产业发展趋势、社会变迁趋势、业界需求等。D 大学在说明师大学生为什么要修课程时解释道："现今社会的经济产业已趋向多元化，'跨领域'的整合理念演变成社会各界处理复杂且多元问题的模式。跨领域地整合开创新的思考角度，将现有的资源积极发挥，符合现今知识与社会变迁的趋势。修习学分课程可增进毕业就业的竞争力；修习学分课程而获得认证，可以转变成一种证照，使师大学生除了自己科系上的专业之外，还拥

---

① B 大学.认识创新创意创业课程 [EB/OL].http：//140.131.10.1/innovation/.2018-12-09.

有适应业界需求的能力。"[①] 访谈中，有受访者表示：成大（成功大学）有一个很有名的叫作"创创创中心"，也在做这件事情（开相关课程）。这几年，学术研究的跨领域，以及学校学术跟外界的跨界，或者产官学联合越来越多，都是因为认识到高等教育不能跟社会脱节。

三、学生需求

课程论专家派纳指出："从一开始，学生就应该在课程讨论中占据重要地位。"[②] 课程研究向来强调课程编制、课程开发要将学生需求作为出发点。"课程的一个基本职能是促进学生身心发展。课程编制者要时刻关注有关学生的各种研究，尤其是有关学生的兴趣与需要、认知发展与情感形成、社会化过程与个性养成方面的研究，以及关于学习发生条件等方面的研究。"[③] "校本课程的设置必须充分考虑学生的需求、兴趣，这是校本课程开发的起点。因此，进行校本课程建设首先必须对学生的需求进行合理的评价。"[④] 由于各种原因，T 省地区进入"底薪时代"，很多青年学生产生了强烈的走上创业需求。2014 年《远见》杂志发表的《A 大学创新与创业课程启发创新精神提供终身受用能力》[⑤] 报道称："为了摆脱薪水'22K'魔咒、一圆老板梦，近年许多年轻人选择自己创业，甚至在学生时期就修习相关课程，并参与创业竞赛，校园内掀起一股创业风潮。"创新创业教育校本课程开发为青年学生学习创业知识、吸取别人的创业经验、激发创业梦想提供了机会。该报道还借正在 A 大学经营管理系硕士班就读的王同学和刘同学的说法，说明学习创新创业校本课程可以帮助学生实现创业梦想。"在企

① D 大学教务处 . 学分课程 [EB/OL].http：//www.aa.ntnu.edu.tw/6intro/super_pages.php?ID=6intro6. 2018–12–13.

② 胡弼成 . 大学课程体系现代化 [M]. 长沙：湖南大学出版社，2006：136.

③ 施良方 . 课程理论：课程的基础、原理与问题 [M]. 北京，教育科学出版社，1996：99.

④ 崔允漷 . 校本课程开发：理论与实践 [M]. 北京：教育科学出版社，2000：129.

⑤ A 大学 . 创新与创业课程启发创新精神提供终身受用能力 [EB/OL]. https：//sec.ntut.edu.tw/files/ 14–1011–48037，r606–1.php?Lang=zh–tw.2018–12–21.

业讲座课程中吸取别人的创业经验，也以课堂作业参加第七届全国大专杯创业竞赛，获得第三名。现在她们修习校内的《创新与创业课程》，将创业梦想从学校扎根。"

A 大学在理解学生需求基础上致力创新创业教育，并由此进行创新创业教育校本课程目标确定和开发。2017 年，在创校 106 年庆前夕，A 大学邀请 6 位海外企业校友举办"海外校友创业分享论坛"，前任校长黎文龙致辞："北科人的血液中一直存在创业基因，毕业生不但是企业最爱，有些校友更走上创业之路，在各产业拥有一席之地。""这一代学子处在低薪年代，希望借此论坛分享，了解学长姐们如何凭实力打造机运，以及创业甘苦，在不景气中找寻新契机。"①A 大学还会根据学生的需要对校本课程进行及时补充和更新。为了联结学界和业界，课程安排了许多企业参访，并请企业界董事长帮助学生进行营运计划；为了让学生了解创意如何被实际操作，课程又设计了《体验课程》，在 2 天创意工作营中让学生实际动手做；课程不是强调学生一定要创业，而是强调要有创业家思维，才能够了解如何在困难中突破，找到最好的解决之道，这被认为是使学生一辈子受用的能力。②

D 大学在说明"大师创业课程"等跨领域课程时，强调跨领域学习对学生个人的价值和意义，如跨领域学习有助于拓展个人事业，增进人才相互了解，有助于适应职场竞争和工作世界快速变迁，有助于满足学生多元化发展需求。D 大学解释道：跨领域学习有助于拓展个人视野，增进不同领域人才相互了解，对个人成长有帮助；现代社会的人才需求不仅是要学有专长，更需具备多方面能力，以适应职场的竞争及工作世界的快速变迁；跨领域课程是将不同科系或不同领域的知识加以组织整合，让学生除本科的专业知识外，更能够融合学习其他相关知识，具备第二专长；跨领域课

---

① A 大学. A 大学校讯（349）[Z]. 内部资料.
② A 大学. 创新与创业课程启发创新精神提供终身受用能力 [EB/OL]. https://sec.ntut.edu.tw/files/ 14-1011-48037，r606-1.php?Lang=zh-tw.2018-12-21.

程是在学系化课程外为学生提供另一个选项，跨学院甚至是跨校课程化课程能够满足学生能力多元化发展需求。①

访谈中发现很多受访者强调在创新创业教育校本课程目标确定和开发中要关注学生需求，考虑当代青年学生的特点。如当代学生需要面对全球化竞争带来的压力。有受访者表示："在全球化中，你能够跟他竞争是你要有跨界跨领域能力，所以这些跨界跨领域的课程就会出现。"又如，当代学生具有自己独特的生活情境。有受访者表示：我们老师通常都有一个窠臼，就是会从自己的想法出发，可是外面的环境远远超过我们的想象，所以我们需要把自己想象成十几岁二十几岁的青年，这样就会知道他们所处的环境是怎样的，我们会对课程做出修正。这样就可以让课程和学生生活的情境相互融入。

研究发现很多案例高校并没有要求所有学生都必须修读创新创业校本课程。因为会考虑到不同学系的学生事实上需求是不同的。有受访者表示：我大学读法学，法学没有这方面的要求，就是参加国家考试，考律师证，所以基本上不需要学那些创业类课程。创新创业校本课程为学生提供了一种个性化发展方式，满足了学生的发展需求。有受访者表示：这个课程是让学生自己去申请。学生对这个课程有兴趣才会去选读。这不是必修的，是学生选修的，可以理解为对学生的一种个性化教育，就是满足学生的需要。学校并没有要求每个人必须修这方面的课。我们还是选修，有创业课程课，有兴趣的同学可以去选修。

四、学校传统

A 大学开发创新创业教育校本课程的一个考虑因素就是传承学校传统。A 大学从 2007 年开始开设"创新与创业课程"。当时 A 大学感到学校孕育

---

① D 大学教务处．学分课程 [EB/OL]. http：//www.aa.ntnu.edu.tw/6intro/super_pages.php?ID=6intro6. 2018-12-13.

了许多企业家，却没有经验传承，因此创设了"创新与创业课程"，希望通过课程培养学生的创业力。2014 年《远见》杂志发表的《A 大学创新与创业课程启发创新精神提供终身受用能力》① 报道称："事实上，A 大学的'创新与创业课程'从 2007 年就开始了，当时有感于 A 大学孕育许多企业家，却没有经验传承，因此通过课程培养学生创业力。课程中最受欢迎的就是企业讲座课程，包含奇异、爱合购、疯狂卖客等创新公司都曾来演讲过。"报道还通过 A 大学经营管理系一位副教授的说辞表明新创公司进校开讲座的盛况，即"讲座课程都超过 400 人以上选修，挤满整个走道"。根据《A 大学校讯（349）》，A 大学前任校长黎文龙于 2017 年在"海外校友创业分享论坛"致辞中也指出："A 大学办学特色为'实务型研究大学''企业家的摇篮'，为了形塑校园创业氛围，开设'创新创业课程'，在校园教育中埋入创业的精神种子。"②A 大学校园网站转载的一篇题为《校长：动手实作培养创业家特质》的报道称："为了将创新创业的传统发扬光大，A 大学还首创'创新创业课程'，将过去学长学姐口耳相传的创业经验，转化为系统性的课程。"③

C 大学在创意教育方面具有传统优势。其创新创业教育校本课程目前主要以单一学科的形式存在，但十分强调创意和创造力。为共同培养跨领域文创产业实务人才，2013 年，C 大学、D 大学、T 省科技大学三校，在 T 省教育主管部门"文化创意产业知识创造、创意加值、商品化与事业化交换枢纽计划"支持下，合作成立"创意设计实务学分课程"。该课程以"创意"为主轴，有效整合了三校优势与强项。根据 C 大学 2013 年 7 月 1 日创新与创造力研究中心消息，三校分工如下："C 大学以传播创意、企划营销专才著称，主要负责创意构思，训练学生在缜密逻辑思考中琢磨，了解、分析市场需求，让创意不单是令人眼睛一亮，还能通过传播进入商业逻辑，

---

① 李雅筑.创新与创业课程启发创新精神，提供终身受用能力 [N]. 远见，2014-09-19.

② A 大学.A 大学校讯（349）[Z]. 内部资料.

③ 张文龄.A 大学校长姚立德：动手实作培养创业家特质 [N]. 远见 .2016-03-01.

进而改变现实社会的思维和行为。D大学负责指导同学们将创意具体化，通过不同媒介与途径，让好创意在不同平台上被看见、被听见，进而更深入生活、受人喜爱。至于A大学则提供商品实作相关课程，打破以往创意教育多只能纸上谈兵的窘境，实践做中学理念，让创意能和真实世界接轨，不再只是天马行空。"[1] 这种分工很大程度上发挥了各校的优势和特色。在访谈中，有受访者表示："这个创业课程在某种程度上也是学校发展的需要。师大的创业课程，一方面是为了满足学生的需要，另一方面是学校特色的反映。大学创业课程偏向于文创这块。大学会依据学生的不同需求提供不同的课程。"

五、政府政策

政府是创新创业教育的推动力量，政府政策是创新创业校本课程开发目标确定必须考虑的一个要素。有研究者表示：创新创业教育有两个驱力，一个是政府的导向，另一个是市场的驱动力。更有受访者表示：T省高校创新创业教育也是市政府"活动"的重要领域。他指出：T省强调要有一些创新创业的发展，创新创业得到了一定程度的发展。当时政府一直想拉拢青年族群，他们认为创业是最好的题目，创业能产生经济效益，讨论后，设立了一个青创基地，我现在还是青创基地成员的负责人之一，明年它要并入到社会创新中心，那我就要退出了。也就是从青创基地正式成立，会有教育资源、研发补助资源、天使基金投资资金、资金媒合。市政府的意志往往通过政策发挥作用，并通过经费投入引导其发展方向。创新创业教育校本课程目标的确立，政府要素集中体现为通过政策和经费，对高校创新创业教育校本课程开发进行引导和支持。

从可查政策文件看，早在2007年8月T省教育主管部门就发布《提

---

[1] C大学创新与创造力研究中心.培养跨领域文创人才 三校联合课程开课 [EB/OL]. http：//www.nccu.edu.tw/zh_tw/news/.2018–12–27.

升技职校院学生通识教育及语文应用能力改善计划》，将创业规划管理（包括职场认知）、就业辅导（包括原创与进取技能、规划与组织技能、职场伦理、自我管理技能、团队合作技能、问题解决技能、学习技能及科技技能、沟通协调管理）、生涯辅导（包括职涯分析）、谘商辅导（包括倾听及响应）等明确列入技职院校通识教育内容，要求由参与学校校长、产业界和官、学、研界的专家代表共同组成审议委员会，作为审查提升学生通识教育等相关机制。①2012 年 1 月，T 省"教育部"发布《教育部补助发展典范科技大学延续计划要点》，在注意事项中特别要求："为桥接未来高等教育人才培育方向，获补助学校应营造友善创新创业生态环境，活跃学校创新创业氛围，强化师生创新创业能力，鼓励原创知识学术研究及商品化，培育具有创新创业及领导变革能力的人才。"②2017 年 1 月，T 省教育主管部门发布《教育部补助技专校院推动创新创业要点》（2018 年 2 月 8 日修订），以鼓励技专校院通过高等教育深耕计划，开设创新技术分享课程或训练，推广创意实作教育，建立创新创业实务工作坊或竞赛等，带动校内创意思考及创新实践能量，建构学校师生创新创业支持系统，辅导创新研发成果商品化。

这里特别要提到 2012 年 4 月 27 日 T 省"教育部"发布的《教育部补助大专校院创新创业扎根计划作业要点》（2018 年 7 月 19 日修订，以下简称《创新创业扎根计划》）。《创新创业扎根计划》出台的目的在于，提升公私立大专校院③创新创业课程质量，培育具有企业家精神的人才，形塑校园创业风气，实施大专校院创新创业扎根计划。④ 因此，《创新创业扎根计划》

---

① "教育部".提升技职校院学生通识教育及语文应用能力改善计划 [EB/OL].http：//edu.law.moe. gov.tw/LawContent.aspx?.2018-09-12.

② "教育部".教育部补助发展典范科技大学延续计划要点 [EB/OL].http：//edu.law.moe.gov.tw/Law Content.aspx?.2018-09-12.

③ 公私立大学校院在 T 省指教育部门主管的普通高校和技职司主管的技职高校，一般不含军警校院及电视大学。T 省发布的政策文件，一般会有明确界定和说明。

④③ "教育部".教育部补助大专校院创新创业扎根计划作业要点 [EB/OL]. http：//edu.law.moe.gov. tw/LawContent.aspx?.2018-09-12.

不仅将"创新创业课程开设与发展计划"作为重要审查内容，对课程规划、课程执行、行政配合、产业实务结合、课程开设绩效、创业团队辅导等作出了详细规定。《创新创业扎根计划》第六条规定：审查项目之一是创新创业课程开设与发展计划，审查项目在课程规划面上要求"提出学校以课程模式规划的整体创新创业课程教学蓝图，并应包括课程地图、阶段课程模块与教学方法设计、学习场域及学习评量的创新性等"；在课程执行与行政配合面上要求"说明学校总体教学资源投入、课程作业流程、课程宣传及校务配合等"；在学校与产业实务结合面上要求"业界师资授课及辅导机制的规划与结合、创业实作模拟及产学技术移转结合机制等"；在课程开设绩效上要"说明过去学校于创新创业课程资源的投入及执行效益，例如课程目标达成情形、资源连接性及课程延续性等"。[③]

此外，T省有关部门还出台了系列政策文件，如为鼓励大专校院优化校园创业环境，提升校园创新创业文化，提供青年创业实验场域与资源，培育具备创业家精神的人才，2009 年 4 月 27 日，T省有关部门发布《教育部青年发展署 U-start 创新创业计划补助要点》(2018 年 4 月 20 日修订) 等。这些政策文件的导向与伴随的资源投入，一方面，成为案例高校创新创业教育校本课程开发目标确定、内容选择等考虑要素；另一方面，成为案例高校创新创业教育校本课程开发不断完善发展的促进要素。

六、课程资源

"巧妇难为无米之炊"，学校课程资源既是创新创业教育校本课程开发的基础，也是确定创新创业教育校本课程目的时需要考虑的一个因素。"校本课程的设置还必须基于社会和学校的现有课程资源，这是校本课程开发的可能性的保障。"[①]

课程资源首先是科系资源。例如，B 大学是在"盘点"校内课程资源

---

① 崔允漷 . 校本课程开发：理论与实践 [M]. 北京：教育科学出版社，2000：129.

的基础上，结合校内工学院机械工程系、化工与材料工程系、电资学院的电机工程系、电子工程系、信息网络工程系，管理学院的工业管理系、国际企业系、财务金融系、信息管理系、企业管理系，人文暨科学学院的应用外语系、多媒体与游戏发展科学系，通识中心等系所的资源与人力，共同规划了"创新创意创业课程"，以期能培养可跨领域技术创新、创意加值与智财运用的专业人员与创业者。①

A 大学的"3C 科技创新创业课程""文创艺术创新创业课程"也是在充分估量其科系课程资源上设立的。A 大学创新创业相关课程的核心课程，涉及的相关学院包括电资学院、机电学院、管理学院、设计学院；同时搭配的四个领域专业、进阶课程涉及的相关系所包括光电工程系、电子工程系、电机工程系、工商管理所、资讯工程系、经营管理系、自动化所、信息与财金管理系。② 没有这些科系、中心人力和资源的支持，要开发出有效的创新创业校本课程是不可想象的。"文创艺术创新创业课程"的核心课程涉及的学院有管理学院、人社学院、设计学院；搭配的四个领域进阶课程及专题服务实习等涉及系所有文化发展系、工业设计系、信息与财务管理系、经营管理系。

C 大学开发的课程也是充分考虑了学校现有科系资源和教师资源。有受访者指出："第一个应该讲课程，课程里面很强调设计。比如说社会的变迁很大，C 大学有门课程是'数位内容'，该课程是因为 C 大学没有艺术学院，只有一个传播学院，还有一个理学院的资讯科技系学校想要把这两个系所的老师结合起来，可以用一个内容产生一个数位的计划，所以叫数位内容课程。E 大学现在有创意创业课程，其他大学也有这个，这都是为了提倡提高大学里面的创意、创新和创业教育。"

创新创业教育校本课程开发需要整合运用校内课程资源。D 大学则充

① B 大学 . 认识创新创意创业课程 [EB/OL].http：//140.131.10.1/innovation/.2018-12-09.
② A 大学 . 学习创新创业的大教室 -A 大学光大创创学院计划 [EB/OL]. https：//rnd.ntut.edu.tw//ezfiles/5/1005/img/1911/95900330.pdf.2018-11-02.

分利用了现有的教育学院、文学院、理学院、艺术学院、科技与工程学院、运动与休闲学院、国际与社会科学学院、音乐学院、管理学院这 9 个学院的资源开发了一系列跨领域课程。D 大学从 2002 年开始开办跨领域学分课程，至今已开设了包含"大师创业学分课程"在内的 38 个学分课程，提供全校学生修习。D 大学教务处指出："本校现有教育学院、文学院、理学院、艺术学院、科技与工程学院、运动与休闲学院、国际与社会科学学院、音乐学院、管理学院九个学院，也提供了跨领域课程设立的最有利条件。"[①] D 大学甚至为此推促创新育成中心转型。"2009 年 D 大学根据校务发展计划，将育成中心归建于研究发展处，重新思索本校既有教育、研究相关资源，与本校于教育与艺术界长久以来的形象，选择确定并转型为以'文化创意'为主导。"[②]

D 大学还将所有的教师都作为课程资源。访谈中，有受访者指出："我校有 10 多个学院，各个学院的老师都有在指导学生，可能是毕业专题，也可能是一些课堂上的一些分组讨论的专题。所以，所有的老师都可能是创业团队的辅导老师。"教师资源中有相关经验和研究的师资尤为珍贵。"学校课程毕竟要传递通过其他社会经验难以获得的知识，而学科是知识的最主要的支柱。由于不同学科的专家谙熟该领域的基本概念、逻辑结构、探究方式、发展趋势，以及该学科的一般功能及其与相关学科的联系，所以学科专家的建议是课程目标最主要的依据之一。"[③]访谈中，有受访者谈到了有相关经验和研究教师资源的重要意义。他说："我们的创业课程的话，当初我们找了两个在创业辅导和教学方面比较有经验、有研究的老师，帮忙开了一些课程，这些课程既涵盖了规划学院的课、设计方面的课，也涵盖

---

① D 大学教务处 . 学分课程 [EB/OL]. http：//www.aa.ntnu.edu.tw/6intro/super_pages.php?ID= 6intro6. 2018–12–13.

② D 大学 . 创新育成中心 [EB/OL]. http：//www.acad.ntnu.edu.tw/6intro/super_pages.php?ID= 6intro1. 2018–12–13.

③ 施良方 . 课程理论：课程的基础、原理与问题 [M]. 北京，教育科学出版社，1996：102.

了管理方面的课，然后和咨询课结合起来，就成了创业课程。"

育成资源也是案例高校创新创业教育校本课程开发目标确定可以考虑的重要课程资源。例如，D大学在确立创新创业校本课程目标时就考虑了其育成资源。早在1998年，D大学通过工业教育学系申请成立了创新育成中心。D大学创新育成中心成立初期辅导类别以信息电子、科技与教育产业为主。但在进入21世纪后，D大学开始重新思索既有教育、研究相关资源，选择确定以"文化创意"为主导。自2000年开始，D大学育成中心以文化创意为辅导主轴，产业类型以"设计、教育与生活产业"为主，强调以设计作为方法强化其他产业产出与风格，并以此作为未来育成领域深耕方向。[①] 其开发的"创业学分课程"就充分利用了规划空间与创业资源，如co-working space、创客基地实作空间、创业实作课程材料等，强调课程学习、创业辅导与育成一条龙服务。

七、商业资源

商业资源也是创新创业教育校本课程目标确立的依据和考虑要素。A大学地处大光华八德商圈，其在创新创业教育校本课程中充分利用大光华八德商圈资源，开发了具有大光华八德商圈特色和需求的校本课程。A大学在其《补助办理大学学习生态系统创新计划计划申请书》中写道：史丹福大学[②] 教授创投课程的老师也强调高等教育不能以自我为中心来开课，而必须依市场需求及社会需求开课。因此，史丹福大学会依硅谷所需要的知识能力及人才来作课程规划。A大学也应该结合大光华八德商圈的特色及需求来打造特殊课程。[③] 可见，A大学在创新创业教育校本课程开发

---

① D大学.创新育成中心[EB/OL]. http://www.acad.ntnu.edu.tw/6intro/super_pages.php?ID=6intro1. 2018-12-13.

② 即斯坦福大学，下同。

③ A大学.学习创新创业的大教室——A大学光大创创学院计划[EB/OL]. https://rnd.ntut.edu.tw//ezfiles/5/1005/img/1911/95900330.pdf.2018-11-02.

目标确定时，就学习斯坦福大学的做法，将商业资源的特色和需求作为课程开发重要的考虑要素。

"光华大八德商圈"是位于 T 省著名的 3C 商圈。该商圈的主体部分是光华商场。光华商场创立初期以二手书为主营业项目，1979 年，大量遗留的电子零件流入光华商场，使得光华商场变为电子零件集散地。随着家电业和家电连锁店的问世，光华商场转型为以计算机（Computation）为中心，通信产品（Communication）、消费性电子产品（Comsumer Electronics）同为重要产品的商家和高科技相结合的特色 3C 产业商圈。A 大学位于该商圈边上。A 大学力图通过与光华大八德紧密合作，善用三创园区原本就有的创客资源，促使现有创新创业课程变化，规划了一系列和 3C 产品相关的"创新创业课程"。

A 大学《补助办理大学学习生态系统创新计划计划申请书》指出："A 大学如果能够和光华大八德紧密合作，善用三创园区原本就有的创客资源，并由传统现有的创新创业课程加以变化，规划一系列和 3C 产品相关的'创新创业课程'，从上游的研发、制造、维修到商务的运作变成一个整合性的发展，为光华大八德商圈塑造孕育更多创客的基地，让喜欢发明东西或自己动手（DIY）的人，不仅能在数字新天地及三创园区找到相关参考书籍和材料，并且能够注入学术的力量深耕 3C 产品的研发基础。"[①]A 大学也强调利用 3C 卖场的实例让学生获得更多的体验。A 大学《补助办理大学学习生态系统创新计划计划申请书》指出："通过自造者运动模式推广创新创业教育，结合 A 大学规划的 3C 产品的组装及维修推广课程让学生参与 3C 产品的实际设计及维修，3C 卖场的实例使学生获得更多的体验。"[②]"与光华大八德商家 A 大学在 3C 产品的专业及创新创业课程科技创新创业课程与光华大八德商圈合作的教育训练模式必须无边界地推展到光华大八德商家，

①② 　A 大学 . 学习创新创业的大教室——A 大学光大创创学院计划 [EB/OL]. https：//rnd.ntut.edu.tw//ezfiles/5/1005/img/1911/95900330.pdf.2018-11-02.

让他们也能尝试用创新的思维经营、设计及管理，更能创造出属于自己的特色，并成为超越其他商圈的卖点。"①A 大学 3C 科技创新创业课程因其能够有效利用当地商业资源，因而使其创新创业教育校本课程开发具有鲜明特色。

A 大学的"文创艺术创新创业课程"是建立在当地丰富文创资源基础上的。"文创艺术创新创业课程"目的的确定也充分考虑了这些商业资源。A 大学《补助办理大学学习生态系统创新计划申请书》写道："华山文化产业创业园区（简称华山文创），经常聚集很多优秀的文创艺术家，将他们的成果就地演艺。A 大学要与华山文创结合的跨界课程中激发学习者创意与创新能量，以符合现今产业跨领域的发展趋势。"A 大学强调其"文化创新产业创业课程"就是要让文创资源成为学子创新创业的平台。"A 大学已经设计'文化创新产业的创业课程'，以教导学生故事、品牌与文创商品开发的策略。甚至要规划'艺术品经纪人拍卖技巧课程'，教导学生如何进行艺术品、古董及产品的拍卖技巧，并以文创商家为'教室'及'实习场域'加强学生经营文创品的能力。这些规划不仅让华山文创成为激发青年学子创新与创意的平台，更可以让想要创业的学生提早走出校园，就地练习。"②

创新创业教育校本课程目标确立不仅要看到商业资源，还要对商业资源进行分析和评价。例如，A 大学"文创艺术创新创业课程"就对其开发及制作依托的华山文创资源进行了分析。"华山文创存在的重点并不在于引进产业，而是通过 A 大学所提供的'创意实体空间'（除上所述点子工厂及自造工坊外，还有木艺文创中心）引导出更多文创作品的灵感并尝试制作，通过华山文创所提供的'创意橱窗'进行实体或虚拟的展示，并通过八德商家所提供的'创意卖场'进行实体或虚拟的产品买卖。"③

A 大学"文创艺术创新创业课程"除依托华山文创资源外，还有大稻

---

①②③ A 大学. 学习创新创业的大教室——A 大学光大创创学院计划 [EB/OL]. https：//rnd.ntut.edu.tw//ezfiles/5/1005/img/1911/95900330.pdf.2018–11–02.

埋文创资源。大稻埕商圈是一个工商业小区。它不仅代表着 T 省产业历史与文明发展，也被誉为承载 T 省文化意义最多的地方。A 大学提出要与大稻埕商圈结合，开发文化发展跨界课程，得到了产业发展部门的支持。经过资源盘整，A 大学开发了"大稻埕文艺传承创艺课程"，目的在于激发学习者对大稻埕文艺传承的兴趣，引导学习者认识大稻埕文艺产业的演进和历史，通过教导如何提升小区文化，为小区注入新的活力；开发了"大稻埕文艺产品营销课程"，内容涉及商品营销知识、商品品牌故事建立方法、网络营销知识、智能财产知识等。由 A 大学稻埕合作联盟提供：商品销售实习；经营管理训练；创业训练，通过强调学生实际参与文创艺术产业的完整经验（设计、展艺、营销及创业），成为文创艺术创新产业的专业人才。[①]

B 大学在创新创业校本课程开发和课程目标确立时对商业资源要素十分重视，并给予了充分考虑。B 大学的商业资源为龟山乡境内及五股、树林、泰山、林口、中坜等工业区内的 ICT（通信、信息、光电及半导体）、绿色能源、健康照护、传产升值等产业资源。B 大学提出要成为"黄金十年关键产业实务人才培育暨优质产学技术服务的典范科大"，根据《发展典范科技大学计划》，A 大学将努力使学校具有创新领先技术，争取对提升企业技术升级、拉高产值有所帮助。未来会深耕五项创新应用技术：电浆与激光应用技术、嵌入式系统关键实务应用技术、行动装置微小化技术，将瞄准周边位于龟山乡境内及五股、林口、泰山、树林、中坜等工业区内之通信、信息、光电及半导体产业、健康照护、绿色能源等产业；文化观光产业行动社群导览技术，将瞄准新庄知识产业园区与经济核心园区、双北市及桃园航空城内数位内容及观光休闲产业；企业资源规划暨云端产学实务应用，将瞄准周遭中小型企业，扩大导入 ERP 及云端培训平台，满足中

---

① A 大学. 学习创新创业的大教室——A 大学光大创创学院计划 [EB/OL]. https：//rnd.ntut.edu.tw//ezfiles/5/1005/img/1911/95900330.pdf.2018–11–02.

小型企业产业竞争所需。[①] 在 2018 年 4 月参访中，B 大学校长强调：我们学校所处的位置十分重要，这里有一个园区，有很多 T 省重要的中小产业都在这里聚集，产值已经超过新竹科学园区了。你要让人家感觉到你存在的价值。

本章小结

首先，分技职院校和普通院校两类对案例高校创新创业教育校本课程目标进行了描述，根据"创意—创业"和"学校—学生"两个向度，通过网格对案例高校创新创业教育校本课程目标进行了比较分析。其次，对案例高校创新创业教育校本课程目标确定过程模式进行描述，根据"校内—校外"和"高位—低位"两个向度，通过网格对案例高校创新创业教育校本课程开发和目标确定过程进行了比较分析。最后，对案例高校创新创业教育校本课程目标确定过程中需要考虑的要素进行了归纳。

研究发现：案例高校创新创业教育校本课程目标存在以 E 大学、C 大学为代表的"学生创意型"，以 D 大学为代表的"学校创意型"，以 A 大学、B 大学为代表的"学校创业型"，以 G 大学、F 大学为代表的"学生创业型"四种类型。创新创业教育校本课程目标确定与课程方案或计划规划过程同步进行。目标确定存在"校内外合作""校内委员会审查"和"校内多部门联合"三种模式，形成了以 A 大学、C 大学、E 大学为代表的"外高型"，以 G 大学和 F 大学为代表的"内高型"，以 B 大学、D 大学为代表的"内低型"三种类型。在创新创业教育校本课程目标确定过程中需要考虑的要素有教育哲学、社会需要、学生需求、学校传统、政府政策、课程资源和商业资源。

---

① B 大学 . 发展典范科技大学计划 [EB/OL]. http：//www.lhu.edu.tw/m/m10/MOD/about.htm.2018-12-28.

第三章　案例高校创新创业教育校本课程开发：课程内容

学校里面最关键的是课程。

开什么课程，就是要把学生训练成真正的样子。

高校创新创业教育校本课程开发的一项基本工作是组织课程内容。由于在课程内容组织时必然进行一定选择，通常合称为课程内容的选择与组织，或简称为"选组"。课程内容是选择和组织的结果，形成创新创业教育校本课程内容是创新创业教育校本课程目标确定意义所在。"课程目标一旦有了明确的表达，就在一定程度上为课程内容的选择和组织提供了基本的方向。"[①] 本章首先描述了案例高校创新创业教育校本课程的内容，其次描述了案例高校对创新创业教育校本课程内容的选择和组织过程，在此基础上，结合访谈资料和文件资料对其所涉及的要素进行了归纳。

第一节　案例高校创新创业教育校本课程的内容

由于创新创业教育校本课程是学校为了培养创新创业型人才，以自身为本位、中心和主体，立足于自身对相关要素及其关系理解和把握的基础上，形成的学习方案或计划。因此，创新创业教育校本课程内容常以结构

---

① 施良方.课程理论：课程的基础、原理与问题 [M].北京：教育科学出版社，1996：106.

化的方式体现出来，即创新创业教育校本课程内容是一个由不同课程类别、不同类别科目、学分、开设机构等构成的体系。由于所确定的课程目标不同，学校类别、办学理念、课程开发主体不尽相同，案例高校创新创业教育校本课程内容体现出了很强的个性。本节将对案例高校创新创业教育校本课程内容进行描述，在此基础上对其进行比较分析。

一、案例高校创新创业教育校本课程内容

尽管案例高校创新创业教育校本课程内容呈现出很强的个性。但为了比较分析方便，笔者按照高校类别将案例高校创新创业教育校本课程内容分技职院校和普通院校两类，描述如下。

（一）技职院校创新创业教育校本课程内容

1. A 大学："3C 科技创新创业课程"和"文创艺术创新创业课程"

为培养具有 3C 产品组装、维修、判别核心问题及动手解决能力的专业人才，以及具有 3C 产品网络整合及营销策略能力的专业人才，通过建立 3C 科技的社会实作平台与交流网络。A 大学通过光大创创学院与当地市政府确定发展方向，开发大光华商圈、大稻埕商圈，经过一年多的努力，于 2016 年 10 月正式规划完成了"3C 物联网创新创业课程"和"文艺互联网＋创新创业课程"两大课程。2016 年 11 月 24 日，A 大学"校课程委员会"通过了《A 大学"光大创创学院——3C 物联网创新创业课程"施行细则》和《A 大学"光大创创学院——文艺互联网＋创新创业课程"施行细则》，并经过 2017 年 1 月 3 日教务会议备查后正式发布了 A 大学创新创业教育校本课程，即"3C 物联网创新创业课程"和"文艺互联网＋创新创业课程"。

"3C 物联网创新创业课程"可以分为三部分。第一部分有 14 个科目，包含创新思维执行力实务应用、物联网创新应用、创新策略、创意与创新管理事业化、创意与发明、网络创业、创业概论、创业与创新管理、创业企划、创新与创业、创新思考。第二部分有 40 个科目，涉及四个领域。第一个领域为 3C 产品的组装及维修推广，包含电子电路设计、电子电路实

习、高频电路实习、电路设计、数字逻辑设计实习、数字系统设计实习、微算机原理及应用实习、创意潜能激发、消费者行为、电子系统可靠度、电子产品设计实务、软硬件共同设计、高频量测技术、计算机通信网络、计算机整合设计与制造、计算器组织、电信工程要、通信工程导论、业务工程18个科目；第二个领域为3C产品的网络营销方法与策略，包含创业管理、计算机概论、计算机网络、网络营销、科技营销、计算机网络应用、物联网应用技术、数据库管理、策略管理、网络服务创新创业10个科目；第三个领域为3C产品的物流，包含营销管理、物流管理、物流与供应链管理、物流网络模式分析、物流系统管理、物联网创新创业6个科目；第四个领域为3C产品的实体商业经营，包含网络营销、创业管理从实务角度、科技产业的管理与营销、营销管理、顾客关系管理、信息科技与企业创新6个科目。第三部分为专题服务实习，包含学生到商家进行采集实场问题作为专题研究课题，学生到商家进行服务实习前的浅碟形先修课程（2~4周），低年级学生利用寒、暑假至商家实地参与3C产品的服务实习，高年级学生利用半学年或整学年到商家实地参与3C产品的服务实习。

"文艺互联网＋创新创业课程"可以分为三部分。第一部分有9个科目，包含创意潜能激发、创业管理、创意思解、创新思维执行力实务应用、物联网创新应用、网络创业、创新讲座—创意人、创新策略企划、创意与创新管理事业化、创意与发明。第二部分有27个科目，涉及四个领域。第一个领域为文化创新产业的创业，包含文化创意产业、文化创意产业管理、文化创意产业知识管理、创意思考、营销管理、文化创意精品研究、文化创意发展趋势与机会7个科目；第二个领域为艺术品经纪人拍卖技巧，包含艺术策展人的秘密、艺术经纪人、拍卖官、当代艺术环境观察、导览人员培力课程、艺术策展企划力6个科目；第三个领域为大稻埕文艺传承创艺，包含传统工艺欣赏、雕塑文物修复理论、大稻埕文创讲座、营销管理、创意媒材、文创工作与实务、雕塑文物修复实作7个科目；第四个领域为大稻埕文艺产品营销，包含广告学、财务管理、企划文案写作、大稻埕文创讲座、营销管理、创意广告与微电影制作、交互式电子书设计与制作 7 个科目。第三部分为专题服务实习，包含学生至商家进行采集实场问题作为专题研究课题，学生至商家进行服务实习前的浅碟形先修课程（2~4 周），低年级学生利用寒、暑假至商家实地参与文创艺术的服务实习，高年级学生利用半（整）学年至商家实地参与文创艺术服务实习。

2. B 大学："创新创意创业课程"

B 大学比较早地开发了创新创业教育校本课程——"创新创意创业课程"。其目标是培育具备创造力、创意加值与创业的人才，具体目标包括配合政府提升产业转型与高值化经营目标，培育能够将技术精进化、技术商品化的跨科技整合人才，以提供产业所需；响应政府对创意产业发展政策，培育学生对各式智慧财产保护、应用具备相关知识与能力，能够在创意产出外，进行智财保护策略布局，并能勇于创业；提供创意、创新、创业相关课程实作环境，以落实本校务实、卓越与创新教育理念。为落实目标，B 大学于 2007 年发布《创新创意创业课程规划书》，于 2007 学年第二学期正式实施了"创新创意创业课程"。2017 年 11 月 30 日，经 B 大学教务会议审议通过，再次发布《创新创意创业跨领域课程规划书》，并于 2017 学年第一学期开始实施。

B 大学的"创新创意创业课程"包含两部分，涉及 51 个科目。第一部分包含创意实践与创业、创业计划发展、智财与创业管理 3 个科目。第二部分包含生活美学与文化创意产业、绿色科技、休闲旅游管理、环境与生态、创意思考、角色动作创造与实践、游戏营销营运实务、参展营销与实务、展会规划实务、课室管理与经营、服务营销与管理、服务业管理、小区营造与观光休闲、会展规划与管理、休闲美学、创意思考、广告企划文案、文创产品开发实务、创意与设计、创意与专利、3D 打印应用、产品设计开发实务、香料制造与应用、纳米科技与光传媒、能源节约技术、Java 程序设计、多媒体应用设计、手机程序设计、资料结构、电脑网络、创意与发明工程、创意与专利、行动装置网络应用、微控制创意实作、消费者行为学、服务业管理、服务创新与验证、营销企划案实务、国际市场开发实务、品牌管理、金融商品销售实务、金融创新、绿色供应链管理、营销管理、发明与专利检索、多媒体制作、专利实务、云端服务应用专题48个科目。

3. F大学："创新与创业课程"

F大学为提供学生多样且具弹性的"跨领域"学习环境，培养拥有第二、第三专长全方位产业人才目标，于2013学年规划完成"创新与创业课程"。F大学"创新与创业课程"设置的目标是：培养学生创新创意精神，辅导学生模拟创业历程，强化学生就业竞争力，提供优秀的创新事业人才；提供学生跨系的多元课程修习机会，培养在校学生第二专长技能，提供学生创新事业的实务技能；通过知识培养与企划实作等课程设计与实施，提升校园总体创新事业能力；为传统产业与中小企业培育具备创意思考与创新事业管理人才并培养学生自行创业能力。

F大学的"创新与创业课程"包含三部分，涉及17个科目。第一部分包含创新与创业、创意思考、创业企划书、智慧财产权概论4个科目。第二部分包含管理学、营销管理、生产与作业管理、人力资源管理、财务管理5个科目。第三部分包含电子商务、网络行销、数位多媒体产业分析、企管新知选读、国际经济情势分析、商业讯息实务分析、全球财经分析、产业分析8个科目。

（二）普通院校创新创业教育校本课程内容

1. C大学："创新创业课程"

C大学商学院为回应产业界需求与地区经济发展趋势，早在1995年，C大学科管所就开发了T省地区第一个创新创业教育课程——"科技创业管理课程"，该课程被视为正式拉开了T省高校大面积开始创新创业教育的序幕。[①]但C大学并不满足于原来由单一科系设立的课程，为适应世界创新

---

① 廖敏琇.T省地区高等教育机构创业教育实施现况之研究［D］.T省东华大学教育研究所硕士学位论文，2008：60.

创业教育趋势，进一步推进跨领域发展，C大学成立了"创创学院"，希望培育"勇于面对问题""积极参与设计"与"主导开创未来"的优秀人才。C大学"创新创业课程"确定的必修课程有三个科目，分别为创创入门、创新创业移地实作、计算思维。根据"两学院第一届目前预计招收40名学生，逐年成长25%；第一年规划开设6门课程，第二年起开设三大领域共12门课，第三年起开设三大领域共15至18门课"① 大致可知，C大学正在开发的"创新创业课程"大致有7~9个科目。由于C大学创新创业教育校本课程内容还在建设中，"创造力""科技力""创业力"三大课程主轴科目尚未正式发布，这里不再进行介绍。

2. D大学："大师创业学分课程"

D大学为培养学员多元跨域学习，展现多元创意，开启创业新思维，将D大学各系所专业带进了创新创业实务，一条龙模式培育创业人才，D大学于2016年开发了创新创业教育校本课程——"大师创业学分课程"。E大学"大师创业学分课程"包含两部分，涉及23个科目。第一部分包含谁是下个贾伯斯—大师创业发想与实践（一）、谁是下个贾伯斯—大师创业发想与实践（二）、大师创业论坛—打造你的创业梦、创业经营教战手则、大师创业管理入门5个科目。第二部分则以学院为认列单位，由各学院自各系所建议的课程清单中选列适当课程作为专业选修课程。

3. E大学："创意创业课程"

E大学于2008年规划完成"创意创业课程"，旨在培养学生以跨领域多元学习整合行动实践，展现多元创意及不怕失败的创业精神。为达到目的，E大学所开发的"创意创业课程"涉及23个科目，分为核心基础课程、选修进阶课程、实践行动课程三个部分，内容涵盖创意、艺术设计、美学、管理、智财、经营、营销等，各类课程组成一系列理想的学习流程，

---

① C大学秘书处.整合创新跨域资源C大学预定成立2个跨领域学院[EB/OL]. http://www.nccu. edu.tw/zh_tw/news/.2018-12-27.

实务导向的规划与真实世界有很多互动。

E 大学"创意创业课程"的核心基础课程包含 4 个科目，分别为：创意创业核心课程（一）（上）、创意创业专讨与实验课程（一）（上）、创意创业核心课程（二）（下）、创意创业专讨与实验课程（二）（下）。E 大学"创意创业课程"的核心基础课程，从五感与艺术的角度看创意，从多角度提供基本知识，以启发学生解决各类问题的思维。如其于 2011 年新增"服务设计"课程，旨在让学生能够了解服务业本质，进而推演出好的服务设计策略。[①]

E 大学"创意创业课程"的选修进阶课程，包含创新设计、服务设计、新世代创新创业的机会与挑战、全球创新的原理与实践、智龄设计上、设计思考入门、参与式设计、设计未来、跨域可视化沟通、设计思考教练人才培育课程、音乐设计与创新应用、设计你的人生、设计如何说故事、创新设计、服务设计、新世代创新创业的机会与挑战、全球创新的原理与实践、智龄设计下、设计思考入门 19 个科目。E 大学"创意创业课程"的选修进阶课程则分为不同领域，囊括创意管理、营销领域、计划管理、产业分析及创新趋势。如其"创新趋势"旨在培养拥有未来人才特质；其于 2010 年增开"全球创新的原理与实践"，旨在通过与全球一流本科生相互交流学习培养学生成为"世界精英"。此外，E 大学还实践行动课程，目的是让学生创意与创业实践接近社会，进行实务设计及体验。[②]

4. G 大学："创业与就业学分课程"与"创业学分课程"

G 大学管理学院坚持理论与务实并重，致力于学生解决问题能力、创新创意能力与控制思考能力培养，不仅传授知识，更教导能力。为适应创新创业趋势，G 大学于 2006 年开发了"创业与就业学分课程"，2016 年又开发了"创业学分课程"。其"创业与就业学分课程"目标在于培养具有创业与就业实务技能人才；"创业学分课程"目标在于培养兼具创新创意之创

---

①② E 大学 .E 大学创创业课程 [EB/OL].https：//cep.ntu.edu.tw/.2018–12–21.

业管理人才。

G 大学"创业与就业学分课程"包含两部分，涉及 13 个科目。第一部分包含企业概论、产业导论 2 个科目。第二部分包含经营专题讲座、数位创意、数位创意专题（上学期）、营运企划与销售、财务分析与经营计划、职涯发展、创业管理、企业实习一、企业实习二、产业讲座、企业实习三 11 个科目。G 大学"创业与就业学分课程"则包含创意思考、商品设计、用户接口、网络运营与营销、营运企划、创意实践 6 个科目。

二、案例高校创新创业教育校本课程内容比较分析

为清晰比较分析案例高校创新创业教育校本课程内容，笔者以"创意—创业"和"理论—实务"两个向度，尝试性地通过网格对案例高校创新创业教育校本课程内容进行分析。"创意—创业"向度主要考察案例高校所开发创新创业教育校本课程中创意、创新、创业所占比例（笔者采用"词频分析"确定创意、创新、创业占比，操作方式为：词频出现次数 / 课程规划学科数 $\times 100\%$[①]），在创新创业教育校本课程内容中，占主要比例是创意还是创业，0~10 数字越大表示创业占比越高。"理论 – 实务"向度主要考察案例高校在创新创业教育校本课程内容中，占主要比例的是理论还是实务（占比确定方式为：判别实务科目 / 课程规划学科数 $\times 100\%$[②]），0~10 数字越大表示实务占比越高。这样就可以获得案例高校[③]创新创业教育校本课程内容网格图，如图 3–1 所示。

---

① "词频出现次数 / 课程规划学科数 $\times 100\%$"能够大致反映出案例高校创新创业教育校本课程内容中创意、创新、创业占比，在同一科目中创意、创新或创业同时出现时计为后者。

② 实务科目表征词主要为"实务""应用""实习""实地""实践""制作"等，理论科目标准词为"导论""概论""分析""思考""专题""论坛""讲座""理论"等。由于案例高校相关课程中有一些科目同时包含理论和实务，笔者根据案例高校课程系统中可查说明对其作出主观判别，可能存在误差。

③ 由于 C 大学"创新创业课程"尚未正式发布，D 大学"大师创业课程"选修科目由各学院自各系所根据课程清单中选列，资料缺乏，暂不进行统计；A 大学、G 大学拥有 2 个相关课程，统计中合并计算。

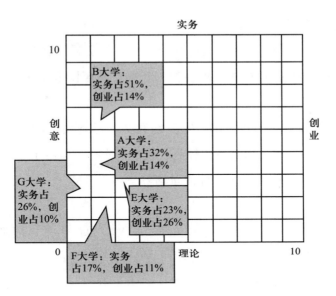

图 3-1 案例高校创新创业教育校本课程内容网格图

资料来源：笔者制作。

统计分析发现，"创意—创业"向度上从"创意"到"创业"案例高校依次为：G 大学、F 大学、B 大学、A 大学、E 大学。其中，E 大学"创新创意创业课程"中创业科目比例最高，达总科目数的 26%；A 大学，创业科目达总科目数的 14%；F 大学"创新与创业课程"中创业科目达总科目数的 11%；G 大学课程中创业科目占比最低，仅占总科目数的 10%。相较而言，E 大学创新创业教育校本课程更注重创业科目设置，案例高校中的技职院校并没有突出创业科目，占比并不高。

"理论—实务"向度上从"理论"到"实务"案例高校依次为：F 大学、E 大学、G 大学、A 大学、B 大学。其中，B 大学"创新创意创业课程"中实务科目比例最高，达总科目数的 51%；其次是 A 大学，实务科目比例较高，达总科目数的 32%；同属技职院校但是 F 大学"创新与创业课程"中实务科目比例最低，仅占总科目数的 17%。普通院校中 G 大学课程中实务科目占总科目数的 26%，E 大学实务科目占总科目数的 23%。相较而言，B 大学创新创业教育校本课程中实务科目占比较高，表现出对实务的重视；普通院校创新创业教育校本课程中实务科目总体不高；案例高校中 F 大学重视管理科目设置，占比约为 30%，但实务科目占比并不高。

根据网格中线，可以把案例高校创新创业教育校本课程内容倾向归纳为以下两种类型：

其一，以 B 大学为代表的"实务创意型"。其特征是在创新创业教育校本课程内容中，事务科目占比较高，较重视实务。但由于创业科目较少，总体上以培养学生创意为主，即注重培养学生的新点子、新想法，并不特别强调创业。

其二，以 A 大学、E 大学、G 大学、F 大学为代表的"理论创意型"。其特征是在创新创业教育校本课程内容中，理论科目占比很高，学生主要以理论学习为主，在理论学习中更多培养学生有创新的想法和点子，但也不特别强调创业。

综上所述，案例高校创新创业教育校本课程内容更倾向于培养学生的创意，并不特别强调创业。案例高校在创新创业教育校本课程内容中对实务也给予了不同程度的重视，但总体而言，理论科目偏多，实务较为缺乏。

第二节　案例高校创新创业教育校本课程内容的选组

"当课程工作者回答有关内容的不同问题后，他们就要处理如何呈现和安排内容，这是课程实质的部分，使学生可以学习或体验。"[1] 这涉及如何选择和组织课程内容的问题。可以说，创新创业教育校本课程内容是选择和组织的结果，而且课程内容选择和组织的过程十分关键。"课程内容的选择和组织，是课程编制工程中的一项基本工作，它涉及方方面面，也是许多课程问题的集结点。"[2] 前文主要描述和比较分析了案例高校创新创业教育

---

① Allan C. Ornstein, Francis P. Hunkins. 课程发展与设计 [M]. 方德隆，译. 台北：T 省培生教育出版股份有限公司，2004：40.

② 施良方. 课程理论：课程的基础、原理与问题 [M]. 北京：教育科学出版社，1996：106.

校本课程内容。这部分主要描述和分析案例高校创新创业教育校本课程内容的实际选择和组织方式，涉及案例高校创新创业教育校本课程内容类别、科目、学分、开设科系等。由于案例高校创新创业教育校本课程内容在类别、科目、学分、开设机构等方面存在很大差别，为了比较清晰地描述案例高校创新创业教育校本课程内容，笔者以宏观结构为"纲"对其进行提纲挈领的描述。具体如下：

一、案例高校创新创业教育校本课程内容选组方式

（一）技职院校创新创业教育校本课程内容选组方式

1. A 大学：核心—分域搭配式

A 大学创新创业教育校本课程内容的选组方式可以概括为"核心 – 分域搭配式"。其特点是先确定核心课程，再分领域搭配其他课程。A 大学创新创业教育校本课程包含"3C 科技创新创业课程"和"文创艺术创新创业课程"。A 大学的"3C 科技创新创业课程"强调将学生培养成为，计算机（Computation）、通信产品（Communication）、消费性电子产品（Comsumer electronics）（所谓的"3C"）方面科技创新产业的专业人才。"3C 科技创新创业课程"内容主要依托 A 大学的 4 个学院[1]，即电资学院、机电学院、管理学院、设计学院，以创新创业相关科目为核心课程，再搭配电子工程系、电机工程系、光电工程系、资讯工程系、自动化所、工商管理所[2]、经营管理系、信息与财金管理系四个领域的专业课程、进阶课程及专题服务实习

---

[1] 2019 年，A 大学有学院 6 个，分别为：机电学院、电资学院、工程学院、管理学院、设计学院、人文与社会科学学院. 参见：A 大学. 教学单位 [EB/OL].https：//www.ntut.edu.tw/files/11–1021– 5733.php.2018–12–30.

[2] T 省高校培养人才的基本单位是实体机构。学校可以单独设与学院同级别的研究所，也可以在学院下设研究所和学科。研究所负责招收和培养研究生，科系主要负责招收和培养本科生、专科生。T 省 2015 年修订的《大学法》（于 1948 年 1 月公发，后经过 13 次修订，最近修订于 2015 年 12 月）第 11 条明确规定："大学下设学院或单独设研究所，学院下设学系或研究所。"参见：T 省"教育部"主管法规查询系统. 大学法、大学法实施细则 [EB/OL]. http：//edu.law.moe.gov.tw/LawContent.2018–10–10.

等相关课程组合设计而成。①

A 大学首先依托电资学院、机电学院、管理学院、设计学院，确定创新创业相关科目为核心课程。"3C 科技创新创业课程"核心课程，即创创核心课程，包含创意潜能激发、创业管理、创意思解等 14 个科目，涉及 37 个学分、5 个系（经管系、工管系、电子系、工设系、资工系）、1 个中心（通识中心）。其次是分领域搭配电子工程系、电机工程系、光电工程系、资讯工程系、自动化所、工商管理所、经营管理系、信息与财金管理系四个领域的专业课程、进阶课程及专题服务实习等。

A 大学"3C 科技创新创业课程"包含 4 个领域，分别是：3C 产品的组装及维修推广、3C 产品的网络营销方法与策略、3C 产品的物流、3C 产品的实体商业经营。每个领域包含若干科目的专业课程和进阶课程，各个科目由不同学院负责开设，学分数也不尽相同。例如，领域二"3C 产品的网络营销方法与策略"就包含创业管理、计算机概论、计算机网络等 6 个专业科目，物联网应用技术、数据库管理、策略管理等 4 个进阶科目。这些科目涉及管理学院、电资学院、机电学院 3 个学院，学分数从 0.5 到 3 不等，总数最高达 28 学分。此外，还有涉及所有科系的专题服务实习，学分数从 0.2 到 9 不等（见表 3-1）。A 大学要求"3C 科技创新创业课程"学生核心课程至少应修习 6 学分，专业课程至少应修习 9 学分，进阶课程至少应修习 3 学分及专题必修课程，全部课程至少应修毕 18 学分，才可以向 A 大学光大创创学院申请颁发课程专长证明。

表 3-1　A 大学"3C 科技创新创业课程"

类别	科目名称	学分	开设学院
创创核心课程	创意潜能激发	2	通识中心

---

① A 大学. 学习创新创业的大教室——A 大学光大创创学院计划 [EB/OL]. https：//rnd.ntut.edu.tw//ezfiles/5/1005/img/1911/95900330.pdf.2018-11-02.

续表

类别	科目名称	学分	开设学院
创创核心课程	创业管理	3	经管系
	创意思解	3	工管系
	创新思维执行力实务应用	3	工管系
	物联网创新应用	3	电子系
	创新策略	2	工设系
	创意与创新管理事业化	3	经管系
	创意与发明	3	工设系
	网络创业	3	工管系
	创业概论	2	通识中心
	创业与创新管理	3	经管系
	创业企划	3	资工系
	创新与创业	2	通识中心
	创新思考	2	通识中心
领域一 3C产品的组装及维修推广			
专业课程	电子电路设计	1	电资学院
	电子电路实习	1	电资学院
	高频电路实习	1	电资学院
	电路设计	0.5~3	电资学院
	数字逻辑设计实习	1	电资学院
	数字系统设计实习	1	电资学院
	微算机原理及应用实习	1	电资学院
	创意潜能激发	0.5~3	通识中心
	消费者行为	0.5~3	管理学院
进阶课程	电子系统可靠度	0.5~3	电资学院
	电子产品设计实务	0.5~3	电资学院
	软硬件共同设计	3	电资学院
	高频量测技术	3	电资学院
	计算机通信网络	3	电资学院

续表

类别	科目名称	学分	开设学院
进阶课程	计算机整合设计与制造	3	设计学院
	计算器组织	3	电资学院
	电信工程导论	3	电资学院
	业务工程	3	电资学院
领域二 3C产品的网络营销方法与策略			
专业课程	创业管理	0.5~3	管理学院
	计算机概论	2	管理学院
	计算机网络	3	管理学院
	网络营销	3	管理学院
	科技营销	3	电资学院
	计算机网络应用	3	电资学院
进阶课程	物联网应用技术	3	机电学院
	数据库管理	3	管理学院
	策略管理	3	管理学院
	网络服务创新创业	0.53	管理学院
领域三 3C产品的物流			
专业课程	营销管理	3	管理学院
	物流	3	管理学院
	管理		
进阶课程	物流与供应链管理	3	管理学院
	物流网络模式分析	3	管理学院
	物流系统管理	0.5~3	管理学院
	物联网创新创业	0.5~3	管理学院
领域四 3C产品的实体商业经营			
专业课程	网络营销	0.5~3	管理学院
	创业管理从实务角度	0.5~3	管理学院
	科技产业的管理与营销	3	电资学院
	营销管理	3	电资学院

续表

类别	科目名称	学分	开设学院
进阶课程	顾客关系管理	0.5~3	电资学院
	信息科技与企业创新	0.5~3	管理学院
专题服务实习	学生至商家进行采集实场问题作为专题研究课题	3	各系所
	学生至商家进行服务实习前的浅碟形先修课程（2~4周）	0.2	各系所
	低年级学生利用寒、暑假至商家实地参与3C产品的服务实习	3	各系所
	高年级学生利用半（整）学年至商家实地参与3C产品的服务实习	9（18）	各系所

资料来源：A大学创创学院.补助办理大学学习生态系统创新计划计划申请书[EB/OL]. https：//rnd.ntut.edu.tw//ezfiles/5/1005/img/1911/95900330.pdf.2018-11-02.

　　A大学的"文创艺术创新创业课程"，强调学生经过学生拥有实际参与文创艺术产业的完整经验（设计、展艺、营销及创业），能够成为文创艺术创新产业的专业人才。

　　首先，依托管理学院、人社学院、设计学院，以创新创业相关课程为核心课程。其核心课程包含创意潜能激发、影像制作与表达、创业管理等9个科目，涉及1个中心（通识中心）、4个学院（人社学院、管理学院、设计学院、创创课程），提供的学分数达22个。

　　其次，是分课程领域再搭配工业设计系、文化发展系、经营管理系、信息与财金管理系四个领域的专业、进阶课程及专题服务实习等。A大学的"文创艺术创新创业课程"包含四个领域，分别为文化创新产业的创业、艺术品经纪人拍卖技巧、大稻埕文艺传承创艺、大稻埕文艺产品营销。每个领域包含若干科目的专业课程和进阶课程。各个科目由不同学院负责开设，学分数也不尽相同。例如，领域三"大稻埕文艺传承创艺"包含传统工艺欣赏等3个专业科目、营销管理等4个进阶科目。这些科目涉及人社学院、管理学院2个学院，学分数从0.5~2不等，总数最高达14学分。同时，还设置有专题服务实习，如表 3-2 所示。

表 3-2　A 大学"文化艺术创新创业课程"

类别	科目名称	学分	开设学院
创创核心课程	创意潜能激发	2	通识中心
	影像制作与表达	2	人社学院
	创业管理	3	管理学院
	创意思解	3	设计学院
	创新思维执行力实务应用	3	设计学院
	物联网创新应用	3	创创课程
	网络创业	2	设计学院
	创新讲座——创意人	1	设计学院
	创意与发明	3	设计学院
领域一　文化创新产业的创业			
专业课程	文化创意产业	0.5~3	人社学院
	文化创意产业管理	0.5~3	管理学院
	文化创意产业知识管理	0.5~3	管理学院
进阶课程	创意思考	0.5~3	人社学院
	营销管理	0.5~3	人社学院
	文化创意精品研究	0.5~3	人社学院
	文化创意发展趋势与机会	0.5~3	人社学院
领域二　艺术品经纪人拍卖技巧			
专业课程	艺术策展人的秘密	0.5~2	设计学院
	艺术经纪人	0.5~2	设计学院
	拍卖官	0.5~2	人社学院
进阶课程	当代艺术环境观察	0.5~2	设计学院
	导览人员培力课程	0.5~2	人社学院
	艺术策展企划力	0.5~2	人社学院
领域三　大稻埕文艺传承创艺			
专业课程	传统工艺欣赏	0.5~2	人社学院
	雕塑文物修复理论	0.5~2	人社学院

续表

类别	科目名称	学分	开设学院
进阶课程	大稻埕文创讲座	0.5~2	人社学院
	营销管理	0.5~2	管理学院
	创意媒材	0.5~2	人社学院
	文创工作与实务	0.5~2	人社学院
	雕塑文物修复实作	0.5~2	人社学院
领域四 大稻埕文艺产品营销			
专业课程	广告学	0.5~2	设计学院
	财务管理	0.5~2	管理学院
	企划文案写作	0.5~2	人社学院
	大稻埕文创讲座	0.5~2	人社学院
进阶课程	营销管理	0.5~2	设计学院
	创意广告与微电影制作	0.5~2	设计学院
	交互式电子书设计与制作	0.5~2	设计学院
专题服务实习	学生至商家进行采集实场问题作为专题研究课题	3	各系所
	学生至商家进行服务实习前的浅碟形先修课程（2~4周）	0.2	各系所
	低年级学生利用寒、暑假至商家实地参与文创艺术的服务实习	3	各系所
	高年级学生利用半（整）学年至商家实地参与文创艺术服务实习	9（18）	各系所

资料来源：A大学创创学院. 补助办理大学学习生态系统创新计划计划申请书 [EB/OL].https：//rnd.ntut.edu.tw/ezfiles/5/1005/img/1911/95900330.pdf.2018–12–12.

2. B大学：分类组织式

B大学创新创业教育校本课程内容选组方式概括为"重点—分类组织式"。其特点是在确定重点的基础上分类组织相关课程内容。B大学为了达成创新创业教育校本课程目标，先后两次设计规划"创新创意创业课程"内容。B大学创新创业教育校本课程内容选组方式为：先确定三项发展重点规划课程。这三项重点分别为创意、创新与创业，并以此为三个结构，其中：创意部分，包含创造力与发展、创意思考，发明方法；专利部分，包括专利基本知识、专利数据库检索与专利分析、专利信息的运用；创新部分，则结合各学院学门领域的基本技能，与创新、专利、发明的方法，在各学院能力上展现综合创新成果。①B 大学在"创新创意创业课程"组织上还提出了三方面原则：除通识课程外，院必修、校必修、其他课程必修或核心课程及各系基础必修课程不列入课程；各系与创意、智财、发明、创新、创业属性相关专业课程至少提供总学分 11 学分，约 4 门课程列入课程，其中原系必修课程至多 2 门，系专业课程与其他课程重复课程至多 2 门，在所提供课程中选择 1 门为课程选择性必修课程；所谓创意、智财、发明、创新、创业属性相关是以课程的知识属性相关，而非以教学法的创新考虑。②

由于独特的创新创业教育校本课程内容选组方式，使得 B 大学的"创新创意创业课程"内容具有明显特色，即课程内容被分为四大类，每一类都包含若干科目。第一类为创意发明类课程，包括科学与创意、艺术与创作、创造力与发展、创意企划、创意管理、创意思考、创意与发明工程；第二类为创新智财类课程，包括创新与创业、发明与专利检索、创意与专利、高科技专利工程、研发管理、研发项目管理、创新管理、创新与商品化、创新与产业发展、科技管理、财务创新；第三类为创业管理类课程，包括创意实践与创业、创业计划发展、智财与创业管理、创意设计行销、创业财务实务、创业与中小企业管理；第四类为学门领域课程，包括工程、电资、人文暨科学、管理学院十二系专业学门领域相关科目。③

2007 年，B 大学规划完成了"创新创意创业课程"，并于 2007 学年第二学期正式实施。B 大学 2007 年实施的"创新创意创业课程"涉及 4 个学院 12 个科系 1 个中心，分选择性必修课程（选一）、专业选修两类。选择

---

①②③ B 大学.认识创新创意创业课程 [EB/OL].http：//140.131.10.1/innovation/.2018-12-09.

性必修课程（选一）又分为两部分。第一部分为校选修跨院三创课程，即创意实践、创意创业计划发展、智财与创业管理 3 个科目。第二部分为院系选修课程，包括材料科学导论（必）、计算机辅助设计实务（必）、计算机辅助数字系统设计实务、超大规模集成电路设计导论等 20 个科目。专业选修课程涉及创意与专利、智慧财产与生活科技、创新与产业发展、创意思考、科学与创意等，共 142 个科目，提供 373.5 个学分让学生修读。

事实上，B 大学要求选读"创新创意创业课程"学生，修完非本系开设课程科目 2 门课或 5 学分（含）以上，其中有 1 门跨院课程且是核心必选课程，课程总学分数达 15 学分（含）以上，即可以取得课程证书。因此，这种课程选择和组织方式显然并非绝佳。加之，B 大学"创新创意创业课程"启动时间较早，在实践中已经积累了不少经验。为更好适应时势潮流及产业发展，B 大学于 2017 年启动了"创新创意创业课程"修订工作。根据 B 大学《2017 学年度第 2 次教务会议记录》，为适应时势潮流及产业发展，B 大学校课程委员会暨教务会议决议，"创新创意创业课程"需要根据修订后的《跨领域学分课程设置办法》进行规划调整，并提送系级、院级和校级课程委员会审议。①

2017 年，B 大学重新规划调整了"创新创意创业课程"，并于 2017 学年度第一学期正式实施。新调整后的"创新创意创业课程"将课程分为"必修"与"选修"两大类别。其中，必修课程有 3 门，每门 3 学分，共 9 学分，要求学生在创意实践与创业、创业计划发展、智财与创业管理 3 门课程中任选 2 门，为全校选修课程。第二类别为选修课程。选修课程又分为两部分：其一，为通识选修课程，包含生活美学与文化创意产业、绿色科技、休闲游憩管理、环境与生态 4 个科目，要求学生限选 1 门；其二，为各系专业领域选修课程，包含创意思考、角色动作创造与实践、游戏营

---

① B 大学 .B 大学 2017 年第 2 次教务会议记录 [EB/OL].https：//www.lhu.edu.tw/m/oaa/topmenu/meeting/106-2.pdf.2018-11-13.

销营运实务、参展营销与实务等44个科目，要求学生至少选1门。其通识选修以及各系专业领域选修课程涉及1个中心（通识中心）、14个系（游戏系、外语系、观光系、文创系、机械系、化材系、资网系、电机系、电子系、企管系、国企系、财金系、工管系、资管系），有48个科目，提供74个学分（见表3-3）。

表3-3　B大学"创新创意创业课程"

类别	科目名称	学分	开设学院	备注
必修课程	创意实践与创业	3	校选修	任选2门
	创业计划发展	3	校选修	
	智财与创业管理	3	校选修	
选修课程	生活美学与文化创意产业	2	通识中心	通识选修课限选1门
	绿色科技	2	通识中心	
	休闲游憩管理	2	通识中心	
	环境与生态	2	通识中心	
	创意思考	2	游戏系	各系专业选修课程至少选1门
	角色动作创造与实践	2	游戏系	
	游戏营销营运实务	2	游戏系	
	参展营销与实务	2	外语系	
	展会规划实务	2	外语系	
	课室管理与经营	2	外语系	
	服务营销与管理	2	外语系	
	服务业管理	2	外语系	
	小区营造与观光休闲	2	观光系	
	会展规划与管理	2	观光系	
	休闲美学	2	观光系	
	创意思考	2	文创系	
	广告企划文案	2	文创系	
	文创产品开发实务	2	文创系	
	创意与设计	2	机械系	

续表

类别	科目名称	学分	开设学院	备注
	创意与专利	2	机械系	
	3D 打印应用	3	机械系	
	产品设计开发实务	3	机械系	
	香料制造与应用	2	化材系	
	纳米科技与光传媒	3	化材系	
	能源节约技术	2	化材系	
	Java 程序设计	3	资网系	
	多媒体应用设计	3	资网系	
	手机程序设计	3	资网系	
	资料结构	3	电机系	
	电脑网络	3	电机系	
	创意与发明工程	3	电机系	
	创意与专利	3	电子系	
	行动装置网络应用	3	电子系	
	微控制创意实作	3	电子系	
	消费者行为	3	企管系	
	服务业管理	3	企管系	
	服务创新与验证	2	企管系	
	行销企划案实务	2	国企系	
	国际市场开发实务	2	国企系	
	品牌管理	2	国企系	
	金融商品销售实务	3	财金系	
	金融创新	3	财金系	
	绿色供应链管理	3	工管系	
	行销管理	3	工管系	
	发明与专利检索	3	资管系	
	多媒体制作	3	资管系	
	专利实务	3	资管系	

续表

类别	科目名称	学分	开设学院	备注
	云端服务应用专题	3	资管系	

资料来源：B大学.创新创意创业跨领域课程规划书（2017年教务会议审议通过）[EB/OL].
http：//www.lhu.edu.tw/m/oaa/course/mix/106/.pdf.2018-12-20.

3. F大学：分模块组织式

F大学为达到资源整合共享，提供学生多样且具弹性的"跨领域"学习环境，培养拥有第二、第三专长的全方位产业人才目标，其商管学院在原来开设课程基础上，于2013年规划完成"创新与创业课程"，并经由院课程委员会、院课程规划委员会、校课程规划委员会和教务会议等会议审查通过实施。

F大学的"创新与创业课程"采用分模块组织方式。其内容分为创新创业课程、创新事业经营管理课程、创业趋势课程三大模块。模块一为创新创业课程，包含创新与创业、创意思考、创业企划书、智慧财产权概论4个科目，每个科目2~3学分不等；模块二为创新事业经营管理课程，包含管理学、营销管理、生产与作业管理、人力资源管理、财务管理5个科目，共15~16个学分；模块三为创业趋势课程，电子商务、国际经济情势分析、商业讯息实务分析、产业分析等8个科目，共17~18个学分。F大学规定创新与创业和管理学为课程必修科目，学生选修科目需从创新创业课程模块中至少选修4学分，从创新事业经营管理课程模块中至少选修6学分，从创业趋势课程模块中至少选修6学分，学分数至少要达到20，如表3-4所示。

表3-4　F大学"创新与创业课程"

类别	科目名称	学分	开设科系	备注
创新创业课程	创新与创业	2	商管学院各系	①本课程修科目名称、学分数若与主系有差异时，抵免与否

续表

类别	科目名称	学分	开设科系	备注
创新事业经营管理课程	创意思考	2/3	营流系（创意思考）、营媒系—营组（创意思考与设计方法3）、视传系（设计方法创意思考、文化创意品牌设计）、国贸系（微型创业专题、会展课程、创意思考与文案撰写）	授权各系主任决定②总学分数至少为20，其中应修科目至少须有5学分（含）不属于主修系（所）、双主修或辅系应修之科目③"创新与创业"与"管理学"为本课程必修科目，选修科目需从创新创业课程中至少选修4学分；创新事业经营管理课程中至少选修6学分；创业趋势课程中至少选修6学分④本课程有需要时，可采专题讲座方式或参访创业成功之企业
	创业企划书	2	营流系（营销企制作）、企管系（营销业务）、国贸系（会展创新与创意企划）	
	智慧财产权概论	2	营媒系数位多媒体组	
	管理学	2	商管学院各系	
	行销管理	3	商管学院各系	
	生产与作业管理	3	企管系、营媒系、贸系[ERP尊题（一）（二）]	
	人力资源管理	2/3	营流系（2）、企管系（3）、会展（国人力资源管理2）	
	财务管理	3	商管学院各系	
创业趋势课程	电子商务	2/3	营流系（2）、财金系（2）、财税系（2）、企管系（3）、营媒系（2/3）、国贸系（电子商务与跨境电商）、会展课程（2）	
	网络行销	2/3	营流系（2）、营媒系（3）、国贸系（数字行销行动业商务、国贸实务E化）、会展课程（数位营销）	
	数位多媒体产业分析	2	营媒系	

续表

类别	科目名称	学分	开设科系	备注
	企管新知选读	2	企管系	
	国际经济情势分析	2	财税系、国贸系（全球经贸分析）	
	商业讯息实务分析	2	营流系、企管系（商业新闻导）、国贸系（会展个案分析）	
	全球财经分析	2	国贸系	
	产业分析	2	营流系、财金系、国贸系（会展个案分析）	

资料来源：F 大学商管学院 . 创新与创业课程规划表 [EB/OL]. http：//coba.just.edu.tw/files/ 15-1020-38612，c260-1.php?Lang=zh-tw.2018-12-21.

（二）普通院校创新创业教育校本课程内容选组方式

1. C 大学：主轴组织式

C 大学创新创业学院从 2018 年开始招生，第一年规划开设 6 门课程，第二年开设三大领域共 12 门课，第三年期开设 15~18 门课。在创新创业教育校本课程开发中前校长周行一强调："C 大学跨领域采取'先整合，再创新'策略，目前正积极盘点跨域发展资源，包括现有跨域课程、核心能力课程、教室外非正规学习活动、跨域教师社群等，充分整合规划现有资源。跨领域学院成立后，预计下一学年度开始招生，两学院第一届目前预计招收 40 名学生，逐年成长 25%；第一年规划开设 6 门课程，第二年起开设三大领域共 12 门课，第三年起开设三大领域共 15~18 门课。"[①]

C 大学把推进跨领域教育作为长期发展重点，根据 2017 年 11 月 C 大

---

① C 大学秘书处 . 整合创新跨域资源 C 大学预定成立 2 跨领域学院 [EB/OL]. http：//www.nccu.edu. tw/zh_tw/news/.2018-12-27.

学秘书处信息，C大学正致力整合创新跨域资源，打算成立2个跨领域学院。"C大学落实多元、基础、扎实教育，'跨领域'为校务长期发展'重中之重'，为发展'全人人文社会科学'并建构'全人人文社会数据库'，C大学将成立'创新创业学院'与'人文创新数字学院'两个跨领域学院，预定于2018年开始招生，逐年开设跨领域课程，以'先整合，再创新'策略，作为专业知识跨领域之典范。"[1]2017年12月，笔者在C大学访谈中有教授指出："在这个寒假，学校会成立两个学院，一个叫数位创新学院，一个叫创新创业学院。我们叫它为虚拟学院，是因为教育主管部门没有承认，只有我们学校承认。学校会给一些人员、经费，然后负责运作，主要是负责开课。这两个学院运作的话，只要是修满了必修的课程，学院就会给他一个证明。"

C大学强调"创新创业学院"的目标是培养创新、创意与创业人才，以创造力、科技力与创业力三大类课程为学习目标。[2]根据C大学2018年10月16日创新创业学院简讯《C大学创新创业学院开幕，将培育开创未来优秀人才》，C大学"创新创业课程"有创造力、科技力和创业力三大主轴，围绕三大主轴目前已经开发出创创入门、创新创业移地实作、计算思维3个科目的必修课。另外还有多门选修课程。C大学发布的简讯指出："创创学院以'创造力''科技力'与'创业力'三大课程主轴，透过师生跨域培力、推动师生微型创业、孵化师生创业（体验）团队三大任务，希望培育'勇于面对问题''积极参与设计'与'主导开创未来'的优秀人才。"其对创新创业课程的介绍为："创创学院将以微课程的方式进行，在三大课程主轴下修满15学分，即可取得创创学院修课证明，若进阶修满21学分，则获得创创学院院生认证。2017年第一学期开设'创创

---

①　C大学秘书处.整合创新跨域资源C大学预定成立2跨领域学院[EB/OL]. http://www.nccu.edu.tw/zh_tw/news/.2018-12-27.

②　C大学.C大学设新学院盼学生接轨国际[EB/OL]. http://www.nccu.edu.tw/zh_tw/news/.2018-12-27.

入门''创新创业移地实作'与'计算思维'皆为学院采用的必选修课程。创创学院未来将融合学生社团创联会的自主学习平台，开发跨域共授共学课程，导入系统化创新人才培育场域，以师生共同实践创业家精神为长期目标。"同时，C 大学也强调将设立创业工作坊、竞赛，让学生在实务经验上学习创业能力。

遗憾的是，由于 C 大学"创新创业课程"尚在开发过程中，创新创业教育校本课程更详尽，内容目前尚未发布。

2. D 大学：核定—自定式

D 大学创新创业教育校本课程内容的选择方式可以概括为"核定—自定式"，即核心课程由学校确定，专业选修课程由各学院、科系自定。D 大学将创新创业教育校本课程即"大师创业学分课程"，视为形成涵盖课程修课、规划空间与创业资源（Co-working space、创客基地实作空间、创业实作课程材料）、创业辅导与育成一条龙服务中基础环节、重要环节，给予了重视。但其内容选择方式相对简单，即由开发机构确定核心课程，然而以学院为认列单位，由各学院自各系所建议课程清单中选列适当课程作为专业选修课程。而且，D 大学所确定的核心课程，即必修科目，数量也不多，只有 5 个科目，包括：《谁是下个贾伯斯——大师创业发想与实践（一）》《谁是下个贾伯斯——大师创业发想与实践（二）》《大师创业论坛——打造你的创业梦》《创业经营教战手则》《大师创业管理入门》，每个科目 2 学分，共 10 学分。D 大学要求"大师创业学分课程"应修 20 学分，包含必修 10 学分，也就是上述所有必修科目学生都必须修读。此外，学生还需要选修 10 学分的专业课程，即修课科目。D 大学的"大师创业学分课程"专业课程即选修科目并没有学校层面的统一要求，是以学院为认列单位，由各学院自各系所建议的课程清单中选列适当课程作为专业选修课程，如表 3-5 所示。

表 3-5 D 大学 "大师创业学分课程"

类别	科目名称	学分	内容概述
核心课程 / 必修科目	谁是下个贾伯斯——大师创业发想与实践（一）	2	组成跨域创业小组，脑力激荡与创意发想
	谁是下个贾伯斯——大师创业发想与实践（二）	2	组成跨域创业小组，脑力激荡与创意发想
	大师创业论坛——打造你的创业梦	2	产业师资授课与经验分享，打造你的创业梦
	创业经营教战手则	2	大师创业管理入门、创业经营教战手册，搭配创业竞赛
	大师创业管理入门	2	创业基础概念并辅以法律、财务等创业知能
专业课程 / 选修科目	以学院为认列单位，由各学院自各系所建议的课程清单中选列适当课程作为专业选修课程		

资料来源：根据 D 大学创业课程招生说明会资料自行整理。

3. E 大学：分部分组织式

E 大学 "创意创业课程" 内容选择方式为，先确定课程架构，即将课程分为核心基础课程、选修进阶课程、实践行动课程三部分，力图使各类课程组成一系列理想的学习流程。再确定必修课程和选修课程。可以看到的结果是，E 大学的 "创意创业课程" 由必修课程和选修课程两类课程构成。其中，必修课程分上、下两学期修习，上学期修习《创意创业核心课程（一）》《创意创专讨与实验课程（一）》，下学期修习《创意创业核心课程（二）》《创意创专讨与实验课程（二）》，共 10 学分。选修课程包括《创新设计》《服务设计》《新世代创新创业的机会与挑战》《全球创新的原理与实践》《智龄设计（上）》《设计思考入门》等 19 个科目，计 49 个学分数。E 大学要求选读学生须于毕业前修满 21 学分，其中含必修课程 10 学分，才得以申请修毕证书。且要求选读学生必须在第一学年内完成创创课程核心课程学习，若有不及格必须申请延修，以保留课程资格，如表 3-6 所示。

表 3-6　E 大学"创意创业课程"

类别	科目名称	学分	备注
必修课程	创意创业核心课程（一）（上）	3	
	创意创业专讨与实验课程（一）（上）	2	
	创意创业核心课程（二）（下）	3	
	创意创业专讨与实验课程（二）（下）	2	
选修课程	创新设计	3	①学分课程修毕规定：须于毕业前修满 21 学分（含必修课程 10 学分）才得以申请修毕证书 ②修课注意事项：进入创意创业课程的学生，除非与系所必修课程冲堂，否则必须于第一学年将创创课程核心课程修习完成，共计 10 学分。若核心课程与系所必修课程冲堂，则必须申请延修，以保留课程资格
	服务设计	3	
	新世代创新创业的机会与挑战	3	
	全球创新的原理与实践	3	
	智龄设计上	4	
	设计思考入门	1	
	参与式设计	1	
	设计未来	1	
	跨域可视化沟通	1	
	设计思考教练人才培育课程	3	
	音乐设计与创新应用	3	
	设计你的人生	3	
	设计如何说故事	3	
	创新设计	3	
	服务设计	3	
	新世代创新创业的机会与挑战	3	
	全球创新的原理与实践	3	

续表

类别	科目名称	学分	备注
	智龄设计上	4	
	设计思考入门	1	

资料来源：E 大学 . 课程规划 [EB/OL]. https：//cep.ntu.edu.tw/.2018−12−13.

4. G 大学：基础—进阶式

G 大学创新创业教育校本课程内容选组采取了分别确定基础课程和进阶课程的方式。G 大学在 2006 年开发了"创业与就业学分课程"，2016 年开发了"创业学分课程"。

"创业与就业学分课程"由基础课程和进阶课程构成。其中，必修的基础课程包括企业概论和产业导论。进阶课程主要作为选修课程，包括《经营专题讲座》《数位创意》《数位创意专题》《营运企划与销售》《财务分析与经营计划》《职涯发展》《创业管理》《企业实习一》《企业实习二》《产业讲座》《企业实习三》等（见表 3−7）。根据 G 大学管理学院《创业与就业学分课程实施细则》（2006 年通过，后经 5 次修订，最新修订于 2012 年由教务会议修订通过）第七条规定：学员于修业期间，必须修毕 2 门必修课程（基础课程）及 6 门选修课程（进阶课程）共 22 学分，经审查无误后，得向本课程申请核发学分课程证明书；经教务处审核无误并报请校长核准后，由学校发给学分课程证明书。未经核准修读者，不得发给学分课程证明书。[①]

① G 大学 . 学分课程系统课程实施细则 [EB/OL]. http：//stu.mcu.edu.tw/appx/credit/CC_CreditCourse Dialog.aspx. 2018−12−13.

表 3-7　G 大学"创业与就业学分课程"

类别	科目名称	选别	学分	替代科目
基础课程	企业概论	必修	3	①修毕 2 门必修课程（基础课程）及 6 门选修课程（进阶课程），达到 22 个学分 ②企业概论的替代课程①是企业概论（上学期） ③数位创意的替代科目为：数位创意产业概论（上学期） ④数位创意专题（上学期）的替代科目为：数位创意专题（下学期）、数位创意企划策略（上学期）、数位创意专题（上学期） ⑤创业管理的替代科目为：创新与创业管理（下学期）、创业管理（下学期） ⑥企业实习一的替代科目为：企业实习（上学期）、企业实习一（上学期）
基础课程	产业导论	必修	1	
进阶课程	经营专题讲座	选修	3	
进阶课程	数位创意	选修	3	
进阶课程	数位创意专题（上学期）	选修	3	
进阶课程	营运企划与销售	选修	3	
进阶课程	财务分析与经营计划	选修	3	
进阶课程	职涯发展	选修	3	
进阶课程	创业管理	选修	3	
进阶课程	企业实习一	选修	3	
进阶课程	企业实习二	选修	3	
进阶课程	产业讲座	选修	3	
进阶课程	企业实习三	选修	3	

资料来源：G 大学. 学分课程系统 [EB/OL]. http：//stu.mcu.edu.tw/appx/credit/CC_CreditCourse Dialog.aspx. 2018-12-13.

　　除开发"创业与就业学分课程"外，G 大学还在 2016 年开发了"创业学分课程"。"创业学分课程"的课程选择方式更为简单，即直接确定基础课程，作为必修科目。其基础课程包含创意思考、商品设计、用户接口、网络运营与营销、营运企划、创意实践 6 个科目，总共 20 学分（见表 3-8）。G 大学要求修读学生必须完成 20 学分内容的学习，并需要参加暑期组织的"一日体验营队"。G 大学管理学院《创业学分课程实施细则》第

① 所谓替代科目，即可以不同学期开设的具有相近功用的课程。

六条规定："修读本课程的学生应修读完成 20 学分课程，完成者经审核无误并报请校长核准后，由学校发给学分课程证明书。"[①]

表 3-8　G 大学"创业学分课程"

类别	科目名称	选别	学分	备注
基础课程	创意思考	必修	3	①本课程每年仅招收 40 人②修习本课程学生必须完成 20 学分课程修习③修习本课程学生必须参加暑期"一日体验营队"
	商品设计	必修	3	
	用户接口	必修	3	
	网络运营与营销	必修	4	
	营运企划	必修	3	
	创意实践	必修	4	

资料来源：G 大学 . 学分课程系统 [EB/OL]. http：//stu.mcu.edu.tw/appx/credit/CC_CreditCourse Dialog.aspx. 2018-12-13.

二、案例高校创新创业教育校本课程内容选组比较分析

为比较分析案例高校创新创业教育校本课程内容选组过程，笔者根据"基础—进阶"和"必修—选修"两个向度，尝试性地通过网格对案例高校创新创业教育校本课程内容选组进行比较分析。"基础—进阶"向度主要考察案例高校在高校创新创业教育校本课程内容选组过程中，重视基础课程还是进阶课程，0~9 数字越大表示越重视进阶课程安排。"必修—选修"向度主要考察案例高校在创新创业教育校本课程内容选组过程中，侧重于必修课程还是选修课程，0~9 数字越大表示越重视选修课程安排。这样就可以获得案例高校创新创业教育校本课程内容选组网格图，如图 3-2 所示。

统计分析发现，"基础—进阶"向度上从"基础"到"进阶"案例高校依次为 B 大学、E 大学、F 大学、G 大学、A 大学。其中，技职院校中，

[①] G 大学 . 学分课程系统课程实施细则 [EB/OL]. http：//stu.mcu.edu.tw/appx/credit/CC_CreditCourse Dialog.aspx. 2018-12-13.

A大学课程基础课程占总科目数的67%，F大学"创新与创业课程"中基础课程占总科目数的17%，B大学"创新与创业课程"中基础课程占总科目数的7%；普通院校中G大学课程中基础课程占总科目数的42%，E大学"创新创意创业课程"中基础课程占总科目数的8%。相较而言，A大学对基础课程更为强调，其他为G大学，其他高校对基础课程并不特别重视，占比均不算高。

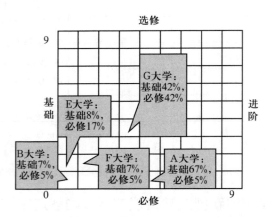

图3-2 案例高校创新创业教育校本课程内容选组网格图
资料来源：笔者制作。

"必修—选修"向度上从"必修"到"选修"案例高校依次为A大学、B大学、F大学、E大学、G大学。其中，案例高校中普通院校课程必须科目占比较大，G大学达总科目数的42%，E大学课程中必修科目占总科目数的17%。技职院校课程中必修科目相对较低，其中F大学"创新与创业课程"中必修科目占比较高，但仅占总科目数的11%，B大学和A大学课程中必修科目占比都较低，均约占总科目数的5%。相较而言，普通院校更倾向于设置必修科目，技职院校倾向于设置选修科目。

根据网格中线可以把案例高校创新创业教育校本课程内容选组大致归纳为三种不同类型的倾向：

其一，以A大学为代表的"高基础低必修导向型"。其特征是在创新创业教育校本课程内容选组上重视设置基础课程，基础课程占比较高，但对必修课程不太重视。这种类型的优势在于，学生选择空间大，容易选择适合自身学习规划和兴趣的科目。同时，由于向学生提供了很多基础性科目，能够最大限度保证学生在发展创新创业知能过程中所需要的基础知识、基础能力。

其二，以 B 大学、F 大学、E 大学为代表的"低基础低必修导向型"。其特征是在创新创业教育校本课程内容选组上不太重视设置基础课程，同时也不太重视设置必修课程。这种类型的优势在于学生选择自由度大，可能的不足在于提供的基础课程较少，对学生基础知能训练可能有一定影响。

其三，以 G 大学代表的"中基础中必修导向型"。其特征是在创新创业教育校本课程内容选组上比较重视设置基础课程，同时比较重视设置必修课程。这种类型的优势比较明显，即能较好保证学生选择的自由度，同时能够通过提供一定的基础课程保证对学生创新创业基础知能的训练，属于比较理想的课程内容选组方式倾向。

第三节　案例高校创新创业教育校本课程内容选组考虑要素

创新创业教育校本课程开发中课程内容的选择和组织十分重要，而且显得较为复杂，需要考虑的要素很多。案例高校创新创业教育校本课程开发过程中，在课程内容选组方面主要考虑要素如下：

一、课程目的

课程目的是创新创业教育校本课程开发在课程内容选择和组织上首先要考虑的要素。无论是以课程目的作为创新创业教育校本课程开发的出发点，还是把课程目的作为创新创业教育校本课程开发的终产物，创新创业教育校本课程开发在课程内容选择和组织上都需要考虑课程目的。

例如，B大学确定的创新创意创业课程目标是：了解创新与创意在生活与产业中的价值；学习创意思考的系统方法，建立水平思考的能力；具备将创意具体化的实践能力，包括解决问题的能力、整合资源与团队运作的能力；拥有智能财产保护的知识与能力，并能掌握专利信息、产生专利；以学门专业为基础，运用创意工具产生学门专业的创新成果，并能产生创业行动。那么，在课程内容选择和组织上就需要考虑所选择的课程内容能否支持课程目的，能否为课程目的达成提供必需的学习机会和学习经验。

B大学提供的创意发明类课程，如科学与创意、艺术与创作、创造力与发展、创意企划、创意管理、创意思考、创意与发明工程，旨在达成"了解创新与创意在生活与产业中的价值""学习创意思考的系统方法，建立水平思考的能力""具备将创意具体化的实践能力"这一课程目的。B大学提供的创新智财类课程，如创新与创业、发明与专利检索、创意与专利、高科技专利工程、研发管理、研发项目管理、创新管理、创新与商品化、创新与产业发展、科技管理、财务创新等，旨在达成"拥有智能财产保护之知识与能力，并能掌握专利信息、产生专利"这一课程目的。B大学提供的创业管理类课程，如创意实践与创业、创业计划发展、智财与创业管理、创意设计行销、创业财务实务、创业与中小企业管理等，旨在达成"具备将创意具体化的实践能力，包括解决问题的能力、整合资源与团队运作的能力"这一课程目的。B大学提供的学门领域课程，如工程、电资、人文暨科学、管理学院十二系专业学门领域相关科目，旨在达成"以学门专业为基础，运用创意工具产生学门专业的创新成果，并能产生创业行动"这一课程目的。

二、学生特点

创新创业教育校本课程开发所选择和组织的课程内容最终服务的对象是学生。因此，创新创业教育校本课程开发在课程内容选择和组织上要将学生特点作为一个考虑要素，选择和组织的课程内容要符合学生特点。

首先，要考虑学生的学习和认知特点。一般而言，学生的学习和认知特点是先有想法再有行动，先有创意和创新，然后才能去创业，案例高校创新创业教育校本课程开发在课程内容选择和组织上注意到了这一点，课程选择和组织上一般都是先是创意类课程，最后才是创业类课程。如B大学提供的课程，首先是创意发明类课程，其次是创新智财类课程，最后是创业管理类课程。

其次，要考虑学生的科系特点。不同科系学生学习的课程内容不同。创新创业教育校本课程内容选择和组织要有一定的弹性。例如，D大学"大师创业学分课程"在课程内容选择和组织上就充分考虑学生科系的特点。D大学的"大师创业学分课程"只选择《谁是下个贾伯斯——大师创业发想与实践（一）》《谁是下个贾伯斯——大师创业发想与实践（二）》《大师创业论坛——打造你的创业梦》《创业经营教战手则》《大师创业管理入门》5个科目为必修核心课程，专业选修科目课程是以学院为认列单位，由各学院自各系根据建议课程清单中选列适当课程作为专业选修课程，并没有限定选修科目，这样最大限度地关照了不同科系学生的特点，增加了课程的推广度。

最后，要考虑学生的学习特点。例如，案例高校创新创业教育校本课程开发在选择课程内容时都设置了代替课程，如G大学"文化创意产业学分课程"规定《文创专题企划及习作》可以用《文创专题企划及习作（下学期）》替代；G大学的"创业与就业学分课程"规定《数位创意》的替代科目为《数位创意产业概论（上学期）》，《数位创意专题（上学期）》的替代科目为《数位创意企划策略（上学期）》，《创业管理》的替代科目为《创新与创业管理（下学期）》等，既保证了课程质量，同时避免了因为时间冲突、对学习内容不感兴趣、不喜欢老师风格等带来的困扰。

校本课程内容如果不符合学生的认知特点、科系特点、学业特点，学生就难以接受，更不要说对课程内容感兴趣、能够学好用好校本课程内容了。因此，创新创业教育校本课程开发在选择和组织校本课程内容时要关照到学生特点这一要素。

三、学校特点

如同世界上没有两片相同的树叶一样，由于学校类型不同、发展历史不同、传统传承不同、负载的使命不同、办学理念不同、科系基础不同等，每一所高校都是独特的，每所高校都有其特点。因此，创新创业教育校本课程开发在课程内容选择和组织时要关照学校特点这一要素。

根据报道在由"科技管理学会创业教育委员会""科技部"主办的"2015 创业教育工作坊—创业政策与创业现场"中，E 大学副校长陈良基表示："E 大学校园创业起源于很多危机感，而校园相对包容力较大，是一个容许老师与学生失败的地方。"他提醒道："环境不好时，优秀的学生更应该开创。校园创业是 T 省创新创业的发端，尤其是在资通信、软硬件整合和资通信与生物科技等领域，必须让年轻人知道他们真的有力量可以改变社会。秉持社会服务的动机，E 大学启动创意创业课程，第一年便立下一年 50 家学生创业的目标。"[①]E 大学作为 T 省地区"第一学府"，肩负着诸多使命，必须在高科技领域通过创新创业提升地区竞争力，为地区作更大贡献，其启动创意创业课程旨在改变社会。

有受访者表示：从市场导向讲，每个学校做创新创业的动能不一样，因为每一个学门科别感受到的市场力量不一样，对市场的敏觉度不一样，学生就业回馈反馈回来的信息不太相同。理工类学校资讯更有利于创业，学校端会开始做创新创业，直接跟业界连接。A 大学前身为"工专"，具有浓厚的创业基因，其创新创业校本课程强调和商业资源有效整合，甚至由商业界和产业界提供课程，更多致力于培养"创业家"。F 大学和 B 大学更多强调"深耕在地产业再造"，致力于以创新创业教育校本课程以增加学生创意加值、就业竞争力与创业成功概率。D 大学和 C 大学历史悠久，是以人文社科类见长的高校，其创新创业教育校本课程更多的培养的是有创新

---

① E 大学商学院. 思考创业政策 从教育培养人才 [EB/OL]. https：//www.nccu.edu.tw/zh_tw/news. 2018–12–13.

创业精神的未来领导人，因此选择的课程主要是创意发想类课程、入门类课程，目的在于促使学生脑力激荡、创意发想和提高创业知识能力。G 大学作为其"创业与就业学分课程"基础科目有《企业概论》《产业导论》两个科目，其"创业学分课程"基础科目则由《创意思考》《商品设计》《用户接口》《网络运营与营销》《营运企划》《创意实践》构成，旨在培养具有创业与就业实务技能之人。有受访者指出："T 省的创新创业课程看学校，各个学校还是存在很大的差异的。"

四、课程结构

创新创业教育校本课程开发在课程内容选择和组织时需要考虑的一个要素是课程结构，以怎样的课程结构呈现课程内容，以怎样的课程结构让学生学习是一个重要问题。良好的课程结构能够为培养学习者具有优良的知识能力结构提供保证。案例高校所开发的创新创业教育校本课程，都具有明显的课程结构，但课程结构差异较大。

D 大学的"大师创业课程"，由《谁是下个贾伯斯－大师创业发想与实践（一）》等 5 个学科的核心课程加上各学院自各系所提供给学生选修的专业课程构成。E 大学"创意创业课程"其课程结构比较传统，由"必修课程＋选修课程"构成。必修课程有 4 个学科，包含《创意创业核心课程（一）（上）》《创意创专讨与实验课程（一）（上）》《创意创业核心课程（二）（下）》《创意创专讨与实验课程（二）（下）》；选修课程包含《新世代创新创业的机会与挑战》《全球创新的原理与实践》等 19 个科目。G 大学的创新创业教育校本课程在内容选组时采用了"基础课程＋进阶课程"结构。如其"文化创业产业学分课程"，就包含了《视觉传达（一）》《广告与营销》《文化创意产业》共 3 个科目的基础课程，再加上《多媒体营销》《巨量资料分析概论》《观光资源调查评估与规划》《节庆活动规划设计》等23 个科目的进阶课程。F 大学"创新与创业课程"采用的是"模块"结构，即将整个课程分为"创新创业课程""创新事业经营管理课程""创业趋势课程"3个模块，每个模块有3~7个不等的科目。

A大学采用比较复杂的复合嵌套结构，即首先分为核心课程和领域课程，再将领域课程分为基础课程和进阶课程，可以概括为"核心课程+领域课程（专业课程+进阶课程）"。如其"3C科技创新创业课程"的课程结构是：首先是核心课程，包含《创意潜能激发》《创业管理》《创意思解》等10个学科；其次是领域课程，包含3C产品的组装及维修推广、3C产品的网络营销方法与策略、3C产品的物流、3C产品的实体商业经营4个领域；最后是每个领域课程被分为基础课程和进阶课程。如其第一个领域"3C产品的组装及维修推广"包含《电子电路设计》《电子电路实习》《高频电路实习》《消费者行为》等9个学科的专业课程，以及《电子系统可靠度》《电子产品设计实务》《业务工程》等9个学科的进阶课程。

五、课程顺序

李铭义教授接受了笔者的访谈，他认为创新创业校本课程的一个特性是跨领域结合。他说："因为它既有创意又有创业，是跨领域结合。有时它是文创的创意加上商业的营销，它会用文创的创意加上商业的营销而开设类似的创意创业课程。"正是因为创新创业教育校本课程具有跨领域结合特性，因而以什么顺序编排内容显得尤为关键和重要。创新创业教育校本课程开发在内容选择和组织时还需要考虑以怎样的顺序呈现课程内容，让学生按照一定的节次有序进行学习。可以说，一定的课程顺序，既是创新创业教育校本课程开发的基本要求，也是创新创业教育校本课程在内容选择和组织时必须考虑的要素。

B大学按照"创意—创新—创业"的逻辑顺序架构"创新创意创业学分课程"内容。首先是创意类课程，包含《创意企划》《创意管理》《创意思考》《创意与发明工程》等；其次是创新类课程，包含《创新与创业》《创新管理》《创新与商品化》《创新与产业发展》《财务创新》等；最后是创业类课程，包括《创业计划发展》《创业与中小企业管理》等。另配合

B 大学工程、电资、人文暨科学、管理学院等十二系专业学门领域相关科目，构建了一个有序体系。

E 大学是按照"基础—进阶—实务"等级次序架构"创意创业课程"内容的。E 大学将"创意创业课程"架构分为核心基础课程、选修进阶课程及实践行动课程三个等级。首先是核心基础课程，主要提供多角度的基本知识，引导学生从五感与艺术的角度去看创意；其次是选修进阶课程，囊括营销领域、创意管理、产业分析、计划管理及创新趋势；再次是实践行动课程，要求学生必须选修 1 门实务专题课程，进行创业或创新创作实务设计及体验。[①]

A 大学按照"专业—进阶—专题"设计组合"创意创业课程"内容。如 A 大学的"文化艺术创新创业课程"在"大稻埕文艺产品营销"领域，其课程顺序是：首先是专业课程《广告学》《财务管理》《企划文案写作》《大稻埕文创讲座》；其次是进阶课程《营销管理》《创意广告与微电影制作》《交互式电子书设计与制作》；最后是专题服务实习，要求学生至商家进行采集实场问题并作为专题研究课题，学生至商家进行服务实习前的浅碟形先修课程（2~4 周），低年级学生利用寒、暑假至商家实地参与文创艺术的服务实习，高年级学生利用半（整）学年至商家实地参与文创艺术服务实习。

六、政策要求

2015 年 10 月，T 省教育主管部门发布《教育部补助大学校院办理艺术及设计人才培育计划要点》要求，设有艺术、设计相关院、系、所的公私立大学校院，结合校内不同领域学系提出培育艺术及设计人才课程规划等，并将"学校应具有校内资源整合能力，结合设计及其他相关系所创

---

① E 大学 .E 大学创创课程架构 [EB/OL]. https：//cep.ntu.edu.tw/%E8%AA%B2%E7%A8%8B%E6% 9E%B6%E6%A7%8B/. 2019-01-04.

新开发经验、研发技术支持及创业育成等整体机制，提出完整规划及作业流程""以艺术及设计领域课程规划为基础，整合其他相关领域课程设计""提供其他跨领域专业领域的师资""学生学习成果，朝向产业连接及就业竞争力导向"等，作为对学校课程规划的审查重点。[①]

受此政策的影响，可以发现，案例高校的创新创业教育校本课程，都包括有设计类的课程内容。例如：B 大学的《创意设计营销》；A 大学专门开发《文化艺术创新创业课程》，其中更是将《文化创意产业》《文化创意产业管理》《文化创意产业知识管理》作为专业课程，另外还有《交互式电子书设计与制作》《创意广告与微电影制作》等进阶课程。G 大学开设有《文化创业产业学分课程》，将《广告与营销》《视觉传达（一）》《文化创意产业》作为基础课程，还有《APP 应用系统设计》《节庆活动规划设计》《平面表现技法》《创意商品设计》等多门进阶课程。E 大学的《创意创业课程》内容包含《创新设计》《服务设计》《设计思考入门》《参与式设计》《设计未来》《设计思考教练人才培育课程》《服务设计》等，多达13 门，占总课程的 73.6%。在谈到政府政策的影响时，有受访者表示，"从政府政策层面看，这几年处于前面的顶尖大学，都很鼓励创新创业教育。公立学校受政府的政策导引比较多一点。在政府政策导引下现在也开始慢慢做"。

七、先进经验

国际先进经验是创新创业教育校本课程开发在内容选择和组织时要考虑的要素。T 省高校创新创业教育兴起的一个重要原因是受到世界高等教育趋势的影响，尤其是美国在创新创业教育方面的"头羊效应"。访谈中有受访者表示："基本上来说，整个 T 省创新创业教育都是在学习和模仿美国的

---

① "教育部". 教育部补助大学校院办理艺术及设计人才培育计划要点 [EB/OL]. http：//edu.law.
moe.gov.tw/LawContent.aspx?.2018-09-12.

教育。""T 省大力推创新创业教育，这与世界大环境有关。因为世界上很多国家都在推。""大概 2006 年后，创新创业突然热起来。这主要是受国际趋势的影响。"因此，其创新创业教育校本课程在内容选择和组织上也紧跟国际先进经验。

例如，E 大学"创意创业课程"在课程内容选择和组织上充分考虑了国际趋势。E 大学受到《落脚硅谷》[①]（作者为 Deborah Perry Piscione，即德博拉·裴瑞·彼颂恩）一书的启发，致力于打造一个近乎完美的校园创新创业生态圈。E 大学看到斯坦福大学邻近硅谷，并且与硅谷彼此共生共荣，促生了校园创新创业的蓬勃发展。E 大学学术副校长带领创创中心与 E 大学几所学院的师资组成筹备团队，远赴美国考察学习。筹备团队在斯坦福大学 D. School 参加"创新大师系列课程"（Innovation Master Series），学习体验了史丹福大学如何挖掘需求、问题定义、动手实作与验证概念等流程；拜访了硅谷的知名自造者基地"Tech Shop"，见识到了自造者如何将发想概念转化成为具体产品原型，如何在实作过程中挖掘和学习；E 大学还意识到，近几年复兴于旧金山的 Maker 文化，重启了车库创业，鼓励学生坐而言不如起而行；等等。E 大学筹备团队在考察学习国际先进经验的基础上，于 2015 年成立了"D-SchoolE 大学创新设计学院"，并在"创意创业课程"中增开了《设计思考》《智龄设计》《暖科技》等课程，进一步完善了 E 大学创业生态圈建设。[②]2013 年 9 月，C 大学时任校长吴思华率领总务长等，拜访苏黎世应用科技大学（University of Applied Sciences Zurich）。访问期间学习了解了苏黎世科大商学院正在推动的创新创业相关课程，同时实地参访 Winterthur Technopark 科学园区，而后者是大学与公私部门合作、提供年

---

① 全名为：《落脚硅谷：一位创业家的贴身观察》，作者为德博拉·裴瑞·彼颂恩（Deborah Perry Piscione）。作者曾为政治与媒体红人，从华盛顿搬到硅谷后，定居 6 年，创办了 3 家公司。全书以媒体人的视角，描绘了硅谷难以抵挡的魅力，探讨了硅谷为何能够成为一个充满活力、创意的城市的原因，揭示了硅谷能在世界持续保持领先的秘密。

② E 大学焦点新闻.创意创业中心改造 E 大学成为引领 T 省创新创业火车头系列报导 [EB/OL]. https：//www.ntu.edu.tw/spotlight/2016/832_20160531.html.2018-12-14.

轻人创新创业基地的示范案例。[①]2017 年 11 月，C 大学宣布成立的"创新创业学院""人文创新数字学院"两大跨领域虚拟学院，校方的期望也是接轨国际。[②]

本章小结

首先，分技职院校和普通院校对案例高校创新创业教育校本课程内容进行了描述，从"创意—创业"和"理论—实务"两个向度，通过网格对案例高校创新创业教育校本课程内容进行比较分析。其次，分技职院校和普通院校对案例高校创新创业教育校本课程内容选组方式进行了描述，根据"基础—进阶"和"必修—选修"两个向度，通过网格对案例高校创新创业教育校本课程内容选组进行比较分析。最后，对案例高校创新创业教育校本课程内容选组需要考虑的要素进行归纳。

研究发现：T 省高校创新创业教育校本课程内容是一个由不同课程类别、不同类别科目、学分、开设机构等构成的体系，存在以 B 大学为代表的"实务创意型"，以 A 大学、E 大学、G 大学、F 大学为代表的"理论创意型"两种类型的课程内容。创新创业教育校本课程内容选组方式多样，有"核心—分域搭配式""分类组织式""分模块组织式""主轴组织式""核定—自定式""分部分组织式""基础—进阶式"等。创新创业教育校本课程内容选组存在以 A 大学为代表的"高基础低必修型"，以 B 大学、F 大学、E 大学为代表的"低基础低必修型"，以 G 大学为代表的"中基础中必修型"三种类型。创新创业教育校本课程内容选组需要考虑的要素有课程目标、学校特点、学生特点、课程结构、课程顺序、政策要求、国际趋势等。

---

① C 大学. 鼓励年轻人创业校长率团取经瑞士经验 [EB/OL]. http：//www.nccu.edu.tw/zh_tw/news/. 2018–11–14.

② C 大学 .C 大学设新学院盼学生接轨国际 [EB/OL]. http：//www.unews.nccu.edu.tw/unews/. 2018–11–14.

第四章　案例高校创新创业教育校本课程开发：课程实施

"课程实施是整个课程编制过程中的一个实质性的阶段。"[①]

——施良方，摘自《课程理论：课程的基础、原理与问题》

创新创业教育校本课程开发真正对学生发生影响的是实施环节。"课程实施指把课程计划付诸实践的过程，它是达到预期的课程目标的基本途径。"[②]创新创业教育校本课程实施是把开发出来的创新创业教育课程计划付诸实践的过程。"课程实施研究所关注的焦点是课程计划在实际中所发生的情况，以及影响课程实施的种种因素。"[③]本章先根据访谈资料和文件资料描述案例高校创新创业教育校本课程实施的模式、主要途径，再对其创新创业教育校本课程实施考虑要素进行归纳。

第一节　案例高校创新创业教育校本课程的实施

创新创业教育校本课程开发最终要落实到课程实施上。从某种意义上说，校本课程开发和建设的关键是实施。没有实施，任何美好的课程方案和设想都无法实现。案例高校都很重视创新创业教育校本课程实施，但实施过程存在较大差异。

---

①②③ 施良方 . 课程理论：课程的基础、原理与问题 [M]. 北京：教育科学出版社，1996：128.

一、案例高校创新创业教育校本课程实施模式

根据访谈和文件资料，案例高校创新创业教育校本课程实施从统筹领导机构看，大致包括实体机构模式、虚拟学院模式、课程主任模式。其中，实体机构模式又分为学院中心模式、专门机构中心模式。

（一）实体机构模式

1. 学院中心模式

G 大学依托管理学院实施创新创业教育校本课程。G 大学以商管起家，管理学院实力很强。2017 年，G 大学管理学院通过了 AACSB 国际认证，是为数不多的取得认证的商管学院。目前，管理学院是 G 大学的最大学院，下设 5 个科系，分别为财务金融学系、企业管理学系、风险管理与保险学系、会计学系、国际企业学系。G 大学管理学院聚焦于"创新""专业""业界合作"，强调理论与务实并重，重视经验式学习、课程创新、学生创业精神。2006 年开设"创业与就业学分课程""创业学分课程"等。

以"创业学分课程"为例。由《G 大学管理学院"创业学分课程"实施细则》可以看到，"创业学分课程"的规划机构、承办机构、评估机构均为管理学院。课程规划者是由管理学院教师组成的学分课程委员会，管理学院院长是召集人，课程委员会负责"创业学分课程"的课程规划；"创业学分课程"的业务承办单位是管理学院；"创业学分课程"实施结果评估者也是管理学院，由管理学院依 G 大学相关法规定期评估"创业学分课程"实施结果，其评估标准包含学生申请数、取得证书数及学生满意度等，并按照评估结果修订或终止"创业学分课程"。[①] 此外，可以看到，"创业学分课程"的授课教师主要为管理学院专任教师。G 大学"创业学分课程"在每学年上学期招收新生，授课教师主要是管理学院专任师资，还有管理学院聘请的业界兼任教师。G 大学管理学院在"创业学分课程"实施中还会

---

① G 大学管理学院."创业学分课程"实施细则 [EB/OL]. http：//web.ms.mcu.edu.tw/zh-hant/content/.
2018-12-12.

邀请多位创业家莅临分享与指导。[①]

　　"创业学分课程"实施主要安排在前三个学期。在正式学习"创业学分课程"前会有一个名为《创业吧》的"暑假一日体验"活动，目的是经过一日体验，使学生认识教师和同学。然后分三个学期学习"创业学分课程"。第一学期课程主要为《创意思考》《商品设计》，目的是组建 3~5 人的学生团队，激发学生的创意和点子；第二学期课程主要是《使用者界面》《网路运营与营销》，目的是重整团队，确认创业团队指导教师。第三学期课程是《营运企划》《创意实践》，主要任务是指导学生让创意进入市场。[②]

　　F 大学依托商管学院实施创新创业教育校本课程。F 大学希望在整合现有资源基础上，为学生提供"跨领域"学习环境，2007 年起由商管学院开始设置课程，2013 年 F 大学商管学院整合课程师资与设备，规划完成"创新与创业课程"。F 大学商管学院现有行动商务与多媒体应用系、财务金融系、理财与税务规划系、国际贸易系、企业管理系、营销与流通管理系6 个系，"创新与创业课程"中创新创业课程的《创新与创业》的负责科系是商管学院各系，《创意思考》的负责科系是行动商务与多媒体应用系、视传系、国际贸易系，《创业企划书》的负责科系是行动商务与多媒体应用系、企业管理系、国际贸易系，《智慧财产权概论》的负责科系是行动商务与多媒体应用系。除了视觉传达设计系属于人文艺术学院，其他都是商管学院科系。"以前每个系都有一些创新创业教育相关的课程，这几年在商管学院设立了一个创新创业课程。创新创业课程是必修的课，学院所有学生都必须修读，有 2 个学分。除这个课程外，每个系还开有补充的课程。"

　　D 大学创新创业教育校本课程实施依托科技与工程学院进行。D 大学为培养学生创新与创业跨领域知能，促使学生迈向实务创业之路，设立了"大师创业学分课程"。根据 D 大学《课程设置要点》（2003 年 7 月通过，后

①② G 大学管理学院．管理学院创业学分课程 [EB/OL]. http：//web.ms.mcu.edu.tw/zh-hant/content/. 2018-12-12.

修订过 7 次，最新修订于 2018 年 4 月完成并发布），D 大学的学院、系所、教务处、通识教育中心是课程设置的主体。课程选修和学习要点需经学校学分课程审查委员会及教务会议通过后才能设立。"大师创业学分课程"是 D 大学教务会议通过发布后的正式课程，其承办机构为科技与工程学院。D 大学科技与工程学院于 1998 年成立，原为"科技学院"，致力于科技与工程教育师资培养以及科技产业有关工程、管理专业人才培育。成立之初有 3 个系，分别为工业教育学系、工业科技教育学系、图文传播学系。随着 D 大学的转型发展，科技与工程学院现有 5 个系，包括工业教育学系、科技应用与人力资源发展学系、图文传播学系、机电工程学系、电机工程学系，2 个学位课程[①]，即车辆与能源工程学士学位课程、光电工程学士学位课程，1 个研究所，即光电科技研究所。其现有课程和师资为"大师创业学分课程"提供了重要支持，满足 D 大学开设科目以各系（所）现有课程或现有师资可供支持为原则的要求。D 大学的"大师创业学分课程"实行采认证制度，学生修毕课程后，可以向课程承办单位——科技与工程学院申请核发学分课程证明书。科技与工程学院会甄选并公布获录取修习学分课程的学生。学生修毕"大师创业学分课程"规定的科目与学分，经科技与工程学院审核后，凭申请书、历年成绩单向教务处申请核发学分课程证明书。[②]

2. 专门机构中心模式

B 大学创新创业教育校本课程实施依托的实体机构是"创意创新创业发展中心"。B 大学鼓励教师与学生将创新、创意研发成果转化为专利，或者进行技术移转、商品化或自行创业，"创意创新创业发展中心"在这个过程中发挥了重要作用。"创意创新创业发展中心"是 B 大学在调动四大学院、所有研发中心基础上，于 2009 年 8 月成立的校级机构。"创意创新创业发展中心"致力于带动学生整体素质和创新能力不断提升，提升创新产

---

① T 省的"学位课程"有两个特点：跨学院、跨系所设置；学生修毕可以获得学位。学位课程不同于学分课程，后者修毕只能获得课程证明或课程证书，与学位没有直接关系。

② D 大学 . 课程设置要点 [EB/OL].https：//program.cge.ntnu.edu.tw/ 法规专区 /.2018-11-10.

出，强化校内教师与学生创新能量，推动和帮助师生将创意与发明成果商品化或产业化。

"创意创新创业发展中心"在 B 大学确立的"以'三创教育'培养思维竞争力"的人才培养系统中发挥着重要作用。"创意创新创业发展中心"不属于教学单位，由于"创意创新创业发展中心"提供从创业能力培养到产业化指导，从学生创意、发明到产品商业化全程服务，其功能较为综合，不仅承担了组织创意与创新实验研究、开展创意创新创业教学与指导、协调校内外之间关系、进行创意成果展示与推广、推动创新成果转化与商品化支持等实体服务，同时承担着根据实际和虚拟发布、接受、传播信息的资信服务功能。

"创意创新创业发展中心"既是 B 大学创新创业教育的统领机构，也是创新创业教育校本课程实施的统领组织。由于 B 大学"创新创意创业课程"的课程规划涉及较多院系，开课系所较多，涉及工程学院的机械工程系、化工与材料工程系，电资学院的电机工程系、电子工程系、信息网络工程系，管理学院的信息管理系、企业管理系、国际企业系、工业管理系、财务金融系，人文暨科学学院的游戏与多媒体系、应用外语系、通识中心，有 4 个学院 12 个系 1 个中心。"创意创新创业发展中心"把"创新创意创业课程"作为重点教育教学内容，通过整合学校创新创业教育人力、研究、课程资源，通过创新创业课程渗透，实体业务和网络服务开展，促进创意实践、创新转化、创业辅导，承担必要的行政服务职责，具有整合、桥梁和触媒作用，在"创新创意创业课程"实施中发挥着重要的统筹和领导作用。

"创意创新创业发展中心"下设有课程办公室。学生要申请修读"创新创意创业课程"，需要先到课程办公室领取课程申请单；由学生填写个人资料，并到原系请原系主任盖章；学生将个人资料交到课程办公室，月初学生到原系办领回通知联，然后到学校资讯系统确认是否加入"创新创意创业课程"学习即可。"创意创新创业发展中心"在"创新创意创业课程"教学过程中，还会做好课程导师、课程教学助理服务，横跨学校各系院课程协调与整合，开展招生宣传、修课辅导等工作，并会致力于培养相关师资，请他们分别支持"创新创意创业课程"中创意、创新、创业等特色课程，开足开齐创意发明类、创新智财类、创业管理类以及学门领域必要课程，以求各个领域的学生在修课过程中，其创意、创新、创业观念都能够得到发展和提升。

B大学"创意创新创业发展中心"要求实施"创新创意创业课程"教学方向要依据课程目标进行，着重于：了解生活、产业中创新、创意的价值；学习创意思考的系统方法；培养将创意具体化的实践能力，包括解决问题的能力、整合资源与团队运作的能力；拥有智慧财产保护的知识与能力，能掌握专利信息、产生专利；运用创意工具产生学科专业创新成果，并能产生创业行动。为鼓励学生积极参与竞赛，"创意创新创业发展中心"提出，学生参加课程认定的相关竞赛，只要获得参赛资格，可以抵课程一门。有受访者指出："在相关教师的指导或辅导下，以组成团队承担与现实相关的项目作为训练载体，以形成的专利、专案或竞赛获奖等作为评价依据，以取得'三创'教育证书。"

B大学通过设置"创意创新创业发展中心"，从学校宏观整体上统一管理和推进创新创业教育，实施创新创业教育校本课程，使全校上下共同参与和共同推进创新创业教育校本课程开发及实施，具有明显的整体性、系统性的特征，有助于从学校层面上进行，可以在整个学校系统中整合资源，实现各学院和各部门的优势互动和相互支持，有利于提高创新创业教育校本课程实施的效益与效率。①

（二）虚拟学院模式

案例高校中A大学主要依托虚拟学院——光大创创学院实施创新创业教育校本课程。A大学为培养和发展学生创新创业能力，帮助学生实现创业、帮助学校实现创业家摇篮的梦想，于2016年2月设立了"A大学光大创创

---

① 雷六七．港台"三创"教育模式对创新创业教育的启示[J]．江苏经贸职业技术学院学报，2010（6）：39．

学院"。"A 大学光大创创学院"是一个虚拟学院，是 A 大学根据实际需要，在现有组织章程不变情况下设立的组织机构。访谈中有专家指出："我们叫它为虚拟学院，是因为教育主管部门没有承认，只有我们学校承认。学校会分配一些人员、经费，然后负责运作，主要是负责开课。"A 大学设立光大创创学院后，联合当地政府、大光华商圈、大稻埕商圈，作为学生学习 3C 产业及文创产业的创业大教室，并结合快速发展的"互联网+"、物联网、金融技术（FinTech），通过与政府、商家形成联盟，开发了"3C 物联网创新创业课程"与"文艺互联网+创新创业课程"。

"3C 物联网创新创业课程""文艺互联网+创新创业课程"是 A 大学启动跨界学习政策，扩大科技与文创两个方面学生创新创业能力及成功概率，以创业开展回馈社会的两大主轴。为有效实施"3C 物联网创新创业课程""文艺互联网+创新创业课程"，A 大学在虚拟学院光大创创学院下设有一个实体办公室，即 A 大学光大创创学院"学院办公室"。A 大学光大创创学院虽为虚拟学院，但其设立在 A 大学研发处的"学院办公室"却具有组织功能。A 大学光大创创学院通过"学院办公室"依托实体和网络两个平台、两种方式实施"3C 物联网创新创业课程"与"文艺互联网+创新创业课程"，为教师、学生提供服务。"学院办公室"实体和网络两个平台事实上是"3C 物联网创新创业课程"与"文艺互联网+创新创业课程"实施各支持学院及系所的交流平台、功能平台。"学院办公室"不仅灵活，还是"3C 物联网创新创业课程""文艺互联网+创新创业课程"的教材制作地。"学院办公室"不仅是"3C 物联网创新创业课程"与"文艺互联网+创新创业课程"实施的资源整合及互动中心，还是 A 大学活络城市与商家的重要组织机构。A 大学光大创创学院"学院办公室"会定期公告开课信息，定期展示成果及作品，并且提供行政服务及就业辅导。

为更好实施"3C 物联网创新创业课程"与"文艺互联网+创新创业课程"，同时落实 A 大学"无边界学习"，A 大学光大创创学院还成立了两个子平台，即"光大创创学院电子商务平台"和"光大创创学院网络教学平

台"。前者旨在成立虚拟合作社进行模拟商务活动，并通过网络平台营销
"3C 物联网创新创业课程""文艺互联网 + 创新创业课程"的产出，实现虚
拟管理与现实商务的融合；后者旨在链接城市、产业、商家，形成产学城
融合网络教育系统，定期举办研习营，与企业结合共同开发数字化教材，
通过现场或远距定期举办 E 化教学种子教师培训营。A 大学光大创创学院
为鼓励学生展现成果，会依照不同课程的属性，结合实习及服务小区和商
家，规划不同形式的作品发表会，如"3C 产品组装与应用发明展""3C 商
品发表会""3C 科技未来趋势产品发表会""3C 科技概念趋势应用发表会"
等，还会举办"光大创创学院成果竞赛"等竞赛活动。

　　由于 A 大学"3C 物联网创新创业课程""文艺互联网 + 创新创业课程"
是面向全校学生的，无论何种学制只要是在校学生均可申请修读。学生申
请修读"3C 物联网创新创业课程""文艺互联网 + 创新创业课程"要向教
务处提出申请，由 A 大学光大创创学院"学院办公室"进行审核确定。为
规范管理，A 大学光大创创学院还对学生修读"3C 物联网创新创业课程"
与"文艺互联网 + 创新创业课程"提出了诸多要求。例如：要求"3C 物联
网创新创业课程"修读学生至少应修核心课程 6 学分，专业课程 9 学分，
进阶课程 3 学分，还要修专题必修课程，全部课程至少应修满 18 学分；修
课程科目应至少 6 学分以上为非原系课程；学生修课程专业课程必须跨修
至少 3 个以上第二专长课程[1]；抵免总学分数不得超过 12 学分；等等。只有
符合要求者才可以向光大创创学院申请课程专长证明。[2]

　　C 大学创新创业教育校本课程实施主要依托商学院进行。1998 年，
C 大学科管所开设"科技创业管理课程"，拉开了 T 省高校大面积开始创
新创业教育的序幕。随后 E 大学等大学相继开设综合性创业课程，掀起了
T 省高校创新创业教育的浪潮。有受访者表示："C 大学不是以院为单位，

① A 大学"3C 物联网创新创业课程"含 4 个第二专长课程：3C 互联网 + 的应用与技术，3C 产品
　营销策略与方法，3C 实体与网络经济，3C 物流与金融技术。

② A 大学 .A 大学"光大创创学院——3C 物联网创新创业课程"施行细则 [Z]. 内部资料 .

商学院本来有一些老师就在开相关的课。C 大学创新创业中开的课各个领域都会有。""据我所知，C 大学教育系没有这方面的课程。可是如果您想要接触这方面内容的话，可以去商院。只要你愿意，你都可以选，都是开放的。我们系院其实这块蛮自由的，没有规定学分，就是自己有兴趣可以去外系去学。我就没有特别感兴趣，像我朋友就有兴趣，他会去别的院系学。目前，他可能有在接触理论，实务方面可能还没有。但我身边这样的人并不多，差不多十个里面有三个人的样子。因为教育专业比较特殊，创业比较难一点。我那三个朋友很多是外系的。"

事实上，C 大学为适应跨领域发展趋势正积极推行多项改革，包括设立跨领域学院。笔者看到，2017 年 11 月 C 大学秘书处《整合创新跨域资源 C 大学预定成立 2 跨领域学院》报道称：未来 C 大学将建置"创新创业学院"与"人文创新数位学院"两个跨领域学院。其中，"'创新创业学院'目标在于培养创新、创业、创意三创人才，开发教师共振与共备课程、发展跨领域前瞻课程。此学院将提供'创造力''科技力''创业力'三大类型课程供学生选修，并以'微课程'方式让学生不会因为修一个课程而影响到毕业学分"。[①]2017 年 12 月，笔者在 C 大学参访中有受访者表示，这个寒假，C 大学将成立"创新创业学院"与"人文创新数位学院"两个虚拟学院，由前者负责全校创新创业教育。2018 年 9 月，C 大学正式成立了跨领域虚拟学院——"创新创业学院"，由该学院负责创新创业教育和创新创业教育校本课程实施。"创创学院于今年 8 月 1 日通过设置办法，9 月 17 日公告正式成立，与人文创新数字学院同属本校两大跨领域功能性学院，目的是在本校九大实体学院之外，以不排挤现有实体学院资源，提供一个跨域实践与创新实验的场域。"[②]

---

①② C 大学 . 创新创业学院开幕　培育开创未来优秀人才 [EB/OL]. https：//www.nccu.edu.tw/zh_tw/ news/. 2018–12–13.

（三）课程主任模式

E 大学创新创业教育校本课程实施由课程主任负责统筹执行。《E 大学创意创业学分课程设置办法》（2008 年 3 月通过发布，后修订过 4 次，最新修订于 2016 年 6 月并完成发布）第三条规定："本课程由本校共同教育中心与学务处共同筹设，由各系所协办。设置课程主任一名，由教务长会同创新设计学院执行长，自本校专任教师中荐请校长聘兼之，以负责统筹执行本课程之各项事宜，聘期一任三年，得连续聘任。"第四条规定："课程主任亦得荐请校方聘任副主任一至二名，以协助推动本课程相关事务，聘期与课程主任相同，得连续聘任。"① 从《E 大学创意创业学分课程设置办法》看，E 大学课程主任是由教务长和创新设计学院执行长共同从专任教师中推荐出来，并由校长亲自聘任。课程主任负责统筹、执行"创意创业课程"各项工作。实行任期制度，一任三年，而且要连续聘任。课程主任可以推荐副主任 1~2 人，由学校聘任后协助课程主任推动课程相关事务。课程副主任聘期与课程主任相同，且需连续聘任。

E 大学"创意创业学分课程"第一任课程主任为电机系教授陈良基，副课程主任为电机系教授黄钟扬；第二任课程主任为管理学院电机系教授李吉仁，副课程主任仍为电机系教授黄钟扬。② 现任课程主任为陈炳宇教授，课程副主任有两名，分别为林晋玄课程副主任和简韶逸课程副主任。"创意创业课程"在 E 大学创新创业教育校本课程实施过程中发挥着重要作用。课程主任不仅参与"创意创业课程"课程教学，参与课程设计、活动筹划，出席相关活动，还要负责谋划课程完善发展，寻找校内外优质教师，争取校友、企业、政府等外界支持等工作。例如，课程主任陈良基教授为帮助新创团队有校友提携，提供直接或间接资源，为此奔走争取各方支持，并

---

① E 大学焦点新闻.E 大学创意创业学分课程设置办法修正后全文 [EB/OL]. https：//cep.ntu.edu.tw/wp-content/uploads/2016/07/unnamed-file.pdf.2018-12-14.

② E 大学焦点新闻.改造 E 大学成为引领 T 省创新创业火车头 [EB/OL]. https：//www.ntu.edu.tw/spotlight/2016/806_20160502.html.2018-12-14.

成立了"E大学创联会"。

为配合课程主任、副主任工作，E大学设有"创意创业课程"课程办公室，具体负责"创意创业课程"执行具体事务，包括协调各相关系所开设相关课程供学生修读，信息收发、招生宣传、材料审查、日常管理等工作。E大学"创意创业课程"自第五届起每年招收名额仅限60人。招收对象为三校联盟（E大学、T省科技大学、D大学）在学学生。"创意创业课程"课程办公室每年4~5月，都会通过学分课程系统、课程官方网页等公告申请"创意创业课程"受理时间。"创意创业课程"课程办公室每届招生时，都会举办三场次的招生说明会。第一场次为"创创课程大解密"，由上一次届课程学生分享，包括从课程学习感受、创业项目心得、创业感受等；第二场次是一场题为"创出你的freestyle"的大型招生说明会，由课程主任主持，主讲人会结合活动，让学生抢先体验脑力激荡；第三场次为"创创先辈谈"，由课程2名副主任共同主持，还会安排前几届修读创创课程的学生回来分享学习创创课程的前前后后。[①]

E大学"创意创业课程"采取在线报名的方式，申请者需要填写申请表，可以个人为单位报名，也可以团队（每队2~5人）为单位报名。团队报名者会对其所提创业计划可行性与需要性及团队组成必要性进行评估，合格则整个团队一起录取。除根据申请者填写书面资料审查外，必要时还会安排面试，结合资料审查和面试公布正式录取名单，再由录取者进行最后确认，最终确定修读"创意创业课程"学生名单。"创意创业课程"设有必修核心课程12学分，要求入学第一年修毕；选修课程可以根据学生时间安排修读。通常学生修毕"创意创业课程"需要两年时间。"创意创业课程"修毕学分为21学分，包括共6学分的必修课程"创意创业核心课程一、二"，共4学分的必修课程"创意创业专题讨论与实践一、二"，以及11学分的其他选修课程。学生修习完毕后可以向课程办公室申请制作修毕证书。

---

① E大学.E大学创创课程申请办法[EB/OL].https：//cep.ntu.edu.tw/.2018-12-14.

为推进"创意创业学分课程"实施，E大学不仅积极整合他校与外部资源，结合系所资源重新设计"创意创业学分课程"，经由校内外跨领域师资结合，以"创意创业学分课程"激发学生创意及培养学生创业能力，还建置了创意创新创业园区，成立了"创新设计学院"（D-School）、创意创业中心、E大学车库与育成中心，致力于将水源校区建设成为创意创新创业三创园区，为学生提供从课程至创业，从新创团队咨询辅导、行政服务、新创投资，到进驻育成中心等一条龙服务。[①]

二、案例高校创新创业教育校本课程实施模式比较分析

为清晰比较分析案例高校创新创业教育校本课程实施模式，笔者根据"个人—机构"和"虚拟—实体"两个向度，常识性地通过网格对案例高校创新创业教育校本课程实施进行了比较分析。"个人—机构"向度主要考察案例高校在创新创业教育校本课程实施过程中，发挥统领作用的主要是个人还是机构，0~9数字越大表示机构发挥的统领作用越大。"虚拟—实体"向度主要考察案例高校在创新创业教育校本课程实施过程中，发挥统领作用的是虚拟机构还是实体机构，0~9数字越大表示发挥统领作用的机构越趋实体。这样就可以获得案例高校创新创业教育校本课程实施网格图，如图4-1所示。

可以发现，"个人—机构"向度上从"个人"到"机构"案例高校依次为：E大学、F大学、G大学、D大学、C大学、A大学、B大学。其中，E大学实施课程主任负责统领执行制度，属于典型的个人为主模式；G大学依托管理学院、F大学依托商管学院、D大学依托科技与工程学院等原有"教学实体机构"实施创新创业教育校本课程；C大学依托"创新创业学院"、A大学依托"A大学光大创创学院"虚拟学院实施创新创业教育校本课程；B大学在学校层面上设立专门"行政实体机构"——"创意创新

---

① E大学校务公开.高教深耕计划[EB/OL].https：//www.ntu.edu.tw/.2018-12-14.

创业发展中心"实施创新创业教育校本课程。相较而言，B 大学在创新创业教育校本课程实施中全员动员性、资源统整性、实施有效性更值得关注，E 大学以课程主任个人为主的统领实施创新创业教育校本课程的做法则相对局限较多。

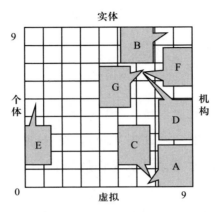

图 4-1　案例高校创新创业教育校本课程实施网格图
资料来源：笔者制作。

"虚拟—实体"向度上从"虚拟"到"实体"案例高校依次为：A 大学、C 大学、E 大学、D 大学、G 大学、F 大学、B 大学。其中，A 大学创新创业教育校本课程实施依托的虚拟学院——"A 大学光大创创学院"不仅在全校层面上发挥着创新创业教育统领作用，还代表学校充当联络内外、沟通上下的关键作用，更会通过设立在研发处的"A 大学光大创创学院"办公室发挥日常的组织、协调、沟通、服务、管理功能；C 大学创新创业教育校本课程实施依托的虚拟学院——"创新创业学院"则强调跨领域；E 大学由课程主任个人统领创新创业教育校本课程实施既非虚拟也非实体，处于网格中间区域；D 大学、G 大学、F 大学依托原有教学机构实施创新创业教育校本课程，存在实体性，但因其"位阶"属于学院层面，缺乏学校层面的组织能力、统整能力、动员能力；B 大学依托学校层面专设的实体机构——"创意创新创业发展中心"实施创新创业教育校本课程，表现出了更强的动员能力、统整能力、组织实施能力。比较而言，A大学以学校层面的虚拟学院实施创新创业教育校本课程，表现出统领上的有力性、执行上的有效性、在功能性和非功能性之间相互转换的灵活性，值得关注；B大学依托学校层面专设的实体机构实施创新创业教育校本课程，表现出很强的动员能力、统整能力、组织能力，但"刚性"有余"弹性"不足。

如以第五格为"中间量"，可以将案例高校创新创业教育校本课程实施大致归纳为以下三种类型：

其一，以B大学、G大学和F大学为代表的"实体机构型"。其特征是在创新创业教育校本课程实施过程中，或者在学校层面设立专门实体机构，或者利用已有的学术单位管理学院或商管学院等，推进创新创业教育课程实施。前者因其处于学校"位阶"上，统领和整合能力强；后者因为充分依托了学科属性、人才培养方式更有利于培养创新创业人才的学术机构，而且有利于发挥已有学术机构优势和潜能，不足在于资源统合能力较差，而且容易限于单一科系无法满足创新创业人才培养需要的跨领域能力发展。

其二，以A大学、C大学为代表的"虚体机构型"。其特征是在创新创业教育校本课程实施过程中，在超脱已有学院基础上成立的虚拟学院发挥了统领执行任务。这种课程实施模式，一方面能以高"位阶"发挥全校层面的统领、资源整合、沟通内外等功能，另一方面以设立办公室的方式让课程实施执行有力，而且不会因此带来机构膨胀、资源负担加重等问题，弹性、灵活性较大，显示出了独特优势。

其三，以E大学为代表的"个体型"。其特征是在创新创业教育校本课程实施过程中，发挥统率执行功能的是由学校聘任的若干课程主任和副主任。这种类型的课程实施模式因为个体的见识、能力、资源等，在创新创业教育校本课程实施过程中发挥着决定性作用，应该说具有先天的机制性缺陷。但E大学由于历任课程主任能力很强，其创新创业教育校本课程实施仍然做得很出色，为其创新创业人才培养提供了有力的课程支撑。

第二节　案例高校创新创业教育校本课程实施的途径

创新创业教育校本课程实施有赖于一定的途径。"创业课程设计最重要的要素之一是教学方法，它在与创业课程相关的研究中起着关键作用。教学方法是一种系统的、有组织的、合乎逻辑的授课方式，应与创业目标和内容相一致，也应根据学习者的需要加以发展。"[①]"大学课程实施有多种途径，课堂教学、课外活动、社团活动、社会实践等都是大学课程实施的重要形式，还有人主张俱乐部、沙龙等形式也是大学课程实施的重要形式。"[②]一般而言，大学课程实施的很多途径，在创新创业教育校本课程也可以采用。根据访谈资料和文件资料可以发现，案例高校创新创业教育校本课程实施的途径主要有课堂教学和实践教学两类。

一、课堂教学

1. 高校的创新

课堂教学是高校最主要的、最基本的教学组织形式。课堂教学这一组织形式具有以下优点：有利于提高教学效率，增强教学的计划性，培养学生的集体精神。但课堂教学也有其缺陷：一是不利于因材施教，二是不利于理论与实际的结合。因此，课堂教学只是教学的基本组织形式，而不是唯一的组织形式必须依靠其他的课程实施来弥补课堂教学的不足。[③]案例高校都将课堂教学作为创新创业教育校本课程实施的基本途径。但为了更好地实施创新创业教育校本课程，案例高校对课堂教学在组织方式、教学方法等方面进行了有价值的创新。

C 大学在课堂教学中注重"做中学""交互式教学"和"教学反馈"。

---

① Esmi K，Marzoughi R，Torkzadeh J.Teaching Learning Methods of an Entrepreneurship Curriculum[J]. Journal of Advances in Medical Education & Professionalism，2015（4）：172.

②③ 季诚均.大学课程概论 [M].上海：上海教育出版社，2007：113.

以 C 大学《创创入门》为例，该课是于 2015 年由 C 大学学生社团"创联会"规划开设。"社团强调要跳脱传统上的模式，着重'做中学'，带领修课学生认识基本创业知识并培养创业家精神。"[①]"创创入门课程安排以创联会上学期系列社课为基础调整，邀请多位创业家以'交互式教学'授课，帮助同学先了解创新与创业，再通过工作坊传授各式创业技能，最后通过个案讨论激励思考解决任务。"[③]同时注意听取同学的反馈意见。"修课同学每周都要填写回馈单，帮助创联会随时掌握同学的想法，并视需求改变课程内容。"[④]C 大学还聘请有专长的学生担任教师助理，由其担任教学工作，或协助课程负责教师承担部分教学任务。"我是哲学系的，现在大四。我主要是修了《创意与设计》这门课，这是林老师本人带的一门课。我又旁听了两学期的工作坊。现在我来这儿已经一年半了，上学期是实务工作坊的教师，这学期是工作坊烹饪课的教师。我上课时会先给学生示范，然后让学生自己动手做。目前还没有学生像我这样，但学生会对这块很感兴趣。我自己以后是教甜点这块。林老师也鼓励来这儿上课的学生来带工作坊，尤其是来这里上过课又有专长的学生变成老师而来带工作坊试试看，变成教师和学生教学相长，因为学生变成老师之后关注的点和当学生时关注的点还是会不一样，当教师后对怎么设计课程、教师关心的点等都不一样。"

A 大学在创新创业教育校本课程实施中强调"动手"。A 大学一直被视为"创业家的摇篮"，上市公司中有 10% 的老板在 A 大学毕业，中小企业老板更是数不胜数。A 大学校长甚至将"动手实作"称为 A 大学成为"创业家的摇篮"的主要原因。"什么是创业家的精神？对 A 大学校长而言，所谓的创业家精神就是'勤动手，肯吃苦'。是什么样的环境文化，让 A 大学的学生对创业这件事这么有热情？他认为，学校鼓励学生'动手实作'

①③④　E 大学商学院 . 强打学生自己开课 创创入门受欢迎 [EB/OL]. http：//www.nccu.edu.tw/zh_tw/news/.2018–12–13.

的校风是主要原因，就连自己也深受影响。"① 校长还以自身经历做了说明。"他发现比起理论，自己更喜欢卷起袖子动手做，就连学校所要求的劳作，他也往往比别人做得更多，在考虑兴趣与性向后，他毅然跳脱当时升学主义盛行的风气，选择心之所向。"② "自造精神在知识经济时代发生，遇到问题就先动手实验，在一次次的尝试中摸索答案，充满自造者的实作精神，正是创业家最重要的特质。"③

E 大学在创新创业教育校本课程实施中主动改变了传统课堂教授的做法，不仅大量引进"动手做"的任务，还引入了团队合作、角色扮演等方法。有受访者表示："学校会举办与创业相关的活动，尽量给学生动手做的机会。""一改老师单向在讲台上授课，课程带进大量需动手执行的任务，来自不同学院的人聚在一起，学习团队合作中同时发挥个人的专才。"④ E 大学积极探索"角色扮演法"在创新创业教育校本课程实施中的运用。"导入'虚拟公司'概念，每一组发想一个创业点子，然后建立如执行长、营运长、营销长等职位，在修课期间'精实扮演好自己的角色'。团队会经历共识建立、撰写营运计划书、建构商业模式、追踪工作进度等过程，学期中会安排 Demo Day 让各组同学互相观摩给予建议，期末则需缴交营运结案报告给授课教授，宛如真实的营运企业。在此过程中，有些新创团队因此应运而生。"⑤ E 大学在创新创业教育校本课程实施中还引进了课程教练培训机制。"目前创新设计学院已建立完整的课程教练培训机制，有效地将曾经修习过设计思考课程的学生，培育成有能力带领设计思考项目之教练。"⑥

考虑到创新创业教育校本课程实施中业师的重要性，一些案例高校还会聘请业师和校内教师开展"协同教学"。这里面当然也有 T 省教育主管部

①②③ A 大学.校长：动手实作培养创业家特质 [EB/OL]. https://sec.ntut.edu.tw/files/16-1011-52446.php?Lang=zh-tw.2018-12-21.

④⑤ E 大学焦点新闻.改造 E 大学成为引领 T 省创新创业火车头 [EB/OL]. https://www.ntu.edu.tw/spotlight/2016/806_20160502.html.2018-12-14.

⑥ E 大学校务公开.高教深耕计划 [EB/OL].https://www.ntu.edu.tw/.2018-12-14.

门的推动。为推动技职教育课程与产业接轨，T省教育主管部门出台"技职教育再造计划"，鼓励技职院校遴选业界专家共同规划课程及协同授课。受此影响，T省高校尤其是技职高校纷纷遴聘业界专家到校分享或协同教学。案例高校在创新创业教育校本课程实施中都有选聘业界专家到校开展协同教学。这种做法受到了学生、教师及实务界的认同，不仅加强了创新创业教育校本课程实施实务内容，还深化了学校与实务界的关系。"我们会邀请业师来教授和指导，但是也分为好几种，有的是来一两堂课的，有的来六堂课的。""在教师上课过程中，我们也会请一些企业界的老师协同上课，一个校内老师，一个企业界的老师。校内的老师上理论课，企业界的老师上实务课，大概有3~6次这样子。邀请实业界老师的课最多不会超过1/3。"

B大学为顺利推进"创新创意创业课程"，不仅设置了课程导师、课程教学助理，进行跨学校课程协调与整合、招生宣传、修课辅导等工作，还建有专门的"创意与创业论坛讲堂""创意教学实验室""开放式创意大厅""创新成果展示厅"等，以保障"创新创意创业课程"实施。B大学还会利用毕业典礼嘉奖"创新创意创业课程"学习学生，以激励学生修读"创新创意创业课程"。例如，在2018级毕业典礼上，企业管理系毕业生赵同学不仅拿到了"创新创意创业课程"的课程证书，还以代表的身份在毕业典型上台领奖。

2. 教师的探索

教师作为创新创业教育校本课程的组织者和实施者，在创新创业教育校本课程实施中占有重要地位。教师对教学方式的运用直接影响创新创业教育校本课程实施效果。"每个老师上课的方式不一样。有的老师着重案例讨论，有的老师着重让学生做报告。"访谈中有受访者强调创新创业教育校本课程实施要改变传统做法。他说："创新创业教育重要的是改变老师讲、学生听的做法，教师不能还是像以前一样只是讲，主要是引导学生思考，指导学生进行实务。"当然也有受访教授表示，要看课程类型选取教学方式。例如，有受访老师指出："上课方式要看是什么样的课，如果是创意思考的话，主要是进行创意的演练，我们先教一些原则，然后教学生如何运用非原则进行发想、演练。产业趋势的课主要是授课，如采用短片、讨论、理论等。"

创新创业教育校本课程实施要求教师在上课时有创意，否则无法激发学生的创意，也无法引导学生创新创业。"要有一个空间让我们的老师做随性随机应变的创意。如果老师觉得创造力重要，就会把创造力融入他的课程教学里面去。""我们会在课程中加入一些创新的元素，我们会在课程中融入一些新的手法。"访谈中，有受访者告诉笔者："我们都会各种方法做这种事情，这是大学教授们应有的技能。教师的创造力很重要啊，你如何发挥这个创造力，把这件事做好很重要。"好的创意往往需要良好的互动和启发。一名受访的C大学管理者在介绍一位教授时指出："教学方式会随着学生的反馈做调整，很重视与学生互动，会认识每一个学生，他的教学很容易引导学生说出自己的想法，鼓励学生写信给她。其他老师一般都会带领学生边做边学，重要的是在试做的过程中启发自己的想象力，各种做法都会被尝试，鼓励学生告诉我们他们想怎样。"有受访的C大学学生表示："我们本科系没有开创新创业相关课程。我修了广告系的课，是创意设计课。老师会拿出很多业界的作品给我们参考，让我们自己动手跟着做，还要发挥自己的创意和想象力。还会有作业，都是自己做，完成就可以了。这类课程很有趣。"

兴起于哈佛工商学院的案例教学法，因为典型案例、真实情景和师生自由讨论而著名。案例高校教师在创新创业教育校本课程实施课堂教学中也会运用案例教学法。笔者在E大学的受访者表示："教学采用的主要是案例教学。这种教学方式跟传统方法不一样，不讲理论，直接就给学生一个实际案例，让学生去解决案例中所发生的问题。然后会追问学生理由，你为什么要做这样决定等，所以有一点实战的味道。但我也会协助同学思考一些相关的理论。老师就像主持人一样，让学生发言；针对学生的发言，我会追问学生为什么这样做，这样做会产生什么不良后果，你的考虑点是什么。由于学生的背景都不太相同，可以通过不同声音的碰撞，让大家思考为什么会有不同的想法，哪种想法更好，就会有多元化的刺激。今天我的课就会给学生提供一个案例，让他们讨论。"案例教学对运用者有一些要求，案例教学时需要选择贴近学生生活经验的案例。"当我们拿比尔·盖茨的成功经验作为案例去引导学生的时候，学生会觉得没有感觉，因为他们会觉得比尔·盖茨已经是一个很老的人，这个人所处的年代离自己很远。我们就会发现当拿过去的经验引导学生的时候，他们的感受就没有我们想象的那么强烈。因为学生头脑中的记忆跟我们有很大的落差。""翻转课堂式教学模式"（Flipped Class Model）尽管诞生时间不算长[①]，但作为一种新型时尚的教学方式也被引入到创新创业教育校本课程实施中。访谈中发现，翻转课堂等新兴教学组织方式开始运用于创新创业教育校本课程实施。"我们重视教法创新，比如我们会用主题式教学，来开发一些新的课程。有一些学校比较喜欢开发创新创业视频教材，包括教材教法等。"

　　案例高校也有以系统教授、分析和讨论为主的课程。例如，E 大学2017 年第一学期"创意创业课程"开设的课程《新世代创新创业的机会与挑战》，聘请到曾为 500 大企业 3Com 公司总裁、硅谷 T 省天使群（SVT）成员的王崇智博士开课。课程前半段主要从分析 T 省新世代创新创业的挑战入手，再讨论适应的办法；后半段针对目前创新创业热门题目如大数据、人工智能、物联网、网际安全、生物科技及医疗器材等进行趋势、商机及挑战分析和讨论。[②]也有教师将讲授法、案例教学、项目教学相结合。例如，B 大学《创意实践与创业》课程在实施中，教师先采用讲授法教授创

---

① 2000 年，美国迈阿密大学学者 MaureenLage、Glenn Platt 和 Michael Treglia 在论文中最早介绍了他们采用"翻转"方式教授《经济学入门》的成效，但是没有提出"翻转课堂式"或"翻转教学"术语。另一位学者 J.Wesley Baker 在第 11 届大学教学国际会议上正式提出了"翻转课堂式"的概念。2007 年，美国 Woodland Park High School 教师 Jonathan Bergmann、Aaron Sams 采用了"翻转课堂式"教学模式，并在中小学进行推广，使得"翻转课堂"逐渐流行并成为风尚。

② E 大学 . 创创课程 106-1 新开课程 _ 新世代创新创业的机会与挑战 [EB/OL]. https：//cep.ntu.edu. tw/2017/09/01/.2018-12-13.

新与商品化的基本理论，并辅以案例教学，通过成功创意商品化案例讨论如何帮助学生将创意进行实践。课程还以项目方式进行，教师通过将学生分组由其演练从创意想法到提出具体商品上市计划或经营计划书的整个过程，课程最后会形成商品上市计划书、营运计划书、产品原型或设计稿。[①]有学者指出："三创课程的教学活动设计上走'多元'的路线，除老师讲述外，还设计个案研讨、小组讨论、模拟创业竞赛、创业家演讲与企业参访等方式，以不同的教学活动方式，目标是希望学生能通过参与各教学活动，而自行建构出完整的概念与技能，培养创意、创新与创业精神的态度。"[②]

二、实践教学

创新创业教育具有很强的实践性。"创业本身具有实践性的特点，如果教师在教学中还停留在理论层面，则创业教育的开展必然会停滞。"[③]案例高校在创新创业教育校本课程实施中很注重通过实践教学提高学生的创新创业能力。主要做法包括：

（一）实作

案例高校在创新创业教育校本课程实施中均重视实作。例如，A大学为配合"3C科技创新创业课程""文艺互联网＋创新创业课程"，提高培养学生创新创业能力，建立了创新创业基地（Co-working Space）、点子工厂（iFoundry），设置了校园创创工作坊、工作室（Tech Shop）、自造工坊（InnoMaking Space），作为学生创新创业实作园地，还建立了创创专栏、创创咨询corner、创创情报站等，致力于营造校园创创气氛，并创造条件让学生"做中学"，让学生在校园期间能体验创业、进行创业，将学习到的创新创业知识付诸行动，通过实作培养让学生将无形的知识转化为有形的能力。

---

① B大学开放式课程查询系统.创意实践与创业[EB/OL]. https://www.lhu.edu.tw/class_intro/CS/CS23D007.pdf.2018-12-14.

② 陈蕙芬.创意、创新与创业课程在教育领域之实践与反思[J].国民教育，2015（1）：64.

③ 徐小洲，叶映华.中国高校创业教育[M].杭州：浙江教育出版社，2010：24.

"实践面"已经成为 A 大学落实创新创业教育理念、推进创新创业教育校本课程实施的重要方面。A 大学 ①、F 大学则在其企业管理系建立"微型创业实验室"。

E 大学也重视创新创业教育实作，专门建立了创业"车库"，并将之作为构建创新创业生态环境，作为创新创业教育校本课程实施重要构成。"创创课程与车库相继成立后，E 大学认为只在创创课程内鼓舞创业精神还不够，应将能量扩散，激励整个校园的创业风气。"②经过时任课程主任陈良基教授的努力，由时任校长李嗣涔和广达集团董事长担任共同召集人，集结部分知名校友，成立"创联会"专用于连接校友创业家与在学师生，帮助师生创新创业。此外，E 大学还于每年 4~5 月举办"创创周"，并配合"创创周"活动推出 E 大学建构创新创业生态圈系列故事。"前两周已分别介绍到 E 大学对于创新创业人才的培育，以及进一步协助团队实践创业构想的相关机制，这篇将进入故事的尾声，看 E 大学最后如何整合内外部的资源，完成创业生态圈最后的网络联接。"老师也会在具体课程教学中安排学生进行实务活动。访谈中，有受访者指出："学校会举办与创业相关的实践活动，协助学生做一些创业。我们学校有两个，有很多大学都会有车库创业、微型创业，也有天使基金，我们还有校友基金，一个提案可能给你几十万元、一百万元，让你做一个雏形的产品出来。"

C 大学在推进创新创业教育校本课程实施中也较注重实作。C 大学不仅通过募款成立了"创意实践奖助基金"，C 大学育成中心也会举办"创业募资简报竞赛"等系列创新创业活动，帮助学生将所学转化为实际行动。"我开了好几年的《创创入门》。这门课这学期我安排了实践，让学生去买农产品。恰好有认识的朋友，我让他们把农产品运到 C 大学这里，让学生帮助

---

① A 大学 . 学习创新创业的大教室——A 大学光大创创学院计划 [EB/OL]. https：//rnd.ntut.edu.tw//ezfiles/5/1005/img/1911/95900330.pdf.2018−11−02.

② E 大学焦点新闻 . 创意创业中心改造 E 大学成为引领 T 省创新创业火车头系列报道 [EB/OL]. https：//www.ntu.edu.tw/spotlight/2016/832_20160531.html.2018−12−14.

卖。这些大一、大二的学生就利用 Facebook 等买。今年第一次这样做，之前是找校友、外面的业师来课堂上分享他们创业的心得、创业的经验。因为 C 大学有很多校友会很勇敢地去创业，尽管还不是独角兽，但他们都是在真正创业，有时甚至还是在校学生。"尤其值得一提的是，C 大学十分注重创新创业氛围营造。行走在 C 大学校园，会看到无处不在的创意，这些创意点缀在校园的各个角落，让人耳目一新。可以想见，这种"全浸式"教育让青年学生每天耳濡目染，必会对其创新创业知能发展有所帮助。2017 年 12 月底，笔者在参访 C 大学时目睹了其盛大的"圣诞街市"活动，而且正是利用"圣诞街市"活动笔者完成了对 C 大学学生的访谈工作。笔者访谈了一名正在贩卖手工制品的 C 大学教育系同学，她告诉笔者："我们在这里卖东西并不是学院组织的，不是创业实践课要求的。这个活动是学生社团自己组织的，在学校找个地方卖东西。"

G 大学受访者指出："还有一种是有学分的，有 22 个学分，采取课程模式。一共有三个学期的课程学习，三个学期是循序渐进的。这个不只是讲概念，最后还要实作，要做出来，进行试运营。一开始是组织团队，四个人一组，不同学科背景的学生组织起来，然后要经过筛选，一般是三选一队留在这个课程中，其他团队会被淘汰；三个学期中有一些会半途而废，但最后留下来的就会进入试运营。"

（二）参访

案例高校在创新创业教育校本课程实施中，教师会带领学生到产业界参访，或参访与创业有关的某个场域，如创业中心、创业孵化基地等，或参访新创企业、上市公司等。参访也是案例高校创新创业教育校本课程实施中的重要方式。笔者访谈了李铭义教授，他指出："创新创业部分还是要有几个链接。一个是教师的，一个是厂商的，一个是学生的。"有一位 C 大学的受访者较为详细地介绍了其课堂教学方式，并介绍了其他老师的做法。他说："我也有开创新创业课程。我是在 ×× 所开课。在我开的课里面，有一些是教材（内容），有一些是我过去的实践经验，因为我自己有业界事务经验。我也认识很多新创企业的人，把他们找来演讲。我并没有让学生动手做什么。每个老师上课的方法不一样。有的老师着重案例讨论，有的老师着重让学生做报告。我的方式是，按部就班讨论课程，然后请外面业界实务人员讲课，让他们介绍他们的经验。同时，会带领学生出去实习和参访几个公司，教他们如何操作，大致这样子。"G大学的受访者表示："开课时也会组织学生去业界进行体验。"

C大学《创新创业移地实作》的上课就采用到香港参访的形式进行。内容包括香港理工大学基础介绍；可持续创业－创业力评测、创业团队重要特质、提升创业能力、构建商业概念、建立有效商业模式、寻找天使投资者、项目演示精要、项目展示工作坊；在创业企业、香港理工大学深圳研究院、前海深港青年梦工场、创新馆、PolyU InnoHub、包玉刚图书馆、三维打印技术中心实验室等进行参访活动；组建团队，进行项目构思、数据搜集、准备商业计划书及演示、成果发表、训练营总结及反思；开展商业机会挖掘和评估、商业模式创新等创新创业讲座。[①] 陈蕙芬认为：组织同学们去文创园区进行观察与记录，或安排学生过"企业参访"，通过参观企业实体，与从业人员座谈或互动，可以取得很好的学习效果。她的经验是：企业参访时要避免沦于走马看花，或是成为企业宣传目标；事先设计讨论提纲，让学生先行吸收企业基本数据并构思问题，要求参访企业主管出席并参与座谈，能适度帮助参访活动的深度。[②]

（三）指导竞赛

举办或参与创新创业竞赛是T省高校创新创业教育校本课程实施的另一项重要内容。案例学校都鼓励学生积极参与社会资源、高校举办的各种创新创业竞赛，以促使学生转知为能，提高学生参与创业教育的热情。T省高校创业竞赛最早开始于1998年。1998年，C大学、T省科技大学与研华

---

① C大学课程手册.2018年度科智所课程手册 [EB/OL]. https：//tiipm.nccu.edu.tw/zh_tw/course/info. 2018-12-27.

② 陈蕙芬.创意、创新与创业课程在教育领域之实践与反思 [J].国民教育，2015（1）：64.

文教基金会共同办的 TiC100 创新赛拉开了 T 省高校创新创业竞赛的序幕。随后，T 省工业银行文教基金举办了 We Win 创业大赛，T 省时代基金举办了国际青年领袖计划 YEF。这三大创新创业竞赛在 T 省内呈三足鼎立形势，至今仍是最具影响力的创业竞赛。① 当前 T 省举办的影响较大的创新创业竞赛还有龙腾微笑竞赛、若水社会企业创业大赛等。这些竞赛奖金都较高，吸引了大批学生将校园内发明技术商品化或将具有商业价值的创意具体化。有受访者还介绍了 T 省有关部门组织竞赛的情况。他说："很多竞赛是教育主管部门办的。还有一个是科技主管部门。科技主管部门的做法有点儿不同，它通常通过提案做一些研究计划，组织竞赛，通过竞赛学生也会参与创业活动。经济主管部门也有做这个，经济主管部门以组织竞赛为主，同时还面向中小企业。技术主管部门也有很多类似的创业竞赛。文化主管部门也有，只是没有那么多。"有受访者指出："T 省高校在创新创业教育这部分有很多比赛，很多团队也会参与社会上举办的创新创业比赛。"

案例高校很多老师喜欢将创新创业教育校本课程实施和创新创业竞赛活动相结合，一方面完成教学任务，另一方面指导学生以竞赛进行实战，甚至借助竞赛对学生课程学习结果做出评价。"如果时间上可以结合，我们也会尽可能结合参与竞赛进行。""学校还有一个育成中心，每年都会举办一些竞赛，让这些课程搭配创新创业竞赛。"

"如果育成中心的竞赛时间可以和我们的课程结合的话，我们很多老师一般会搭配这个竞赛作为期末的考核。就是说，要求学生一定要参加这个竞赛这门课程才可以合格。"由于案例高校普遍对创新创业竞赛很重视，很多老师还会利用课余时间指导学生参与竞赛。"我们会花课余的时间指导学生。"案例高校也会举办创新创业竞赛。E 大学十分重视实践教学。"本校更通过举办创新创业竞赛，持续从校内（创创挑

---

① 江育腾 .T 省创业竞赛成效研究——以守门机制观点 [D]. C 大学商学院科技管理研究所硕士学位论文，2012：2.

战赛）至校外（青年回响竞赛），以激起并鼓励学生及青年实际采取行动，从真实问题的田野视角发展问题意识，逐步建立完整的社群及行动模式，建立行动及验证的挂念和习惯，让'行动力'埋入 T 省青年的基因库。本校更通过'创新创业一条龙'的建置，协助学生及更多T 省青年串接后续创业资源，为未来创新创业者建立经验模式。"[1]B 大学长年开设的"创新创意创业课程"与创新创业竞赛相挂钩，在世界竞赛及发明展中屡获佳绩。仅 2012 年该校就相继在"法国巴黎发明展""莫斯科阿基米德国际发明展""瑞士日内瓦发明展""意大利发明展""马来西亚ITEX 发明展"等展会上捧回不少大奖。[2]

第三节　案例高校创新创业教育校本课程实施考虑因素

创新创业教育校本课程开发过程中，课程实施是十分关键的环节，课程目标能否达成，课程能否达成预期效果，从根本上说，取决于课程实施。因此，创新创业教育校本课程开发中需要对课程实施相关要素给予周全考虑和妥善安排。

一、课程要素

Ornstein 和 Hunkins 认为，新课程的成功主要取决于开发者在多大程度上已经规划了课程的发展和实施，已经认识到了学生的需求。[3]高校创新创业教育校本课程是学校为实现培养创新创业人才而有目的、有计划地开发出来提供给学生的学习方案或计划。由于不同高校开发出来的创新创业教育校本课程，在课程目标、课程内容上存在差异，在课程内容组织结构、

---

① E 大学校务公开 . 高教深耕计划 [EB/OL].https：//www.ntu.edu.tw/.2018–12–14.

② B 大学 .2012 年台北发明暨技术交易展 B 大学荣获三银四铜 [EB/OL]. http：//www.lhu.edu.tw/ school_news/prise/20120920.htm.2018–12–15.

③ Ornstein A.C，Hunkins F.P.Curriculum[M].Boston：Pierson 4th Edition，2004：304–320.

顺序、学分分配等方面存在差别，因此创新创业教育校本课程开发在课程实施时，要充分考虑创新创业教育校本课程本身要素，如课程目标是否清、可行，课程内容是否支持可能目标达成，课程结构是否保证相应功能的发挥，课程顺序是否有利于学生学习，课程学分分配是否能调动起学生的学习兴趣，是否能突出某些学科内容的重要性等。只有设计合理且符合实际的课程方案或计划才是可行的，也才是能够得到有效实施的。

创新创业教育校本课程实施时是作为新的课程方案或计划出现的，往往会给学校管理、学生和教师等带来冲击。A 大学开发的"3C 科技创新创业课程"和"文艺互联网＋创新创业课程"就对法律、学生和教师均带来了冲击。对法理的冲击主要是对修学、退学规定的冲击。对学生学习的冲击体现在：学习内容中实务比例重于理论，学生不仅要学习专业知识，还要做好商务实务学习及准备；学习场域不在校园里，学习环境较多元化，需要学生先行了解学生实习场域；等等。教师教学的冲击体现在：教师授课内容将加入更多实际案例；师生关系类似于辅导老师，校外老师类似于师徒关系。[①] 因此，创新创业教育校本课程开发在课程实施上就要对其有所先见，在课程开发时就要将其纳入考虑范围。

二、教师要素

"在课程实施过程中，教师扮演着一个很重要的角色。"[②] 教师是创新创业教育校本课程开发的重要主体，也是创新创业教育校本课程实施的直接参与者。因此，教师是影响创新创业教育校本课程实施的要素之一。创新创业教育校本课程开发形成的学习方案或计划在实践中成功与否，教师能否适应新的学习方案或计划，教师素质能否胜任教授任务，教师有没有参与创新创业教育校本课程开发和实施的热情、态度，对创新创业教育校本

---

① C 大学课程查询系统 . 创创入门 [EB/OL].http：//wa.nccu.edu.tw/QryTor/courseSyllabus.aspx?view= 5454576141717a2b694f54765232437438830786858673d3d.2018–12–14.

② 施良方 . 课程理论——课程的基础、原理与问题 [M]. 北京：教育科学出版社，1996：130.

课程开发中课程实施影响很大。因此，创新创业教育校本课程开发在课程实施上需要付之于一定的宣传工作，需要加强相关教师的培训工作。

"教师是课程的研究者、计划者、实践者和建设者，在所有的课程要素中是最关键的要素，对其他要素具有统率、支配和创生的职能。"① 创新创业教育校本课程实施比较理想的情况是教师能够创造性的实施课程，或者教师自身具有课程开发能力。笔者在 C 大学访谈到的一位很有名的教授，他本人不仅很有创意地创新创业课程，还自主设计开发相关课程。"我就讲自己的例子。因为我跟戏剧有关系，所以我也会把戏剧的技巧融入课程中；通常搞戏剧都比较有创意，我就把戏剧的技巧或者创造研究方面的发现的技巧融入我的课程里面去。我有一门课叫作《领导与团队》的课，课程是我设计的。这个课程是以 EMBA 为对象的，后来也向 MBA 学生开设。我在设计过程中，一定是把创造力融入或者分散在各个活动里面去。""一个人的生命故事是非常重要的。创作者一定会以他自己的生命故事来做创作的题材。因此，我就会让学生讲他们的生命故事，形成生命连表。通常很多学生在写自己的传记的时候都会流水账，我觉得这样不好，所以用生命连表就是你一生当中一定有几个成长的关键期。就是影响你一生的关键事件是什么？是哪一年？几岁？那这个事情发生的时候整个 T 省和世界有什么事件、有没有关联？我讲这个故事就是生命故事，最后我把这种做法开成了一门课，叫作《创意戏剧与管理》的课程，就是让学生把自己生命中一部分故事创作出来，你一部分生命故事，我一部分生命故事变成一个剧本，然后演出。"

访谈中有受访者表示，教师如果没有创业实践经验对创新创业教育校本课程实施会产生负面影响，有受访者主张在创新创业校本课程实施中，如何发挥有创业实务经验业界人员的作用十分重要和关键。他指出："我们要求教师要有实务经验、实战经验，没有实务经验只讲一些理论是没有用

① 徐同文. 大学课程设计 [M]. 北京：教育科学出版社，2011：6.

的。""T 省几乎每一个学校都在做创新创业教育，主要就是成立创新创业课程，成立创业加速器，建立孵化器，这些都在做。可是我认为这里面的根本问题是，大家都在拼命做，但问题是课程怎么设计，还有教师都没有创业经验怎么教创新创业。所以如何跟业界有实际经验者进行互动是一个根本问题。"

由于教师要素对创新创业教育校本课程实施影响巨大，因此案例高校均十分重视对教师进行培训培养。如 A 大学每年都会选送有关教师出去学习外边最新的创业概念，校内也设立有"点子工厂"，协助教师实践"Maker 实作精神"，深化对创新创业的理解。根据 A 大学网站多媒体简介内容，A 大学除设置 20 多个跨系所课程外，在课程教学部分各系还开设多个第二专长供他系学生选修，更将创新创业列为通识教育必修，培植学生创业家精神；并延揽教师组成"希望团丁"至国外顶尖大学，将最新的创新创业教材、教法带回校园嘉惠学子。B 大学为顺利推动"创新创意创业课程"，则设置了专门的课程导师、课程教学助理，开展横跨学校 4 学院、12 科系的课程协调与整合、招生宣传、修课辅导等工作。B 大学还积极培养课程中相关师资，促使他们分别支持课程中创意、创新、创业等特色课程。[①]

三、学生要素

学生是影响创新创业教育校本课程实施的要素。学生自身的先前经验，学生自身的个人特质、心理特点，如敢于尝试、勇于冒险等，都会对校本课程实施产生重要影响。案例高校部分管理人员深谙这一点。2014 年 5 月，E 大学管理学院郭瑞祥院长在"创业与创新工作坊"活动上就表示："创业先决条件在于是否具有该精神，要'Make Things Happen'是需要勇气及挑战！创意、创新、创业这三创的重要性，但除具备三要素外，还需天时、

---

① B 大学 . 认识创新创意创业课程 [EB/OL].http：//140.131.10.1/innovation/.2018−12−09.

地利、人和及资源，机会是要自己看到、找到，一味守株待兔是无法创业成功的。"① 有受访者表示："创新创业可教，但我认为第一个条件是学生必须对创业有所准备，不能是一张白纸。比如，研究生如果从来没有做过事，对企业的运作完全是一张白纸的话，则不可能因为一堂课、两堂课而去创业。他自己必须对企业有一定程度的体验和理解，对创业本身有一定的认识，有实务的一些经验。同时他本身要有强烈的创业的意愿，不怕挫折，愿意去试。"

学生已经具备的心理素质、学生的生活经验也会影响课程实施质量。"在课程反响方面，很多学生会来听创新创业的课，但未必具备足够的创业的心理素质。我是说人格特质、性格，本来的人数规划也未必是创业，就是来听听，了解一下这样而已。"

四、领导要素

高校主要领导在创新创业教育校本课程实施上发挥了举足轻重的作用。学校主要领导对创新创业教育校本课程实施负有理念设计、统筹推进等职责，是创新创业教育校本课程实施成功的根本保证。诚如有研究指出："课程是有多元要素构成的，课程运行时期必须考虑到师资、图书、仪器设备、实习实训条件等基本元素，没有学校主要领导亲自组织的课程体系创新是难以实施的。"② 案例高校创新创业教育校本课程开发中，很多领导不仅是创新创业教育校本课程开发的设计者、主要参与者，还是宣讲者、发动者和实施推动者。如 A 大学校长、C 大学前校长 ③ 均发挥了重要作用。A 大学校

---

① E 大学管理学院 . 举步维艰创新破釜沉舟创业——管院协办 E 大学创业与创新工作坊 [EB/OL].
http：//www.management.ntu.edu.tw/news/detail/sn/435. 2018-12-21.

② 徐同文 . 大学课程设计 [M]. 北京：教育科学出版社，2011：133.

③ 根据 C 大学校网新闻，2018 年 11 月 16 日第 13 任卸任校长将领导 C 大学重任交棒给第 14 任新任校长。新任校长表示，未来 C 大学将培育兼具本土与国际视野、跨领域人才，期望人才走出校门，对社会做出贡献。参见：C 大学 . 卸新任校长交接 [EB/OL]. https：//www.nccu.edu.
tw/zh_tw/news/.2018-11-16.

长强调 A 大学首创"创新创业课程"，目的在于通过"企业讲座"邀请创新公司主管分享经验，"创业管理"教学生撰写营运企划书、参与创业竞赛，学习设计思考等，将过去学长学姐口耳相传的创业经验，转化成有系统的课程。"这些课程的最终目的，其实不一定是要让学生真的创业，而是让每个学生都具有创业家思维，懂得发掘问题，并提出解决问题的整合性方案；遇到失败也能够越挫越勇，从中学习。"[1] 目前，A 大学正在推进的"学习创新创业的大教室–A 大学光大创创学院计划"，姚立德和另外 2 名副校长都是主要参与者。

C 大学前校长更是创新创业校本课程的直接设计和推动者。在任期间，他将"跨领域"作为校务长期发展"重中之重"，致力于发展"全人人文社会科学"，建构"全人人文社会数据库"，成立"创新创业学院"与"人文创新数字学院"两个跨领域学院。他强调包括创新创业学分课程在内的 C 大学跨领域要采取"先整合，再创新"的策略，要盘点跨域发展资源，包括现有跨域课程与课程、核心能力课程、教室外非正规学习活动、跨域教师社群等，充分整合规划现有资源。[2]

E 大学领导层也很重视创新创业教育校本课程的实施。在 2014 年 5 月 1 日举行的首次"创业与创新工作坊"活动中，E 大学副校长强调：创业是卓越研究的具体成果展现；创业必须联结、整合多方面知识、技术；他深信 E 大学不仅能产出许多创新成果，也将是创业发展的最佳基石；他还提出期望，"期望老师、学生、校友们能将自己的专业经验扩展到各产业，以达互惠三赢（产业、学校、个人）之效"[3]。

---

① A 大学 . 校长：动手实作培养创业家特质 [EB/OL]. https：//sec.ntut.edu.tw/files/16–1011–52446. php?Lang=zh–tw.2018–12–21.

② C 大学秘书处 . 整合创新跨域资源预定成立 2 跨领域学院 [EB/OL]. http：//www.nccu.edu.tw/zh_tw/news/. 2018–12–27.

③ E 大学管理学院 . 举步维艰创新破釜沉舟创业——管院协办 E 大学创业与创新工作坊 [EB/OL]. http：//www.management.ntu.edu.tw/news/detail/sn/435. 2018–12–21.

五、组织机构

组织机构是现代大学的基本功能单位，每一个组织机构在高校整体教育工作都承担着一部分功能。现代大学里面的组织机构包含行政组织机构、学术组织机构，学术组织机构又可以分为教学组织机构、研究组织机构。在创新创业教育校本课程实施中，组织机构发挥着不可或缺的作用，是创新创业教育校本课程实施必须考虑的要素之一。

创新创业教育校本课程的一个特点是跨科系。"这个课（课程）分散在不同的系，那学生可以跨系选、跨领域修课。"组织机构在创新创业教育校本课程实施中发挥着学校和业界联结作用。有受访者说："其实这个学院是前年才成立，之前并没有这个学院。之前业务分布在好多地方，没办法整合。所以，学校才想应该要把各方面能量整合起来，尤其是学生在最后的创业过程中如何衔接实务上的那些运作。创新创业现在变成每个学校都在做，教育领域很重视这块，也希望学校老师的能量可以跟业界结合。我们这个学院就发挥了作用。"

组织机构在创新创业教育校本课程实施中发挥着资源统合作用。一位受访者表示："在研究发展处有一个创新育成中心。之前我们培育中心办了两年创业相关的活动，就是帮助学生做一些创业的演练跟活动。现在成为师资培育中心，这部分工作前年年底就移到育成中心了。后来学校成立了一个新的单位，专门负责协助学生进行创业。现在都是由研究发展处在统筹资源做一些创业教育活动，主要是开设课程，有一门课程。"

当然如果组织机构林立，就会影响创新创业教育校本课程实施。D大学在《2014—2019年校务发展计划》中分析自身存在劣势时指出，由于学院、系所过多，造成资源、力量分散及浪费，致使院系资源难有效运用，因而有必要进行资源整合和学术单位整合，择优发展。①D大学要很好地推

---

① D大学.五年校务发展计划（2014~2019）[EB/OL]. http://pr.ntnu.edu.tw/archive/activitise/connect2.html.2018-12-28.

进创新创业教育校本课程实施，整合已有组织机构是必要的。

组织机构还通过理念、传统对创新创业教育校本课程实施发挥导向和规约作用。如 C 大学商学院很重视个案教学、理论与实务整合，强调通过个案教学、课程与实务的整合，落实创新与专业的教育理念，提供学生、教授与研究人员能够发挥创造力的优质环境。[①] 因此，C 大学创新创业教育校本课程实施充分发挥了个案教学、课程与实务整合的传统，一方面保持了商学院的特色，另一方面保证了创新创业教育校本课程实施的效果。

六、科系要素

创新创业教育校本课程实施与学校科系具有很大关系。笔者在访谈 C 大学一位教授时，他指出："T 省研究生学创新创业方面的课程较少，本科生会有，我知道以前在成功大学就比较多，还有一个创新创业课程。这是因为成功大学是比较综合型的学校，它有设计学院、商学院、管理学院、工学院之类的，所以它们可以整合在一起开设创新创业课程。但 C 大学只有文科，然后还有商科。创新创业强调要跨领域，通常要综合型大学才比较容易去推动。"尽管如此，作为文科见长的 C 大学在创新创业教育校本课程开发和实施上并不是不能作为。C 大学还是利用其商管优势和创造力教育优势，在创新创业教育校本课程开发上做出了令人印象深刻的成绩。"在读大学历程中，老师会鼓励创造力教学。我在 C 大学修了两门课，是关于创造力教育方面的课程。C 大学创造力教育这部分其实是突出和顶尖的。C 大学企管所很强调创造力。C 大学有一个创新和创造力中心，还有创立方。创立方是 T 省第一个众创空间。"

通常来说，有优势且易于同创新创业相结合的科系在创新创业教育校本课程实施中会受到重视。商管被认为在创新创业教育校本课程实施中具有优势，案例高校 F 大学、G 大学、C 大学都充分利用了其商管科系优势。

---

① C 大学商学院简介 [EB/OL].https：//tiipm.nccu.edu.tw/zh_tw/course/Program.2018-12-08.

如 G 大学早年以商管起家，目前下设财务金融学系、企业管理学系、风险管理与保险学系、会计学系、国际企业学系 5 个科系。其"创业与就业学分课程"从开发到实施都仰赖了商管科系资源。A 大学以工程科系见长，因此其"3C 科技创新创业课程"实施主要依托电资学院、机电学院、电子工程系、电机工程系、光电工程系、资讯工程系等科系进行。D 大学长期以来以教育科系见长，在创新创业校本课程实施方面短板明显。D 大学在《2014—2019 年校务发展计划》中分析指出，由于过去发展以师资培育为重点，以培育中等学校教师为主，在目前开放多变环境中劣势之一是与企业界较乏联系，在产业接轨及产学合作方面较弱。同时还把"文创及服务产业受到政府及社会重视"作为 D 大学的机会，认为 D 大学在教育、文创领域成就斐然，近几年更是在开展文化创意、设计等领域取得了成绩。基于分析，D 大学将创新创业教育视为补强相关方面的重要举措，在创新创业校本课程实施上注意突出文创特色和优势。①

七、外部支持

创新创业不是说上课就行，也不是学校开创新创业教育的课就行，还要看社会制度，外在的环境和条件能否充分配合，咨询、人口、市场等条件都很重要。创新创新创业教育校本课程开发在课程实施中也要充分考虑和利用外部支持。离开学校外部的支持，新的课程方案或计划即便不会"夭折"，进展也会十分艰难。因此，创新创业教育校本课程开发在课程实施时，需要采取必要措施以赢得社会各界的支持，政府部门的政策、资金支持，企业、协会等的物质资源和技术支援，新闻媒体的舆论宣传和支持，学生家长的理解和支持，能够为课程方案或计划实施营造有利环境，为课程方案或计划实施提供财力、物力、人力基础和保障。案例高校均十分重

---

① D 大学. 五年校务发展计划（2014~2019）[EB/OL]. http：//pr.ntnu.edu.tw/archive/activitise/connect2.html.2018–12–28.

视利用和开发外部支持，以获得资源和条件。

学校外部支持要素中最重要的要素之一是创业和实务经验的业师[①]。案例高校通常会根据学生需要去聘请业师。有受访者表示："业师就是曾经有创业经验或有成功案例的人，让他来参加教学。""如果说学生有需要也可以让他们聘校外的咨询人员。那也要看学生有哪方面的咨询，比如说他要做公司设立登记，那可能要去找会计师，如果说他需要一些营运方面的咨询，则找营运方面的业师。像我们上次辅导的那个学生，他要卖'青汁'什么的，老师就帮他去找餐饮方面有经验的咨询人员。"辅导老师在业师资源开发上具有重要地位。"我们主要是通过辅导老师去请外面的咨询人员，因为他比较清楚现在这个团队需要哪方面咨询，然后找外面的人帮忙。校外老师会有一些咨询费或指导费，我们通常一次是两千元。"业界校友也是业师来源。"X 书院主要承担创意部分，老师会邀请业界老师（老师主要是业界的），很多是林老师原来的学生，他们在江湖上闯荡了一番又回来教师弟师妹。我们每一学期开的课程都不太一样，但书写、写作、设计、烹饪、唱歌这几类都比较固定。开的课与专业课关系不大，对象是面向全校开放，以大一、大二学生为主。"

E 大学"创意创业课程"都很强调通过专题演讲邀请创业家来现身说法，通过举办全校性论坛、讲座、专题演讲等，由创意及创业成功人士进行经验传承，以提升学生的创意及创新能力，能够热情地发展其创造能、创意、创业的理想。例如，2010 年 4 月，邀请詹伟雄等分享了专题演讲《新创意时代 新创业英雄》；2013 年 9 月，邀请爱料理创办人分享了《重新认识创业精神，现在就开始创业》；2014 年 3 月，E 大学邀请了校友德川音像创办人分享专题《小创新 小公司 卖到全世界》；2015 年 5 月，邀请分享智融创新顾问公司董事长分享专题《创意创业论坛——打造创业生态系

---

① T 省地区将来自业界或有业界经验的讲座、课程承担者称为"业师"。业师主要进行实践经验分享，也会承担部分教学内容，甚至会与校内教师合作进行协同教学。

统》；等等。①

组建校际联盟也是创新创业校本课程实施时获得外部支持的一种形式。A 大学在创新创业教育方面与其他 2 所科技大学组建了"创创大学联盟"，与另外 6 校②组建了"创创大学联盟"，不仅联合开发课程、编写教材，还联合进行培训师资。③

家长和环境支持也相当重要。2014 年 5 月，在"创业与创新工作坊"活动中④，E 大学创意创业课程主任李吉仁表示："任何创业都要有环境，目前创业情势看似大好，但仍有许多潜在问题，好比父母就是创业的阻力，因为父母希望小孩稳定就好。"

本章小结

首先，对案例高校创新创业教育校本课程实施模式进行了描述，根据"个人—机构"和"虚拟—实体"两个向度，通过网格对案例高校创新创业教育校本课程实施进行了比较分析。其次，对案例高校创新创业教育校本课程实施途径进行了描述。最后，对案例高校创新创业教育校本课程实施需要考虑的要素进行了归纳。

研究发现：案例高校创新创业教育校本课程实施存在实体机构模式、虚拟学院模式、课程主任模式。其中，实体机构模式又分为学院中心模式、专门机构中心模式，形成了以 B 大学、G 大学和 F 大学为代表的"实体机构型"，以 A 大学、C 大学为代表的"虚体机构型"，以 E 大学为代表

---

① E 大学演讲网 . 新创与创新 [EB/OL].http：//speech.ntu.edu.tw/ntuspeech/Topic/detail/id–10.2018–12–14.

② 6 校指华中科技大学、江苏大学、北京科技大学、南京理工大学、湖南大学、深圳大学。

③ A 大学 . 学习创新创业的大教室——A 大学光大创创学院计划 [EB/OL].https：//rnd.ntut.edu.tw//ezfiles/5/1005/img/1911/95900330.pdf.2018–11–02.

④ E 大学管理学院 . 举步维艰创新破釜沉舟创业——管院协办 E 大学创业与创新工作坊 [EB/OL].http：//www.management.ntu.edu.tw/news/detail/sn/435. 2018–12–21.

的"个体型"三种类型。创新创业教育校本课程实施的途径主要有经过学校和教师进行方法创新探索的课堂教学和实作、参访、指导竞赛等实践教学。创新创业教育校本课程实施需要考虑课程要素、教师要素、学生要素、领导要素、组织机构、科系要素、外部支持要素等。

第五章 案例高校创新创业教育 校本课程开发：课程评价

　　课程评价是一个较难明确把握的。有学者梳理课程评价代表性观点发现，课程评价存在不同观点：把课程评价视为成就表现和特定目标间符合程度；把课程评价视为教育测量与测验；把课程评价视为针对课程优缺点或价值的专业人员判断；将课程评价视为收集和提供资料便于决策人员有效决策；把课程评价视为一种政治活动。[1]华东师范大学钟启泉教授在《现代课程论》中更是指出："课程评价的概念不能说是明确的。"[2]尽管对课程评价的理解不同，但也存在一些基本共识。T省学者黄政杰在《课程评鉴》一书中将其归纳为：评价是价值或优点的判断，不是纯技术性的工作，不单是现象的客观叙述；评价可以包括对现象的质的描述和量的描述，质、量两者可以兼容并蓄；评价不但是为了评定绩效，也可以是为了作出决定，所以评价是回溯的，同时是前瞻的；评价不只是可以针对个人特质，也可以针对课程计划或行政措施。[3]前面对创新创业教育校本课程的目标、内容、实施等分别进行了描述，对其重要考虑要素进行了归纳。本章将对案例高校创新创业教育校本课程评价主要类别和做法进行描述，再对其考虑要素进行归纳。

---

① 黄光雄，蔡清田．课程设计——理论与实际[M]．南京：南京师范大学出版社，2005：189.

② 钟启泉．现代课程论[M]．上海：上海教育出版社，1989：348.

③ 黄政杰．课程评鉴[M]．台北：T省D大学书苑，1990：18-19.

第一节　案例高校创新创业教育校本课程的评价

如前所述，案例高校为培养学生创新创业精神和能力，推进创新创业教育，都开发了创新创业教育校本课程，设计实施了自成体系、富有特色的创新创业相关课程。但由于案例高校办学理念不同，对创新创业教育的理解不同，创新创业教育校本课程的目标、内容不同，实施环境和实施时间长短也不同等，其创新创业教育校本课程评价存在较大差异。

一、案例高校创新创业教育校本课程的评价

斯克里文（M.Scriven）认为，课程评价主要是诊断"课程、计划的价值"。[①] 斯克里文将课程评价分为内部评价（Intrinsic Evaluation）和结果评价（Pay-off Evaluation）。前者关注评价课程计划本身，即确定课程本身是否有价值；后者关注评价课程实施后的结果，即课程达到目标的实际情况如何。课程内部评价通常直接指向课程计划本身，评价可以就课程计划所包括的特定内容、课程内容正确性、课程内容排列方式、课程计划所涉学生经验类型、所包括教学材料类型等，评价课程计划本身的价值。课程结果评价把重点放在考察课程实施结果上，认为结果评价提供了确定课程所产生的结果的可靠信息，主要考察课程计划对学生、对教师和行政人员产生的结果。[②]

（一）案例高校创新创业教育校本课程结果评价

课程结果评价把重点放在考察课程实施结果上，认为结果评价提供了确定课程所产生的结果的可靠信息，主要考察课程计划对学生、对教师和行政人员产生的结果。[③] 创新创业教育校本课程作为一种旨在提升学生创新

① 钟启泉.现代课程论[M].上海：上海教育出版社，1989：348.
②③ 施良方.课程理论：课程的基础、原理与问题[M].北京：教育科学出版社，1996：152–153.

创业精神和能力的学习方案或计划，主要的影响对象当然是学生。为了评价创新创业教育校本课程对学生的影响，案例高校主要采用课程学习成果展出和实作作品等方式进行。一方面，课程学习成果展出和实作作品能够反映创新创业教育校本课程对学生的实际影响，如学生创意有没有因此而得到提升，学生能否将一个创新的想法转化为一个成果、一件作品等；另一方面，借助于课程学习成果展出和实作作品，可以帮助学生将创新创业教育校本课程学习的创意成果、创新作品转化为商业活动，促使学生开展进一步的创业行动。

1. 成果展出

由于"做中学"是案例高校创新创业教育校本课程实施中普遍强调的，为较好地评价创新创业教育校本课程学生学习成果，案例高校比较重视通过举办成果展会以展现学生在创新创业教育校本课程学习中的成果，也希望由此将学生在课程学习中好的创意导向转化为创新创业行动和实践。

E大学"创意创业课程"通常会要求修课组建学生团队。学生团队在经历建立共识、撰写营运计划书、建构商业模式、追踪工作进度等过程中会有学习成果。因此，E大学"创意创业课程"教授教师一般会在学期中或学期末安排 Demo Day，让各组同学互相观摩给予建议。E大学从2013年开始每学期期末都举办"创意创业课程"课程联合成果发表展。这不仅被视为使"创意创业课程"体现真正跨领域整合特征、不同于单一学科的重要做法，还被作为引导学生通过团队合作完成提案，提前为未来创业版图进行擘画的实际培训环节。"这也成为创意创业课程在学生创业行动实践前，最重要也最具代表性的前哨站。"①

例如，2017年12月，E大学在博理艺廊举办了"创艺秀课程联合成果展"。这次课程联合成果展即E大学于2016年第一学期期末举办的关于"创意创业课程"学生学习成果的展出。这次课程联合成果展分为静态成果

---

① E大学. 课程简介 [EB/OL].https：//cep.ntu.edu.tw/.2018-12-13.

展和动态成果展。静态展出的课程成果为学生在学习过程中取得的成果。动态成果展展出的"创意创业课程"中"创创专讨""服务设计"课程学习过程中学生取得了学习成果。这次课程联合成果展属于开放式展出，社会各界、师生均可以自由参观。展出也会配合讲解，E大学希望通过这样的方式吸引更多具有创业理想的同学参与"创意创业课程"学习，进而加入实践创意与创业的队伍。

2018年6月，E大学于管理学院正大厅举办了"E大学创业教育 Demo Show"。这次"Demo Show"不但展出"创意创业课程"学生学习成果，各个团队可以摆摊位 Demo，还可以利用"Demo Show"进行5分钟发表。E大学这次由"创意创业课程"和其他课程联合进行的成果发表展出，因为产品的特殊性、丰富性，吸引了多家媒体到场采访。[①]

C大学"创新创业课程"也重视学习成果展。例如，C大学2018年开设的《创创入门》从第十五周到第十八周，为期末成果发表的一个月，在学期后期安排一次企业参访，让学员亲身体验新创企业的氛围，并与创业家进行对谈，以帮助修订创业细项，也让团队练习1分钟左右的"电梯提案"；再下一周进行简报预演课程，各团队模拟期末 Demo 的情况，吸取讲师点评意见在期末 Demo 前进行最后修订，以便促使各个团队都能呈现最佳状态；最后一周课程的期末 Demo 由导师出任评审，除进行一整学期的审视外，也通过评审评分的方式遴选出前三名团队，给予优秀团队奖励，并鼓励其他团队于课程后持续运行，将课程成果变成新创企业。[②]

2. 实作作品

案例高校倾向于通过学生实作作品对创新创业教育校本课程学生学习经验进行评价，强调通过创新创业教育校本课程学习和学校育成中心等一条

① EiMBA 办公室 .EiMBA 联合 GMBA 与创创课程 – 举办 E 大学创业教育 Demo Show，呈现出 E 大学创业生态系 [EB/OL].http：// www.management.ntu.edu.tw/en/news/detail/sn/841.2018–12–21.

② C 大学课程查询系统 . 创创入门 [EB/OL]. http//wa.nccu.edu.tw/QryTor/courseSyllabus.aspx?view=54 54576141717a2b694f547652324374383078685867 3d3d.2018–12–14.

龙服务让学生把创意变成创新产品或商品。E 大学"创意创业课程"很多科目要求学生在学期末提交营运结案报告，以促使真正的新创团队产生。"学期中会安排 Demo Day 让各组同学互相观摩给予建议，期末需缴交营运结案报告给授课教授，宛如真实的营运企业。在这个过程中，有些新创团队因此应运而生。"①E 大学"创意创业课程"因为"课程具备团队合作能力、项目执行力、创意激荡等特质，重要的是能亲自与伙伴尝试经营公司，亲临第一线，去面对所有突如其来、各种未知的真实状况，激发了许多连学生也不自知的潜能和专长，很快就成为 E 大学最火红抢手的课程之一"②。

D 大学通过设立创业金、业师辅导等，引导学生在"大师创业课程"学习进行实作。有受访者表示："我们这儿有创业金，鼓励学生做一个实作。每年 3 月学生会提一个计划出来，如学生要推广某种体育器材，要开一家咖啡店，要开一个餐厅，但这些都不同于一般的，他们会有一些新的创意在里面。我们就会审核他们的计划书，如果觉得这个是可行的，我们就会给他们一些经费，大概五万元左右。那时学校给我们的经费就几十万元，每年大致有十对，到年底就要求他们有一个实作。我们也会邀请一些实业家辅导他们，给他们一些建议，如你这个到底可不可行，经费到底编得合不合理。我们会请外面的师资进来，不是关起门自己玩。""我们也会邀请管理学院的教师给学生一些指导，每年 11 月、12 月会有一个成果发表。学校层面现在比较制度化，它们会推一个课程出来，有教师授课，也有实作。"

B 大学则借助于其 2009 年成立的"创新创意创业研究中心"，向"创新创业课程"学习学生提供创意实践、创新转化、创业辅导服务，推动学生将创意与发明成果进行商品化或产业化。B 大学也鼓励教师与学生将创新、创意研发成果转化为专利智财权，进而技术移转与商品化或自行创

---

①② E 大学焦点新闻. 成为引领创新创业火车头 [EB/OL]. https：//www.ntu.edu.tw/spotlight/2016/806_ 20160502.html.2018–12–14.

业。有受访者表示："我们的创新与创业课程是必修的，是排在课表中的。我们会请专门的老师上课。这个老师不是业界的，是我们自己的老师，但他有专利和专长。一般是 2 个学分，针对大二或大三的学生上课。学生在大三时要有一个作品出来。就是学生他要形成一个专利案，开发一个系统，一个网站，或者其他。"B 大学的"创新创意创业课程"取得了良好效果，2014~2017 年修课人数已达 538 人次，学生取得课程证书计 382 张；2016~2017 年，师生获得 97 件专利，较 2001~2012 年 50 件成长近一倍。[①]这使得 B 大学"创新创意创业课程"在国际上具有一定的知名度。

（二）案例高校创新创业教育校本课程内部评价

课程内部评价通常直接指向课程计划本身，评价可以就课程计划所包括的特定内容、课程内容正确性、课程内容排列方式、课程计划所涉学生经验类型、所包括教学材料类型等，评价课程计划本身的价值。[②]事实上，创新创业教育校本课程内部评价还可以进一步区分为审查性评价和评鉴性评价。前者在课程方案或计划正式实施前进行，旨在对课程方案或计划本身的合理性和价值性做出审查和判断。后者在课程方案或计划实施一段时间后进行，旨在对课程方案或计划的适切性及实际执行的有效性做出判断。案例高校创新创业教育校本课程内部评价情况如下：

1. 审查性评价

案例高校在创新创业教育校本课程开发中都涉及审查性评价。B 大学对"创新创意创业课程"的审查性评价主要由管理学院课程委员会所有成员组成的课程委员会负责。B 大学要求"创新创意创业课程"的修订由院级、校级课程委员会、教务会议进行审查性评价。A 大学有专门的课程审查的委员会，课程委员会的主要职责是对院内跨系科所课程进行审议，对

① B 大学 . 学校特色说明 [EB/OL]. https：//www.lhu.edu.tw/charge_info/1-4-1.htm.2018-12-28.

② 施良方 . 课程理论：课程的基础、原理与问题 [M]. 北京：教育科学出版社，1996：152-153.

院内课程规划进行审议。[①] 但 A 大学对 "3C 物联网创新创业课程" 与 "文艺互联网 + 创新创业课程" 的审查性评价则聘请由校外有关人士和校内课程委员会有关人士联合的创创学院院务会议、创创学院课程会议进行。

D 大学设立由教务长、国际事务处处长、师资培育与就业辅导处处长、专任教师等构成的学校学分课程审查委员会，对课程设置主体制定的 "学分课程修习要点"（课程方案或计划）进行审查，重点审查设置宗旨、课程名称、课程规划及学分数等项目。C 大学对学分课程方案或计划的审查性评价主要由校外委员、学校课程委员会、教务会议进行，审查重点为教学研究单位所提学分课程方案的设置宗旨、课程名称、课程计划、学分数、修读资格、人数限制等项目。E 大学对学分课程计划书的审查性评价主要由教务会议做出，审查事项包括学分课程名称、设置宗旨、参与单位、授课师资、课程必修科目学分、选修学分、应修学分总数、所需资源安排、行政管理、招生名额等，涉及事项较为全面。

F 大学学分课程审查性评价更为严格，首先由院长、系主任组成的课程委员会对课程规划进行审查，审查重点为学分课程开设方向、课程规划、开设成效等。其次由学院课程规划委员会结合系（科）所课程、共通课程等规划开设跨系课程的必要性、协调性等进行审查。再次由教务长召集的产官学代表、各学院院长等组成的学校课程规划委员会，对课程方案中毕业学分数、课程架构、其他有关课程规划事项进行审查，并作出评价。最后由学校教务会议进行审查性评价。G 大学采取由学院委员会、学校课程委员会、教务会议层层把关的审查性评价方式，重点对课程委员会所提出课程规划的应修科目、学分表等进行审查和评价。《G 大学跨院系所学分课程设置办法》规定："各教学单位于设置学分课程时，应依本办法订定实施细则，其内容应包括设置宗旨、课程名称、召集人及课程委员会委员、课

---

① A 大学 .A 大学课程委员会组织规程 [EB/OL].https：//oaa.ntut.edu.tw/ezfiles/1/1001/img/493/212234669.pdf.2018-11-23.

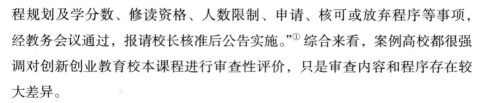

程规划及学分数、修读资格、人数限制、申请、核可或放弃程序等事项，经教务会议通过，报请校长核准后公告实施。"① 综合来看，案例高校都很强调对创新创业教育校本课程进行审查性评价，只是审查内容和程序存在较大差异。

2. 评鉴性评价

创新创业教育校本课程内部评鉴性评价发生在课程方案或计划实施一段时间后，会通过课程方案或计划的适切性、有效性判断，对课程方案或计划产生较大影响。评价结果经常伴随着资源投入、分等次，对课程方案或计划进行调整，甚至会因为评价结果很差而招致课程方案或计划"夭折"。可以发现，案例高校都能对创新创业教育校本课程开展审查性评价，但评鉴性评价实施案例高校较少。

为维持教学质量，建立学分课程改善、退场的依据，E 大学也重视对学分课程进行评鉴性评价。E 大学《E 大学跨院系所学分课程设置准则》（1998 年 4 月通过，经过 10 次修订，最新修订于 2016 年 6 月通过）提出："为维持教学质量，各学分课程自设立之学年度起，每五年接受评估一次为原则，以作为教学改善及退场之依据。评估作业要点另订之。"②E 大学"创意创业课程"于 2016 年接受了评鉴。

A 大学为培养双专长和创新创业人才，积极推动包含"3C 物联网创新创业课程"与"文艺互联网＋创新创业课程"在内的跨系所课程建设。为促使课程发展完善，A 大学会对包含"3C 物联网创新创业课程"与"文艺互联网＋创新创业课程"在内的跨系所课程进行评鉴性评价。A 大学要求所有学分课程自申请通过开设后每三年定期评鉴 1 次。A 大学发布的《A 大学课程实施办法》第六条规定："课程申请通过开设后，每三年定期

① G 大学 .G 大学跨院系所学分课程设置办法 [EB/OL]. http：//academic.mcu.edu.tw/sites/default/files/u3/98.2018–10–23.

② E 大学 .E 大学跨院系所学分课程设置准则 [EB/OL]. http：//www.aca.ntu.edu.tw/curri/statute/.pdf.2018–11–21.

评核。各课程修毕人数累计三年内未达五人，仍准予继续开设，但该课程设置单位应于相关课程委员会议中提出改善方案，第四年起连续三年内累计修毕课程人数若仍未达五人，则该课程停止开设。"① 由于"3C 物联网创新创业课程"与"文艺互联网 + 创新创业课程"于 2016 年规划完成，尚不到评鉴规定时间，按照这一规定，A 大学于 2016 年建立的"3C 物联网创新创业课程"与"文艺互联网 + 创新创业课程"应该于 2019 年接受内部评鉴性评价。

C 大学为落实学分课程开设增加学生多元学习与提升竞争力，建立学分课程进退场、整并机制，也积极推行学分课程评鉴，对学分课程提出了评鉴性评价要求。C 大学要求所有学分课程自通过设立之学年度起，每五年实施学分课程评鉴 1 次。根据 C 大学《C 大学学分课程设置办法》（2003年 11 月通过，后经过 6 次修订，最新修订于 2016 年 8 月发布）第八条："为提升学分课程授课质量，依本校学分课程评鉴办法，自课程通过设立之学年度起，每五年实施学分课程评鉴 1 次。"② 由于 C 大学创新创业课程还在建设中，也未能开展创新创业教育校本课程评鉴性评价。

D 大学在《D 大学学分课程设置办法》（2018 年 4 月修订通过）指出要实施评鉴性评价，建立学分课程评鉴与退场机制，对"学分课程之评鉴与退场机制另订之"③。D 大学出台的《D 大学学分课程评鉴办法》规定："本校各学分课程自设立之学年度起，每五年应接受评鉴一次。"④ 但事实上，《D 大学学分课程设置办法》直到 2018 年 10 月才得以在教务会议上通过，

---

① A 大学 .A 大学课程实施办法 [EB/OL]. https：//oaa.ntut.edu.tw/ezfiles/1/1001/img/493/146961206. pdf.2018-11-23.

② C 大学 .C 大学学分课程设置办法 [EB/OL]. http：//aca.nccu.edu.tw/download/rulesdata/law09A. pdf.2018-10-23.

③ D 大学 .D 大学学分课程设置办法 [EB/OL]. http：//www.aa.ntnu.edu.tw/rule/recruit.php?Sn=45. 2018-11-22.

④ D 大学 .D 大学学分课程评鉴办法 [EB/OL]. http：//www.aa.ntnu.edu.tw/rule/recruit.php?Sn=1013. 2018-11-22.

并没有实施评鉴性评价。

G大学为有效培养兼具创新创意的创业管理人才也重视评鉴性评价。但其对学分课程的评估标准比较重视学生申请数、取得证书数及学生满意度。《G大学跨院系所学分课程设置办法》规定："各教学单位设置课程后，应定期评估，评估标准须含学生申请数、取得证书数及学生满意度；如评估结果不佳，应予以修正或终止。"B大学"创新创意创业课程"已经实施多年，并于2016年进行过修订，但并不是建立在评鉴性评价基础上。

综上可以发现，案例高校在创新创业教育校本课程评价上，对结果评价都较为重视，表现出一致性，但在内容评价上表现出一定的分歧，强调课程内部审查性评价，落实创新创业教育校本课程评鉴性评价案例高校较少。

第二节 案例高校创新创业教育校本课程评价的过程

前面对案例高校创新创业教育校本课程评价中的结果评价和内容评价进行了描述。由于审查性评价主要是对课程方案或计划在实施前针对课程方案或计划内容开展的评价，前面已有描述[1]，本节主要描述创新创业教育校本课程评鉴性评价[2]。

---

[1] 审查性评价是针对课程方案或计划内容在实施前开展的评价，事实上也就是案例高校在创新创业教育校本课程目标确定和开发过程中对课程方案或计划进行的审查。案例高校在审查课程目标和方案过程中出现了以A大学为代表的校内外合作模式（可以看作"校内外合作审查模式"），D大学、G大学、F大学、C大学为代表的校内委员会审查模式，E大学、B大学为代表的校内多部门联合模式（可以看作"多部门联合审查模式"）三种。参见：本书第四章"案例高校创新创业教育校本课程开发：课程实施"第二节"案例高校创新创业教育校本课程目标的途径"内容。

[2] 评鉴性评价在T省地区术语为"评鉴"。创新创业教育校本课程评鉴性评价，即案例高校"创新创业课程"评鉴。为保持行文术语一致，笔者使用"评价"一词，同时保留了原文件中的"评鉴"术语。

一、案例高校创新创业教育校本课程评价过程

结合文件材料可以发现，案例高校创新创业教育校本课程评价过程主要存在两种模式，即校设委员会评价模式和教学单位自评模式。

（一）校设委员会评价模式

校设委员会评价模式的代表案例高校为 C 大学、E 大学、D 大学。C 大学通过设立校级"课程评鉴委员"会由其负责对创新创业教育校本课程做出评鉴性评价。E 大学通过建立"学分课程评估委员会"进行。D 大学由教务处召开"学分课程评鉴委员会"进行。

1. C 大学：校设课程评鉴委员会评价

C 大学要求所有学分课程设立之后每实施五年评鉴 1 次。根据 C 大学《C 大学学分课程设置办法》规定："为提升学分课程授课质量，依本校学分课程评鉴办法，自课程通过设立之学年度起，每五年实施学分课程评鉴 1 次。"[①] 为此，C 大学制定了专门的评鉴办法，即《C 大学学分课程评鉴办法》。《C 大学学分课程评鉴办法》（2011 年 1 月通过，2012 年 4 月发布）第四条规定："学分课程经本校教务会议审议通过后，自通过设立之学年度起，每五年应进行评鉴 1 次。"[②]《C 大学学分课程评鉴办法》对包含"创新创业课程"在内的所有学分课程评鉴进行详细规定。

根据《C 大学学分课程评鉴办法》，C 大学对包括"创新创业课程"在内的所有学分课程的评鉴主要由学校设立专门的课程评鉴委员会进行。C 大学对课程评鉴委员会召集人、委员、课程评鉴委员会委员都有明确规定。委员会设置委员 5~7 人，教务长为召集人，委员由校长遴选校内外专家、学者组成。《C 大学学分课程评鉴办法》第三条规定："为办理学分课程评鉴，设立课程评鉴委员会。委员会置委员五至七人，教务长为召集人，

---

① C 大学 .C 大学学分课程设置办法 [EB/OL]. http：//aca.nccu.edu.tw/download/rulesdata/law09A.pdf. 2018−10−23.

② C 大学 .C 大学学分课程评鉴办法 [EB/OL].http：//aca.nccu.edu.tw/download/rulesdata/. 2018−12−23.

委员由校长遴聘校内外专家、学者组成。"[①]

C大学要求学分课程评鉴采取书面评鉴的方式办理。C大学要求受评鉴学分课程要填写"学分课程评鉴指针"表格。评鉴项目包括课程组织定位、空间设备与资源；课程招生修习人数与结业人数；课程与教学规划；课程实用性及未来发展。

学分课程评鉴结果分为"通过""待观察"与"不通过"三个等级。C大学为办理学分课程评鉴，设立了课程评鉴委员会。课程评鉴委员会由教务长召集，由5~7名委员组成，委员由校长遴聘校内外专家、学者组成。C大学规定评定为"待观察"学分课程要提交改善计划书，并于次年度再进行评鉴，若无法通过应停止招生一年，一年后再进行评鉴，如仍无法通过，课程即应整并或停止办理。C大学规定评定"不通过"的学分课程应停止招生一年进行改善，第二年再行评鉴1次。若仍不通过则该学分课程应进行整并或停止办理。

C大学对学分课程停止办理较为审慎，制定了专门的办理指标。其停止办理指标包含四项，分别为：第一项为需求指标，要求各课程提供近五年申请修习人数，申请人数未达每学年应招生人数的30%；第二项为发展说明，要求说明是否符合原设立宗旨；第三项为开课量，要求提供近五年开课状况包含专班及随班附读开课状况，尤其是要看必修科目是否开足；第四项为后续辅导机制，要求停办不得影响已核准申请修读课程同学的修课权益，应辅导学生继续修课取得课程证明书。C大学还强调，学分课程不得任意停止招生，停招或停止办理者应在核准的下一个学期起实施，并应提前进行公告。

但由于C大学的"创新创业课程"尚处于规划发展阶段，并没有进行过评鉴性评价。

[①] C大学.C大学学分课程评鉴办法[EB/OL]. http://aca.nccu.edu.tw/download/rulesdata/. 2018–12–23.

2. E 大学：教务长召集学分课程评估委员会评价

E 大学《E 大学跨院系所学分课程评估作业要点》（2013 年第 1 学期第 2 次教务会议通过）规定："学分课程自设立之学年度起，每五年接受评估一次为原则，以作为教学改善及整并或退场的依据。"[①] 为办理好学分课程评估，E 大学还设置了学分课程评估委员会。

E 大学的学分课程评估委员会的委员有 5~9 人。教务长为指定召集人，教学发展中心主任为执行委员，其他的委员由教务长从专任教师中聘请，也可以聘请校外学者、专家担任。学分课程评估委员会的委员任期为一年，可以连任。E 大学还要求委员会要视需要邀请学生代表或相关人员列席。为有效开展学分课程评估工作，E 大学还成立了学分课程评估委员会工作小组，具体处理学分课程相关业务。学分课程评估委员会工作小组成员主要从课务、注册、信息、课务、教学发展中心等相关单位成员中抽调。

E 大学学分课程评估委员会对学分课程的评估主要采取书面的方式进行。评估相关作业和时间安排按照教务处发布的公告进行。评估过程：首先由受评估学分课程填写"学分课程自我评估资料表"，并在要求时间内将评估所涉及的各类相关资料提交学分课程评估委员会工作小组；其次由学分课程评估委员会工作汇集相关资料，将资料交学分课程评估委员会委员审阅；最后由学分课程评估委员会委员审阅按照指定会议日期参加学分课程评估委员会会议对学分课程进行评估评议。E 大学规定学分课程评估委员会半数以上委员出席才可以召开会议进行评议。评议中出席委员过半数同意才可以做出决议。

E 大学学分课程评估主要评估项目为包含三个方面：学分课程定位及特色；学分课程规划；执行方法及绩效。[②] 学分课程评估结果分为三个等

---

① E 大学 .E 大学课程评鉴委员会工作小组运作要点 [EB/OL]. http：//www.aca.ntu.edu.tw/curri/statute/.pdf. 2018–11–22.

② E 大学 .E 大学跨院系所学分课程评估作业要点 [EB/OL]. http：//www.aca.ntu.edu.tw/curri/statute/.pdf. 2018–11–22.

级，即"通过""有条件通过""不通过"。E大学对学分课程评估委员会评定为"通过"，且成效卓著的学分课程会给予奖励。对评定"有条件"通过的学分课程，准许负责单位在一个月内做出说明，由学分课程评估委员会根据说明材料等进行评议，再次给予"通过"或"不通过"的意见。如果学分课程评估委员会评定为"不通过"，则需要学分课程负责单位对课程进行改进，并要在第二年继续接受评价。如果第二年仍学分课程评估委员会评审为"不通过"，则要按照要求停止招生，并且要在规定期限内报请学校教务会议，由学校教务会议讨论决定整并该学分课程，终止该学分课程继续招生。

E大学创新创业教育校本课程即"创意创业课程"于2008年设立，至今已经实施了10年，而且早已是E大学最为著名的课程之一。E大学于2015年对所有课程实施了第一次评估，"创意创业课程"被评定为"通过"。

3. D大学：教务处召开学分课程评鉴委员会评价

《D大学学分课程设置办法》（2018年4月修订通过）提出"学分课程之评鉴与退场机制另订之"[①]。D大学根据《D大学学分课程设置办法》要求，同时为建立学分课程改善、调整、退场与整并机制，维持学分课程质量与成效，于2018年10月出台了《D大学学分课程评鉴办法》（2018年10月教务会议通过）。《D大学学分课程评鉴办法》规定："本校各学分课程自设立之学年度起，每五年应接受评鉴一次。""为办理学分课程评鉴作业，教务处得召开学分课程评鉴委员会。"[②]

根据《D大学学分课程评鉴办法》，学分课程评鉴委员会委员有5~7人，教务长担任召集人，通识教育中心主任为确定委员，学分课程评鉴委员会其余委员则由受评鉴课程所属单位主管推荐。受评鉴课程所属单位主

---

① D大学.D大学学分课程设置办法 [EB/OL]. http://www.aa.ntnu.edu.tw/rule/recruit.php?Sn= 45. 2018-11-22.

② D大学.D大学学分课程评鉴办法 [EB/OL]. http://www.aa.ntnu.edu.tw/rule/recruit.php?Sn= 1013. 2018-11-22.

管可以推荐校内外专家学者或产学代表 4~6 名，要求校外专家学者或产学代表至少 1 人，再由教务长从其中圈选，并聘任为评鉴委员。

评鉴委员会办理学分课程评鉴的方式以书面形式为原则，评鉴的时间和作业期程由教务处公告。D 大学要求受评鉴的学分课程填写"分课程自我评鉴资料表"。评鉴项目主要有：学分课程定位及特色；学分课程规划；执行方法、绩效及满意度调查；永续规划。D 大学要求学分课程评鉴委员会有半数以上委员出席才能召开会议开议，出席委员过半数同意才可以决议。会议还要求视实际需要邀请修过该课程的学生代表或相关人员列席。

学分课程评鉴结果分为"通过""有条件通过""不通过"三级。评定"通过"且成效卓著者给予奖励。评定为"有条件通过"者要进行说明，由学分课程评鉴再次审议并给予"通过"或"不通过"的意见。评定为"不通过者"应进行改善，在次学年度再评鉴，仍被评鉴为"不通过"则应停止招生或研究后续事宜。D 大学要求学分课程如因评鉴须整并或终止实施，应前一学年提交整并或终止说明书，要提出未完成修读学生进行辅导措施，经所属学院课程委员会议、教务会议通过后进行正式公告，以维护已具备修习资格学生的修课与取得学分课程证明书的权益。

（二）教学单位自评模式

教学单位自评模式的代表案例高校为 F 大学和 G 大学。其特点是对创新创业教育校本课程评鉴性评价由负责教学单位根据学校要求自主组织评鉴。

1. G 大学：由负责院依校规定期评价

G 大学为有效培养兼具创新创意的创业管理人才也重视评鉴性评价。G 大学要求由各教学单位定期对学分课程进行评估，但对学分课程的评估标准比较重视学生申请数、取得证书数及学生满意度。《G 大学跨院系所学分课程设置办法》规定："各教学单位设置课程后，应定期评估，评估标准须含学生申请数、取得证书数及学生满意度；如评估结果不佳，应予以修正或终止。"由于 G 大学创新创业教育主要依托管理学院进行，其创新创业教育校本课程也有管理学院负责开发和实施。因此，G 大学管理学院制定了专门的"创业学分课程"实施细则，即《G 大学管理学院"创业学分课程"实施细则》。《G 大学管理学院"创业学分课程"实施细则》规定："本院依本校相关法规定期评估本课程实施结果，其评估标准包含学生申请数、取得证书数及学生满意度等；并得依其评估结果修正或终止本课程。"

2. F 大学：由负责系自办评鉴

F 大学制定了《F 大学自我评鉴实施要点》，要求"包含各学院及各系、所等教学单位，并由各学院整合系所单位，办理自我评鉴"①。F 大学要求各教学单位成立评鉴工作小组。教学单位评鉴工作小组由各院院长担任召集人。评鉴委员由各单位推荐校外专家学者若干人担任，由校长择聘。F 大学要求的自我评鉴方式是采取由受评单位自我评鉴和评鉴委员进行实地查看两种并行方式进行。F 大学要求各受评单位应就评鉴项目提出量化及非量化资料，并提供给鉴委员审查和阅读。评鉴委员则应根据书面资料审查、实地访视受评单位业务与教学情形对评鉴项目给出自己的具体意见。由于F 大学"创新与创业课程"主要由商管学院营销与流通管理系负责开发和实施。商管学院营销与流通管理系还制定有《F 大学营销与流通管理系自我评鉴要点》（2014 年通过，2018 年修订通过）②。

F 大学营销与流通管理系为对包括"创新与创业课程"在内的教学、研究、辅导、服务等做出评鉴，还成立了自我评鉴委员会，由自我评鉴委员会负责规划、协调及办理自我评鉴工作。F 大学营销与流通管理系自我评鉴委员会由系主任担任召集人，评鉴委员会委员由全系专任教师共同担任。在办理"创新与创业课程"评鉴前会成立"访评小组"，访评委员按照要求需由邀请的校外专业领域人员组成。

---

① F 大学 .F 大学自我评鉴实施要点 [EB/OL]. http：//203.64.67.223/rule/rules/A003–106–12–27–9wU.pdf. 2018–12–22.

② F 大学 .F 大学营销与流通管理系自我评鉴要点 [EB/OL]. http：//203.64.67.223/rule/rules/B027–107–11–6–ytH.pdf.2018–12–22.

二、案例高校创新创业教育校本课程评价过程比较分析

为清晰把握案例高校创新创业教育校本课程评价过程，笔者以"低度—高度"和"审查—评鉴"两个向度，尝试性地通过网格对案例高校创新创业教育校本课程评价过程进行比较分析。"低度—高度"向度主要考察案例高校在创新创业教育校本课程评价中，对评鉴性评价的重视程度，0~9数字越大表示对评鉴性评价重视程度越高。"审查—评鉴"向度主要考察案例高校在创新创业教育校本课程评价中，更倾向于重视审查性评价还是重视评鉴性评价，0~9数字越大表示案例高校越倾向于重视评鉴性评价。这样就可以获得案例高校创新创业教育校本课程评价网格图，如图5-1所示。

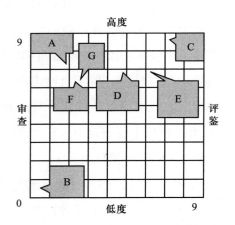

图5-1 案例高校创新创业教育校本课程评价网格图
资料来源：笔者制作。

基于文件资料可以发现，"低度—高度"向度上从"低度"到"高度"案例高校依次为：B大学、A大学、F大学、G大学、E大学、D大学、C大学。其中，C大学评鉴性评价由学校设立专门课程评鉴委员会做出，委员由校长遴聘的校内外专家、学者5~7人组成，要求五年评1次，说明C大学对评鉴性评价最为重视。E大学评鉴性评价由学校设置学分课程评估委员会进行，评估委员会委员由教务长从专任教师中聘请，要求五年进行

1 次评鉴性评价，说明 E 大学较重视评鉴性评价。D 大学评鉴性评价由教务处召开学分课程评鉴委员会进行，评鉴委员会由受评鉴课程所属单位主管推荐校内外专家学者或产学代表 4~6 名（至少 1 人为校外专家学者或产学代表），说明 D 大学也较重视评鉴性评价。G 大学评鉴性评价由负责课程的管理学院依照学校规定定期进行，F 大学评鉴性评价由负责系自办，说明 G 大学和 F 大学对评鉴性评价重视程度一般。A 大学有明确的评鉴性评价要求，但没有专门文件，也没有明确评鉴性评价主体，说明其对评鉴性评价较为不重视。B 大学没有明确的评鉴性评价要求，说明 B 大学对评鉴性评价最不重视。比较而言，C 大学最重视创新创业教育评鉴性评价，B 大学则最不重视创新创业教育评鉴性评价。

"审查—评鉴"向度上从"审查"到"评鉴"案例高校依次为：B 大学、A 大学、F 大学、G 大学、D 大学、E 大学、C 大学。其中，F 大学审查性评价由学院课程委员会、学院课程规划委员会、学校课程规划委员会、教务会议层层审议，最后由校长核定，评鉴性则由负责系自办，说明 F 大学重视审查性评价远胜于评鉴性评价。A 大学有评鉴性评价要求但没专门文件，其审查性评价由校内高层管理人员和校外官产学代表组成的创创学院课程会议做出，说明其高度重视审查性评价，但较不重视评鉴性评价。B 大学没有明确的评鉴性评价要求，其课程方案审查性评价由管理学院课程委员会做出，说明 B 大学对评鉴性评价要求不高，对审查性评价也不够重视。G 大学评鉴性评价由负责课程的管理学院依照学校规定定期进行，审查性评价由教务会议审核、校长核定，说明 G 大学更重视审查性评价，比较不重视评鉴性评价。C 大学评鉴性评价由学校设立专门课程评鉴委员会做出，审查性评价则由较为常规的教务会议审议，说明 C 大学更重视评鉴性评价。E 大学评鉴性评价由学校设置的学分课程评估委员会进行，而其审查性评价则只进行 1 次，且由教务会议做出，说明 E 大学更倾向于重视评鉴性评价。D 大学评鉴性评价由教务处召开学分课程评鉴委员会进行，审查性评价由教务会议最终决定，说明 D 大学既较重视评鉴性评价，也较重视审查性评价。比较而言，F 大学、G 大学、A 大学更倾向于重视审查性评价，C 大学、E 大学更倾向于重视评鉴性评价，D 大学倾向于既重视评鉴性评价也重视审查性评价，而 B 大学不太重视审查性评价，更不重视评鉴性评价。

如以第五格为"中间量"，可以将案例高校创新创业教育校本课程评价大致归纳为四种类型：

其一，以 C 大学、E 大学为代表的"高评鉴型"。其特征是在创新创业教育校本课程评价中，高度重视对创新创业教育校本课程进行评鉴性评价，制定了严格的评鉴标准，评鉴结果会发挥优胜劣汰功能，能够保证创新创业教育校本课程开发和运行的质量。

其二，以 A 大学、F 大学、G 大学为代表的"高审查型"。其特征是在创新创业教育校本课程评价中，高度重视对创新创业教育校本课程进行审查性评价，审查决定者级别高，审查权威性很强。

其三，以 D 大学为代表的"中间型"。其特征是在创新创业教育校本课程评价中，既较为重视对创新创业教育校本课程进行审查性评价，也较为重视对创新创业教育校本课程进行评鉴性评价。

其四，以 B 大学为代表的"低审查低评鉴型"。其特征是在创新创业教育校本课程评价中，高度重视对创新创业教育校本课程进行评鉴性评价，制定了严格的评鉴标准，既不太重视审查性评价，也不太重视评鉴性评价。

第三节　案例高校创新创业教育校本课程评价考虑要素

课程评价可以确定该课程计划有什么效果，了解该项课程计划正在产生哪些效应，以及哪些参数影响其效用；可以发现教师对某一课程内容的行为和态度是否会影响学生获得这一内容的程度；可以发现具有某些特定学习风格的学生是否会有助于掌握某种课程内容；可以通过评价而了解课程计划管理和实施程序上是否存在需要改进的地方。[①] 克隆巴赫（L.Cronbach）区分了课程评价时的三类决定：关于改进课程计划的决定；关于有关人员尤其是教师和学生情况的决定；关于课程计划管理情况的决定；课程评价是一种具有多种变式的活动，不同的决定会导向不同的评价方案。[②] 但无论哪种课程评价方案，都有一些要素需要考虑。案例高校在创新创业教育校本课程评价中考虑的要素包括：

一、完善课程

创新创业教育校本课程评价出发点之一是要完善课程。创新创业教育校本课程作为学校以自身为本位、中心和主体形成的学习方案或计划，即便开发者经验丰富、开发过程严谨，开发设计比较能够保证学习方案或计划较为科学合理，但创新创业教育校本课程开发是一个复杂过程，涉及主体、要素、关系较多，加之较多难以预知生成性的困难，要开发出一个百分之百完善的课程方案或计划，其实是不太可能的。可以说，创新创业教育校本课程评价是促进课程完善发展的必要阶段、必然过程，"评价—修正—发展—再评价—再修正—再发展"这一定律贯穿于创新创业教育校本课程开发始终。因此，首先要考虑的要素就是完善课程方案或计划本身。

E大学"创意创业课程"大致经历了从先驱课程到略具雏形，再到成熟乃至推广的发展过程，每一个发展阶段，都离不开课程开发和建设者对课程方案或计划的评价和对理想课程方案或计划的追求。2006年，E大学电机系教授陈良基在电资学院开设了"高科技创业与管理"，这一课程成为E大学"创意创业课程"的先驱课程。尽管这门课程学分要求严、实务分量很重，但意想不到的是，学生对这门课程十分欢迎，反响十分热烈。"E大学2006年在电资学院即开设了类似的先驱课程，为这波热潮做足热

---

① 施良方.课程理论：课程的基础、原理与问题[M].北京：教育科学出版社，1996：150.

身，也催生出两年后火红的 E 大学创意创业课程"①。

E 大学在确定学生有创新创业教育的需求后，通过整合校内资源，2008 年推出了跨院系的创新创业校本课程——"创意创业课程"课程。陈良基教授在创新创业教育校本课程从无到有的过程中发挥了重要作用，被任命为课程主任。电机系黄钟扬教授从授课、课程凝聚到产业互动不断协助工作，被任命为"创意创业课程"第一任副主任。陈良基教授担任课程主任将近五年时间。陈良基教授认为，有创新才有新创，强调在培养学生创业之前，应先激发学生突破框架的能力，要培养学生的创意思维与创造力。为此，他会特意地寻找校外业界名师，将其请进 E 大学为学生授课。这样，E 大学就形成了一个略具雏形、着重培养学生创意能力的创新创业教育校本课程。

2012 年，E 大学"创意创业课程"的课程主任交由管理学院李吉仁教授负责。李吉仁教授是 E 大学创业生态圈构建的推动者，曾协助多家企业成功转型，在业界有一定的影响力。为寻求"创意创业课程"更多的发展可能性，李吉仁教授与黄钟扬教授等通过对课程进行评估，结合在美国百森商学院（Babson Colledge）学习的心得，对"创意创业课程"进行了修正和完善，即在"创意创业课程"原有基础上，增加《管理与创业实务》作为课程核心课程，同时增加了《创新策略》《营销设计》《使用者体验》等系列课程。"实务与执行力的培育大幅增加。"②

E 大学发展创新创业教育校本课程的步伐并没有因此而停止。E 大学经过评价，认为"设计方法论"在创新过程中具有举足轻重的意义。为学习设计思考，时已担任 E 大学学术副校长的陈良基教授亲自率领筹备团队，到斯坦福大学参加"创新大师系列课程"（Innovation Master Series）学习。此外，E 大学团队也意识到近几年复兴于旧金山的 Maker 文化，启动了车

①② E 大学焦点新闻 . 改造 E 大学成为引领 T 省创新创业火车头 [EB/OL]. https：//www.ntu.edu.tw/spotlight/2016/806_20160502.html.2018-12-14.

库创业。"E大学整合史丹福大学的d.School和硅谷的Maker Space概念，在众人的多方努力与王大壮校友的资金挹注下，在E大学创业生态圈逐臻完善的2015年顺势成立'D-SchoolE大学创新设计学院'。"并且，在"创意创业课程"中增设了《设计思考》《智龄设计》《暖科技》等课程，进一步发展完善了课程。显见，完善课程方案是E大学创新创业教育校本课程评价考虑的要素。

二、创意发挥

培养和发展学生的创意是案例高校创新创业教育校本课程开发的重要目标之一。例如：E大学"创意创业学分课程"提出的目标是，提供创意实践的平台，提升其创意及创新能力，引导以参与社会的实际行动，令学生得以充满热情地发挥创造潜能，进而实践创意创业的理想与目标；F大学的"创新与创业课程"的目标之一是培养学生的创新创意精神；D大学的"大师创业学分课程"，目标之一在于展现多元创意，开启创业新思维；B大学"创新创意创业课程"设定的目标包含培育具备"创意加值"的人才，提供创意相关课程实作环境；等等。因此，学生创意发挥成为案例高校创新创业教育校本课程评价的重要考虑。有受访者表示："我们当时做那个课程的时候，要求提案的人，可以把创造力发展程度当作标准。"

A大学很注重学生创意发挥。"创意必须要回归到现实和市场面，才能进一步被称作创新。"[①] 根据2014年《远见》杂志发表的《A大学创新与创业课程启发创新精神提供终身受用能力》[②] 报道，A大学的"创新与创业课程"，从史丹福大学引进了《Design Thinking》（设计思考）课程。这门课程由陈殿礼和梁又照老师共同讲授，受到了学生的欢迎。为了使学生更深入了解创意如何被实际操作，A大学还设计开发了《体验课程》，通过2天时

---

①② A大学.A大学创新与创业课程启发创新精神提供终身受用能力[EB/OL]. https://sec.ntut.edu.tw/files/14-1011-48037，r606-1.php?Lang=zh-tw.2018-12-21.

间的创意工作营，引导学生实际动手，汇总体验创意被操作的过程。[①] 笔者在 A 大学做访谈时，有学生告诉笔者，A 大学教师不仅在创新创业教育校本课程实施时重视激发学生创意，在课程评价时也重视考察学生创业发挥，并且效果还不错。他说："我是土木工程系大三学生。老师上课时他会给我们方向让我们去想，我们最后做的期末作业是，他给我们一张纸，然后我们在上面先写自己的想法，之后从里面去找一个主题，最后做成一份报告。我觉得效果还不错，因为它可以激发你的点子；而且，我们会看到很多不同的点子，会受到启发。我们学校这类课程名字分很多种，有两个学分是你必修的。每门课程的老师都不一样，可以选其中一门进行读，我选的是创创课程。"

三、创业（成功）比例

高校创新创业教育要不要强调学生创业？高校创新创业教育校本课程能否将创业作为目标？这两个问题历来存在完全相反的观点。案例高校均明确将创业作为创新创业教育校本课程目标。例如，A 大学 3C 物联网创新创业课程与"文艺互联网 + 创新创业课程"的目标是，提升学生创新创业的能力及概率，并将所学专业技能以创业开发回馈社会；F 大学的"创新与创业课程"的目标之一是，提供学生创新事业的实务技能，培养学生自行创业能力；D 大学的"大师创业学分课程"，目标之一在于开启创业新思维，强调通过多元跨域学习将各系各专业带进实务创业；G 大学的"创业学分课程"旨在培养学生创业实务技能；B 大学"创新创意创业课程"的目标是培育能够将技术精进化、技术商品化的跨科技整合人才，提供创业相关课程实作环境；E 大学"创意创业课程"的核心课程致力于培育学生成为未来创业家的使命；等等。因此，学生创业比例或创业成功比例成为

[①] A 大学 .A 大学创新与创业课程启发创新精神提供终身受用能力 [EB/OL]. https：//sec.ntut.edu.tw/files/14-1011-48037. r606-1.php?Lang=zh-tw.2018-12-21.

案例高校创新创业教育校本课程评价的要素。[①]

尽管笔者无法获得各案例高校校内毕业生创业比例、创业成功比例，校内正在创业学生人数，校友中创业人数，尤其是无法获得修读过创新创业校本课程的学生到底有多少人参与创业比例或创业成功比例。但由于案例高校相关报道，案例高校提交教育主管部门的有关申请书、报告书等，往往都会宣传报道或涉及其创业成功学生或校友。以 C 大学为例，根据 C 大学校园资讯，C 大学为推动校园创新创业，帮助具有创业家精神的同学以实际行动跨出落实创意发想的第一步，同时带动校园创业风气，通过募款成立"创意实践奖助基金"。C 大学"创意实践奖助金竞赛"每学期举办一次，目前已连续举办六届，已经有 17 个团队获奖，各个得奖团队多在创业道路上继续打拼前进。C 大学育成中心也会举办"创业募资简报竞赛"以验收各类创新创业教育活动成效。[②]访谈中，C 大学的一位拥有三年开设创新创业课程经验的教授告诉笔者："课程评价很主观，就是上课的表现，平常我们会发一些作业。我们也有小组作业。今年我是第三年授课。""我觉得效果的话要看有多少人因此而去创业，因此而创业成功。这个才是真正的关键。"

E 大学则通过改变教师授课方式，引导不同学院学生组建团队创业，导入"虚拟公司"概念，经过分工合作、角色扮演、结案报告等，促生新创团队。"一改老师单向在讲台上授课，课程带进大量需动手执行的任务，来自不同学院的人聚在一起，学习团队合作中同时发挥个人的专才；导入'虚拟公司'概念，每一组发想一个创业点子，然后建立如执行长、营运

---

① 目前，尚无法获得案例高校学生创业比例或创业成功比例具体数字。事实上，创新创业教育存在"时滞效应"，学生从介绍创新创业教育到创业或创业成功存在一个较长的时间差。有学者根据"时滞效应"理论，发现"企业创办者的平均年龄为 33~35 岁，大约在完成大学教育十年之内创业"。参见：王占仁等.创新创业教育评价的现状、问题与趋势 [J].思想理论教育，2016（8）：89-94.

② C 大学."创意实践奖助金"暨"创业募资简报竞赛"联合颁奖典礼 [EB/OL].https：//www.nccu.edu.tw/zh_tw/news/.2018-12-29.

长、营销长等职位，在修课期间'精实扮演好自己的角色'。团队会经历共识建立、撰写营运计划书、建构商业模式、追踪工作进度等过程，学期中会安排 Demo Day 让各组同学互相观摩给予建议，期末则需缴交营运结案报告给授课教授，宛如真实的营运企业。在此过程中，有些新创团队因此应运而生。"[①]

四、证书取得

学生参与跨领域学习具有一定的挑战性，学习后需要有一定的实质回馈。C 大学创新创业学院主任刘吉轩教授提醒，"必须让参与跨领域学习者有实质的资源回馈，无论是知识收获、学分收获或是创业资源等，才能让跨学院如滚雪球般发展"。学分收获作为学生参与创新创业教育校本课程的实质性回馈，也被案例高校所重视。访谈中有受访者表示："学生如果修满了 20 个学分，就可以拿到这个课程的证书。"

案例高校对创新创业教育校本课程修习学分都给予了明确规定。如 G 大学的"创业与就业学分课程"要求学员于修业期间，必须修毕二门必修课程（基础课程）及 6 门选修课程（进阶课程），共 22 学分，经审查无误后，才可以申请学分课程证明书。G 大学的"创业学分课程"要求修读学生要修读完成 20 学分课程，完成者经审核无误并报请校长核准后，由学校发给学分课程证明书。F 大学的"创新与创业课程"要求总学分数至少为 20 学分，其中应修科目至少须有 5 学分（含）不属于主修系（所）、双主修或辅系应修之科目。其中，"创新与创业"与"管理学"为必修科目，选修科目要从"创新创业课程"中至少选修 4 学分；"创新事业经营管理课程"中至少选修 6 学分；"创业趋势课程"中至少选修 6 学分。C 大学的创新创业课程将以微课程的方式组织，还有三大课程主轴，三个课程主轴修满

---

① E 大学. 改造 E 大学成为引领 T 省创新创业火车头 [EB/OL]. https：//www.ntu.edu.tw/spotlight/
2016/806_20160502.html.2018−12−29.

224

15 学分即可取得创创学院修课证明，若进阶修满 21 学分可获得创创学院院生认证。E 大学的"创意创业学分课程"要求修毕总学分数为 21 学分，其中《创意创业核心课程一、二》为必修，共 6 学分；《创意创业专题讨论与实践一、二》为必修，共 4 学分；其他选修课 11 学分。B 大学的"创新创意创业课程"要求选读学生至少要修完非本系开设课程 5 学分（含）以上，总学分数要达 15 学分（含）以上，方可取得课程证书。

　　A 大学要求 3C 物联网创新创业课程分核心课程、专业课程及进阶课程，核心课程至少应修习 6 学分，专业课程至少应修习 9 学分，进阶课程至少应修习 3 学分及专题必修课程，全部课程至少应修毕 18 学分，向光大创创学院申请方发给课程专长证明。[①]E 大学规定"创意创业课程"修毕总学分数为 21 学分，其中包括《创意创业核心课程一、二》（必修，共 6 学分）与《创意创业专题讨论与实践一、二》（必修，共 4 学分），以及其他选修课 11 学分，由本课程协调各相关系所开设供学生修习。[②]

　　学生可以根据兴趣、志向等自己选读创新创业教育校本课程。学生修毕创新创业教育校本课程可以获取相关证书。证书一般由教务处负责发放。"这个证书是教务处发，成绩方面也是教务处管，学生修课什么都是教务处管。这个课程目前是开选修，它面向所有的学生，都可以自己选，也可以不选。"由于学生取得证书具有一定难度和挑战，因而修读人数也是创新创业教育校本课程评价的考虑要素之一。根据 B 大学学校网站，2014~2017 学年其创新、创意、创业"三创课程"修课人数达 538 人次，学生取得课程证书计 382 张。[③]

① A 大学 .A 大学"光大创创学院——3C 物联网创新创业课程"施行细则 [Z]. 内部资料 .

② E 大学 .E 大学创意创业学分课程设置办法修正后全文 [EB/OL].https：//cep.ntu.edu.tw/wp-content/uploads/2016/07/unnamed-file.pdf.2018-12-13.

③ B 大学 . 学校特色说明 [EB/OL]. https：//www.lhu.edu.tw/charge_info/1-4-1.htm.2018-12-28.

五、特色形塑

课程是学校特色形塑的重要方式之一。创新创业教育校本课程也是形塑学校特色的重要方式。因此，学校特色形塑也是创新创业教育校本课程评价需要考虑的要素。

A 大学《学习创新创业的大教室——A 大学光大创创学院计划》制定的无边界学习计划目标之一是："链接城市环境教育，打造具地方特色及永续经营的教育典范。"该计划预期效益之一是，"打造科技、文化与创新创业荟萃的闪亮焦点"。该计划还设想，"如上所列积极且务实的创新创业机制，加上地缘关系，十年后，本校必然成为创新创业的关键点"[①]。为形成学校特色，培养全校学生创业力，A 大学精心开发设计了创新创业教育校本课程，从 2015 年开始 A 大学将创新创业教育校本课程列为通识必修课程。A 大学还建立了校内创业基地。按照 A 大学校长姚立德的说法："将创新创业课程列为通识必修，帮全校学生培植创业力；成立校内创业基地——点子工厂，已有 70 多个团队申请进驻，可直接小规模生产，一圆创业梦。"[②]

C 大学作为一个以人文社科见长的研究型大学，经常会认为会在创新创业教育方面处于不利地位。尽管依托商学院开展创新创业教育，但很早在创新创业育成领域自成一格，现今不仅通过推出全校开放选读的系列创新创业课程通识，更是推出"创意实践奖助金"。"C 大学商学院在育成领域早自成一格，如今更通过研究与创新育成总中心等，推出系列创创课程通识，开放全校选读，也在推出创意实践奖助金，每学期选三件新创计划，补助 30 万元到 50 万元不等，要学生发挥潜力 Think Big。"[③]

---

① A 大学 . 学习创新创业的大教室——A 大学光大创创学院计划 [EB/OL]. https：//rnd.ntut.edu.tw// ezfiles/5/1005/img/1911/95900330.pdf.2018–11–02.

②③ 吴柏轩 . 毕业出路茫茫顶尖大学推 "创新创业" [N]. 自由时报，2016–03–07.

六、政府认可

T省教育主管部门会通过"政策＋补助"引导高校积极开发创新创业教育校本课程，因此政府认可也是创新创业教育校本课程评价考虑的一个要素。为推进高校创新创业教育，2012年4月T省发布了《创新创业扎根计划》，从质化和量化成效对创新创业课程开设与发展结案报告作出了明确要求。

《创新创业扎根计划》第九条规定：学校执行各计划的结案报告，应依计划类别说明下列成果：其一，创新创业课程开设与发展计划。质化成效为：强化创业课程的实作体验训练与产业实务的连接；培育具有创新创业的企业家精神人才；建置校园创新创业课程及创业体验、实作验证系统性且具阶段性的创业典范课程；强化创业团队与育成单位辅导实务的连接。量化成效为：延聘产业专家参与课程第一年至少10人次，第二年累计至少15人次，由学校师生成立、技术移转或资金投入等方式衍生的新创企业参与创业实作课程至少3家；培育具跨领域、跨系所创业专业知能学员第一年至少20人，第二年累计至少30人；学校研发或产学合作成果投入创业实作课程第一年至少二件，第二年累计至少3件；辅导组成创业团队第一年至少五队；第二年累计至少10队，学校应接受至少3队接受育成单位辅导，每个月至少召开1次辅导会议，并于每次会议提出一份综合辅导记录；学校应协助创业团队投入"大专校院创业实战模拟学习平台（SOS-IPO）"的创业模拟活动，第一年至少5队，第二年累计至少10队，并回收至少10份体验建议或意见回馈记录；课程衍生的创业团队媒合新创公司见习，第一年至少10位见习生，第二年累计至少20位见习生，并应回收至少20份体验建议或意见回馈记录。[①]

---

① "教育部".教育部补助大专校院创新创业扎根计划作业要点 [EB/OL].https//www.most.gov.tw/most/attachments/.2018-12-12.

经过审查和评议，2013—2017 年共有 40 所高校 92 次 [①] 入选创新创业课程开设与发展子计划。[②] 其中，案例高校 C 大学入选 4 次，G 大学入选 4 次，D 大学入选 2 次，E 大学 1 次。尽管在"创新创业扎根计划"实施前，C 大学、E 大学等高校被认为是创业教育课程发展较兴盛和稳定高校。[③]2013 年第一次审查，C 大学和 E 大学入选，G 大学也入选；2014 年第二次审查，C 大学和 G 大学入选，但 E 大学落选；2016 年三次审查，C 大学、D 大学、G 大学均有入选，E 大学仍没有入选；第四次审查在 2017 年完成，C 大学、D 大学、G 大学再次入选，E 大学还是没有入选。在客观指标对照和补助经费激烈竞争之下，即便有"T 省第一学府"之誉，E 大学也无能为力。这说明，政府认可是创新创业教育校本课程评价不得不认真考虑的要素。

七、社会影响

创新创业教育校本课程开发出来后既要面对学生，学生会"用脚投票"，选择修读或不修读；也要面对政府，政府可以借助政策组织有关人员进行评议，决定资助或不资助；也要面对社会，社会会对其表示欢迎或不欢迎。由于社会各界对创新创业知能人才十分看好，因此，T 省社会对案例高校开设创新创业教育校本课程普遍持欢迎态度。但由于各校基础和做法不同，产生的社会影响实际上差异较大。

E 大学由于 2008 年率先推出"创新创业课程"，产生了极大的社会影响，加之在"车库"创业方面取得的成功，有"大专创新创业领航者"之称。E 大学强调任何科系学生都要具备创业家精神，通过"创新创业课程"、"车库"创业基地、电脑技能（CS+）、设计思维（DS+）等，构成 E 大学创新创业教育系列"套餐"。诚如有报道所称的："E 大学则自诩是大专创

---

① 朱家德 .T 省地区高校创业教育新进展 [J]. 高教探索，2018（10）：68–69.

② 朱家德 .T 省地区高校创业教育新进展 [J]. 高教探索，2018（10）：63.

③ 廖敏琇 .T 省地区高等教育机构创业教育实施现况之研究 [D].T 省东华大学教育研究所硕士学位论文，2008：96.

新创业领航者，率先推创新创业课程，同时加强应用技能，有电脑技能（CS+）、设计思维（DS+），加上创创课程以及 E 大学车库的创业基地，成一系列培植套餐。"①

B 大学创新创业教育校本课程产生社会影响，是通过其在岛内外创新或创业竞赛中屡次斩获大奖而累积产生的。G 大学和 C 大学依托其商学院资源，通过连续进入《创新创业扎根计划》"创新创业课程开设与发展子计划"产生了较好的社会影响。A 大学因为"创业家摇篮"的历史传统，以及产学结合方面的突出表现，而使得其创新创业教育校本课程独树一帜。D 大学创新创业教育校本课程依靠文化创意特色和在服务当地艺术文化产业发展取得的实绩，赢得了一定的社会影响，并于 2016 年和 2017 年连续两次入选《创新创业扎根计划》"创新创业课程开设与发展子计划"。因此，尽管社会影响具有多源流性，但也是创新创业教育校本课程评价中应考虑的要素。

本章小结

首先，对分结果评价和内部评价对案例高校创新创业教育校本课程评价进行了描述。其次，对案例高校创新创业教育校本课程评价过程模式进行了描述，根据"低度—高度"和"审查—评鉴"两个向度，通过网格对案例高校创新创业教育校本课程评价过程进行了比较分析。最后，对案例高校创新创业教育校本课程评价需要考虑的要素进行了归纳。

研究发现：案例高校采用课程学习成果展出和实作作品等方式对创新创业教育校本课程进行结果评价，通过审查性评价和评鉴性评价对创新创业教育校本课程进行内部评价。创新创业教育校本课程评鉴性评价过程主要存在校设委员会评价模式、教学单位自评模式两种模式，形成了以 C 大

---

① 吴柏轩. 毕业出路茫茫顶尖大学推"创新创业"[N]. 自由时报，2016–03–07.

学、E 大学为代表的"高评鉴型"，以 A 大学、F 大学、G 大学为代表的"高审查型"，以 D 大学为代表的"中间型"，以 B 大学为代表的"低审查低评鉴型"四种类型。创新创业教育校本课程评价需要考虑课程完善、创业比例、创意发挥、证书取得、特色形塑、政府认可、社会影响等要素。

第六章　发现与讨论

前几章基于一手数据对案例高校创新创业教育校本课程目标及其确定、内容及其选组、实施及其途径、评价及其过程、考虑要素等进行了描述和归纳。本章将尝试性地构建解释性理论，归纳研究结论，在此基础上，讨论 T 省高校创新创业教育校本课程开发面临的问题和挑战，并基于 T 省经验对高校创新创业教育校本课程开发提出建议。

第一节　研究发现

"当研究者的工作从特殊进展到一般时，来自访谈、观察或文件撷取的资讯片段组织与整理成为更大的主题。典型的是，质性研究经过资料归纳的发现结果，将以不同形式如主题、范畴、类型、概念、试验假说，或甚至是一个惯例特殊面向的理论呈现。"[①] 本书研究目的是，基于一手数据通过描述和归纳 T 省七所案例高校创新创业教育校本课程如何开发，具体包括目标如何确定、内容如何组织、课程如何实施、课程如何评价，需要考虑处理哪些要素及其关系，以建构解释性理论。研究发现，案例高校在创新创业教育校本课程开发过程中存在一种网形解释性理论。

---

① Sharan B. Merriam. 质性研究：设计与施作指南 [M]. 颜宁，译. 台北：五南图书出版公司，2011：15.

一、创新创业教育校本课程开发"要素网"的内涵与表征

如前所述，创新创业教育是高等学校根据一定的计划和安排，通过课程开发和组织学习，以增进学生创新创业精神和创新创业能力为根本目的的培养人的实践活动。"课程"是高校有目的、有计划地提供给学生的学习方案或计划。这种学习方案或计划也称为课程方案或计划。案例高校为增进学生创新创业精神和创新创业能力，以自身为本位、中心和主体，立足于自身对相关要素及其关系理解和把握，开发了提供给所有学生修读的，跨领域课程形式的创新创业教育校本课程。案例高校在创新创业教育校本课程开发过程中涉及课程目标确定、课程内容选组、课程的实施和课程的评价等环节，而无论是课程目标确定、课程内容选组，还是课程实施、课程评价，都牵涉很多要素。创新创业教育校本课程开发是把握和处理好这些要素。事实上，这些要素构成了一个可以称为"要素网"的网状结构。创新创业教育校本课程开发，应深刻理解和把握这些要素，综合性地处理和安置这些要素，将其合理有序地进行"编织"，以形成真正行之有效的学习方案或计划。

案例高校为增进学生创新创业精神和提高创新创业能力这一目的，在综合考虑诸多要素的基础上，为学生提供了体系完整、学校特色鲜明的跨领域课程形式的、校本的创新创业教育课程。案例高校在创新创业教育校本课程开发过程中，把握和处理诸多要素构成的网状结构，可以称为创新创业教育校本课程开发"要素网"。理解、把握并妥善处置创新创业教育校本课程开发"要素网"，是案例高校开发课程，为学生提供有效学习方案或计划的重要基础。

创新创业教育校本课程开发"要素网"是一个以学校为中心，由纵轴线和横轴线构成，没有方向但拥有四个象限的坐标系。坐标系每个象限代表了创新创业教育校本课程开发的一个"域"，每个"域"都涉及创新创业教育校本课程开发的诸多要素。创新创业教育校本课程开发"要素网"是

一个由中心（用圆圈表示，是纵轴和横轴的交叉点）、不同"域"（用方框表示）、不同"网线"（用纵轴和横轴连线表示）、不同"层级"（用由网线构成的菱形表示）共同构成的网状结构，如图6-1所示。

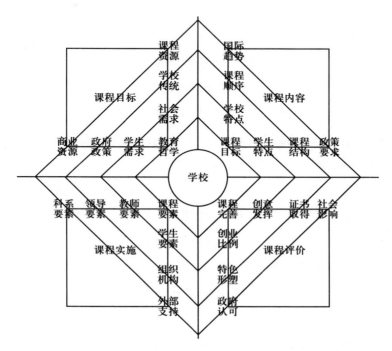

图6-1　创新创业教育校本课程开发"要素网"图
资料来源：笔者制作。

案例高校创新创业教育校本课程开发"要素网"是由"中心""域""层级"等共同构成的一个网状结构。这个网状结构有1个"中心"、4个"域"、4个"层级"、28个"要素"。它们在创新创业教育校本课程开发过程中拥有不同的功能，处于不同的位置，发挥着不同的作用。

其特点如下：

其一，创新创业教育校本课程开发"要素网"有1个中心。这个中心是学校。学校是一个以"培养人"为核心职能的组织机构。学校开发创新创业教育校本课程的根本目的还是育人。学校具有育人的特长和职能，在

233

创新创业教育校本课程开发中是中心、是主体、是本位。学校处于中心位置，创新创业教育校本课程开发"要素网"中的各个"域"、各个要素，都需要以学校作为联结中心；学校是主体，在创新创业教育校本课程开发过程中，学校是创新创业教育校本课程方案或计划目标确定者、内容选组者、实施者和评价者，在创新创业教育校本课程开发中处于主体地位；学校是本位，学校从自身出发，通过综合考虑和妥善处理不同"域"、不同要素，开发出创新创业教育校本课程，根本目的是更好地实现教育职能。

其二，创新创业教育校本课程开发"要素网"有 4 个"域"。创新创业教育校本课程开发的四个"域"，分布在由纵轴和横轴构成的四个象限的坐标系中，由课程目标、课程内容、课程实施、课程评价构成，分别称为课程目标域、课程内容域、课程实施域、课程评价域。创新创业教育校本课程开发"要素网"的 4 个"域"，即课程目标域、课程内容域、课程实施域、课程评价域，每个"域"都具有不同的功能，在创新创业教育校本课程开发中具有不同的工作要求。同时，课程目标域、课程内容域、课程实施域、课程评价域具有内在关联，在创新创业教育校本课程开发中，要整体把握、综合考虑，不应顾此失彼。

其三，创新创业教育校本课程开发"要素网"有 28 个要素。创新创业教育校本课程开发的每个"域"都涉及多种要素，课程目标域涉及教育哲学、社会需要、学生需求、学校传统、政府政策、课程资源、商业资源 7 个要素，课程内容域涉及课程目标、学校特点、学生特点、课程结构、课程顺序、政策要求、国际趋势 7 个要素，课程实施域涉及课程要素、教师要素、学生要素、领导要素、组织机构、科系要素、外部支持 7 个要素，课程评价域涉及课程完善、创业比例、创意发挥、证书取得、特色形塑、政府认可、社会影响 7 个要素，共计 28 个要素。这些要素在创新创业教育校本课程开发中占有重要地位，共同左右着所开发的校本课程水准，同时影响着创新创业教育的质量。

其四，创新创业教育校本课程开发"要素网"有 4 个层级。这 4 个层级围绕学校中心，按照远离中心程度，由近及远可以分为第一层级、第二层级、第三层级、第四层级等。每个层级都涉及若干要素。第一层级涉及4个要素，包括教育哲学、课程目标、课程要素、课程完善；第二层级涉及8个要素，包括社会需要、学生需求、学生特点、学校特点、教师要素、学生要素、创意发挥、创业比例；第三层级涉及8个要素，包括学校传统、政府政策、课程结构、课程顺序、领导要素、组织机构、特色形塑、证书取得；第四层级涉及8个要素，包括课程资源、商业资源、国际趋势、政策要求、科系要素、外部支持、政府认可、社会影响。层级越远重要性相对越低，在创新创业教育校本课程开发中优先性相对越差。

二、创新创业教育校本课程开发"要素网"的"中心"

首先，创新创业教育校本课程开发"要素网"的中心是学校。从创新创业教育校本课程开发过程看，案例学校在创新创业教育校本课程开发过程中处于中心位置，在创新创业教育校本课程开发过程中，学校是课程开发各个环节、各种要素的中枢，是各种资源、各种信息、各类人员的汇集中心，学校的地位、功能等是创新创业教育校本课程开发中其他主体，如政府、企业、教师、课程开发专家等无法替代的。尽管这些主体在创新创业教育校本课程开发中都很重要，对创新创业教育校本课程开发也可能产生实质性影响，但没有任何一种主体能够像学校一样，在创新创业教育校本课程开发中处于中心位置、发挥中枢功能。例如，E大学"创意创业课程"的开发，由E大学的两个部门负责，这两个部门分别是共同教育中心与学务处；计划书提出后需要由以校内有关人员为主、外部有关代表参与的教务会议审查，审查通过由课程主任统筹执行，而课程主任则由校长从E大学教授中聘请；E大学还设置有由9~12位来自学界、业界及E大学校友组成的课程咨询委员，这些课程咨询委员也由E大学校长聘任，学校在整个校本课程过程中处于中心地位。

其次，学校是创新创业教育校本课程开发的主体。从创新创业教育校本课程开发过程看，案例高校在创新创业教育校本课程开发过程中处于主体地位，是创新创业教育校本课程开发中课程方案或计划的规划者、设计者，课程目标的确定者，课程内容的选择者和组织者，课程实施的组织者和推动者，同时是课程的评价者和改进者，创新创业教育校本课程开发过程中各类要素的理解者、把握者、安置者，概言之，是创新创业教育校本课程的开发者和缔造者。例如，A 大学在创新创业教育课程开发过程时充分动员了校外力量，参与创新创业教育课程开发过程的不仅有政府部分代表（"产发局"局长），还有产业界代表（瑞德感知科技股份有限公司总经理、友视达科技股份有限公司董事长）、校友代表（昱源科技董事长）、学界代表，但这些强大的校外人员阵容并没有改变 A 大学的"主体"地位。A 大学创新创业教育课程规划设计方案，由其创创学院根据政府部分和 A 大学提出的计划目标，结合 A 大学与光大创创学院教育目标提出，受聘的校外有关人士只参与召开创创学院院务会议，对课程方案进行讨论，课程方案的通过则在校外人士，校内校长、副校长、教务处处长、研发处处长、产学处处长，以及 10 个有关系、院、部负责人，共同参与的创创学院课程会议审查确定，A 大学仍是"主体"所在。

最后，学校是创新创业教育校本课程开发的"本位"。从案例学校创新创业教育校本课程开发过程看，学校是创新创业教育校本课程开发的"本位"，在创新创业教育校本课程开发过程中，所有考虑都是从学校出发，基于学校的哲学，基于学校的学生发展需求，基于学校的传统、课程资源、商业资源，基于学校的教师、机构、科系，基于学校可以获得的外部支持等，通过开发创新创业教育校本课程实现学校本职职能。例如，B 大学开发的"创新创意创业课程"，其确定的具体目标是配合政府提升产业转型与高值化经营目标，培育能够将技术精进化、技术商品化跨科技整合的产业所需人才；适应 T 省政府创意产业发展政策，培育学生智慧财产保护、应用具备相关知识与能力，能够进行进智财保护策略布局并勇于创业；提供创意、创新、创业课程实作环境以落实本校务实、卓越与创新教育理念。

尽管 B 大学在校本课程目标中强调配合政府产业目标、产业发展政策等，但其创新创业教育课程目标落足点是培养产业所需的人才、勇于创业的人才和落实学校的教育理念，以校本课程开发实现培养人才、落实学校教育理念等学校职能才是"本位"。

三、创新创业教育校本课程开发"要素网"的"域"

创新创业教育校本课程开发"要素网"有课程目标域、课程内容域、课程实施域、课程评价域 4 个"域"。创新创业教育校本课程开发需要围绕课程目标域、课程内容域、课程实施域、课程评价域开展大量工作。

创新创业教育校本课程开发中，课程目标域是校本课程开发必须面对的第一个工作领地。最核心的工作是如何确定课程目标，实质问题是依据什么确定课程目标，换言之，需要考虑什么要素。案例高校在创新创业教育课程目标确定过程中，考虑的要素主要有教育哲学、社会需要、学生需求、学校传统、政府政策、课程资源、商业资源。创新创业教育校本课程目标的确定不是某一个人拍脑袋的结果，是很多有不同主张、不同看法的参与者共同协商的过程，需要形成主导性价值以凝聚共识，没有对学校教育哲学的考量，很难形成共识；创新创业教育校本课程目标的确定要面向社会需要，要能够将创新创业教育导向满足当前和未来社会需要，只有这样，创新创业教育校本课程才有存在价值，因此课程开发要基于社会需要确定课程目标；创新创业教育校本课程目标的确定需要把握学生的现实需求和发展需求，脱离学生需要确定的课程目标注定既无法引起学生兴趣，也无益于学生长远发展；创新创业教育校本课程目标的确定需要考虑学校的传统，学校的传统是学校发展根基，课程目标和学校相结合能获得最大程度的支持；创新创业教育校本课程目标的确定需要考虑政府的政策，违背政策的课程目标注定行不通；创新创业教育校本课程目标的确定需要考虑和挖掘课程资源，如不考虑资源要素，课程目标就会成为空中楼阁；创新创业教育校本课程目标的确定也需要考虑商业资源，立足学校所在区域或地区的商业资源，这是创新创业教育校本课程的特点之一，如不将商业资源纳入校本课程目标进行考虑，将无法导引创新创业教育校本课程有足够的商业资源支持课程内容和实施，必然影响创新创业教育校本课程本身的发展。

创新创业教育校本课程开发过程中，课程内容域工作是校本课程开发的第二个工作领地。课程内容域最核心的工作是如何选择和组织课程内容，实质问题是依据什么选择和组织课程内容。换言之，就是需要考虑什么要素。案例高校在创新创业教育课程内容选组过程中，考虑的要素有课程目标、学校特点、学生特点、课程结构、课程顺序、政策要求、国际趋势。课程目标是创新创业教育校本课程内容选组的重要根据，创新创业教育校本课程内容要想能够保证课程目标的实现，则不得不将课程目标作为优先考虑要素；不同类型、不同层次、不同学科优势的学校具有不同的特点，创新创业教育校本课程内容选组需要充分考虑学校的特点；学生也会"用脚投票"，校本课程内容脱离学生特点，就得不到学生欢迎，实施起来会存在较大困难，创新创业教育校本课程内容选组需要考虑学生特点；合理的课程结构和课程顺序，不仅有助于学生学习掌握课程内容，也是有效组织课程内容的基本条件，因此创新创业教育校本课程内容的选组，必须高度重视课程结构和顺序要素；能观照政策要求的创新创业教育校本课程当然会更容易获得政府的认可，也更有机会获得政府的资源，创新创业教育校本课程内容选组应予考虑；国际趋势代表创新创业教育发展方向，与国际接轨传递的是校本课程是否先进的信号，体现的是校本课程能否将最新最前沿的内容提供给学生，因此是创新创业教育校本课程内容选组的重要考量。

创新创业教育校本课程开发中，课程实施域工作是校本课程开发的第三个工作领地。课程内容域最核心的工作是如何实施课程，实质问题是依据什么实施课程，换言之，需要考虑什么要素。案例高校在创新创业教育课程实施过程中，考虑的要素有课程要素、教师要素、学生要素、领导要素、组织机构、科系要素、外部支持。课程作为提供给学生的学习方案或计划，方案或计划本身是创新创业教育校本课程实施最需要考虑的要素，根据方案或计划进行课程实施是基本要求，也是优先考虑要求；教师是创新创业教育校本课程实施的主体，教师通过什么途径、方式、方法实施课程，教师实施课程的积极性、创造性直接决定创新创业教育校本课程实施质量，校本课程实施不得不考虑这一要素；学生是创新创业教育校本课程的服务对象，如不考虑学生的特点、兴趣、学习时间等，课程实施就难以持续；得力的领导、有效的组织，可以为创新创业教育校本课程实施提供组织领导保障，没有学校主要领导的支持，没有一定的组织机构牵头，实施起来会很费力，因此，领导要素和组织要素也需要考虑；创新创业教育校本课程实施，既需要依托某一些科系，也离不开所有科系的支持，创新创业教育校本课程实施中科系是必不可少的考虑要素；创新创业教育校本课程实施的一个重要特点是需要外界资源、人力的注入，注入的资源和人力越多，课程实施越有成效，越有可能实现课程目标，因此外部支持是创新创业教育校本课程实施需要考虑的一个要素。

创新创业教育校本课程开发过程中，课程评价域工作是校本课程开发的第四个工作领地。课程评价域最核心的工作是如何评价课程，实质问题是依据什么评价课程，换言之，需要考虑什么要素。案例高校在创新创业教育课程内容评价过程中，考虑的要素有课程完善、创业比例、创意发挥、证书取得、特色形塑、政府认可、社会影响。创新创业教育校本课程评价的根本目标是通过评价完善课程本身，课程评价不考虑课程完善就失去了方向；创新创业教育校本课程实际上承载着很厚重的社会、政府期望，社会期望创新创业教育校本课程能够导引更多青年学子通过创业增加就业岗位，政府期望校本课程能够帮助更多大学生走上创业之路，提振经济发展，因此不希望学生创新创业的创新创业教育校本课程本身会让自己出丑；创意是创新创业的源头，创新创业教育校本课程应能够激发激活学生的创意，因此学生创意发挥也是校本课程评价要考虑的要素；创新创业教育校本课程作为提供给学生的学习方案或计划，不能学生修读完了就完事了，需要一种证书证明学生修读了课程并且达到了要求，创新创业教育校本课程评价既需要考虑证书如何保持学力，同时需要通过证书取得数量、难易程度等反思课程方案本身的合理性；创新创业教育校本课程也是形塑学校特色的重要方式，校本课程也需要考虑对学校特色形塑的贡献；政府会通过各种方式对优质的创新创业教育校本课程进行物质或精神的嘉奖，政府认可本身代表了对校本课程的高度评价；没有产生一定的社会影响的创新创业教育校本课程，就算不上是开发得较为成功的课程，因此校本课程评价需要考虑所开发的创新创业教育校本课程产生的社会影响情况。

在创新创业教育校本课程开发中，课程目标域、课程内容域、课程实施域、课程评价域的工作既紧密联系又相互独立，既相互影响又功能各异。创新创业教育校本课程开发需要重视每个"域"的课程开发工作，同时要注重发挥其整体效用。因为课程内容域、课程实施域、课程评价域中任何一个"域"的工作都很重要，都有其独特功能，综合考虑创新创业教育校本课程开发"要素网"相关要素及其关系，有助于统整各个"域"的工作，减少不必要的内部损耗。

四、创新创业教育校本课程开发"要素网"的要素

创新创业教育校本课程开发"要素网"涉及 28 个要素。笼统来说，这些要素在创新创业教育校本课程开发中占有重要地位，共同左右着所开发的校本课程水准，同时影响着创新创业教育质量。但分析这些要素后发现，这些要素在创新创业教育校本课程开发"要素网"中的位置、地位是不同的，换言之，各个要素的重要性和优先性是不同的。正是由于这些要素的重要性和优先性不同，因而在创新创业教育校本课程开发"要素网"形成了不同的层级。这些层级围绕学校，由近及远将 4 个"域"、28 个要素有序组织在一起，形成了一个由"中心""域""要素"构成的网形结构。

　　这里以创新创业教育校本课程开发中第一个工作领地，即课程目标域各个要素层级结构加以阐述。案例高校在创新创业教育课程目标确定过程中，考虑的要素主要有教育哲学、社会需要、学生需求、学校传统、政府政策、课程资源、商业资源7个要素。其中最需要优先考量的是教育哲学。

　　首先，学校教育哲学是创新创业教育课程目标确定和开发过程中的灵魂，也是创新创业教育课程的灵魂。学校教育哲学是学校在发展过程中确立的核心价值和理想愿景。学校教育哲学的核心是把学校办成一所怎样的学校。学校教育哲学可以体现在学校的定位、使命、愿景和目标中，也可以体现在校长或学校领导层的办学理念、办学思想、办学规划中。一所高校只有拥有自己的学校教育哲学，师生员工的思想、观念才能够统一，才能够统率学校所有工作，学校的一切工作也才有可能连贯一致。学校教育哲学为创新创业教育课程目标确定和开发提供了核心价值和理想愿景，只有拥有核心价值和理想愿景，校本课程开发才能有效解决核心问题，即要把怎样的一个学习方案或计划提供给学生，才能有效凝聚共识、形成校本课程开发合力。案例高校中，B大学将"创新创意创业课程"的具体目标之一确定为，提供创意、创新、创业课程实作环境，以落实本校务实、卓越与创新教育理念，而这一教育理念恰是B大学学校教育哲学核心价值和理想愿景的重要成分。

　　其次，学生需要和社会需求。学校教育哲学为创新创业教育课程目标确定和开发提供核心价值及理想愿景，因此需要优先考虑。但有核心价值和理想愿景，还不足以支撑创新创业教育校本课程目标确定。如果学校教育哲学为创新创业教育校本课程目标标示清楚了方向，那么只有考虑社会需要和学生需要确定的创新创业教育校本课程目标才有现实价值。B大学提出在配合政府提升产业转型与高值化经营目标下，培育能够将技术精进化、技术商品化跨科技整合的产业所需人才，在响应政府创意产业发展政策下，培育学生智慧财产保护、应用具备相关知识与能力，能够进行进智财保护策略布局并勇于创业的人才，就是对社会需求和学生需要的充分考虑。

再次，政府政策和学校传统。创新创业教育校本课程目标确定基于学校教育哲学寻求核心价值和理想愿景，立足社会需要和学生需求寻求实现价值。但有价值和理想以及实现价值还不够，还需要考虑政策可行性、历史合理性，即需要考虑政府政策和学校传统，不符合政府政策的创新创业教育校本课程目标没有现实可行性；违背学校传统的创新创业教育校本课程目标没有历史合理性。B大学明确提出开发"创新创意创业课程"，目标是配合政府提升产业转型与高值化经营目标和政府创意产业发展政策，落实本校务实、卓越与创新教育理念。

最后，商业资源和课程资源。在创新创业教育校本课程目标确定过程中，除了考虑价值愿景、实现价值、政策可行性、历史合理性，还需要考虑资源条件。一定的课程资源是创新创业教育校本课程落实的现实基础和条件，一定的商业资源是创新创业教育校本课程高质量推进的内在要求，创新创业教育校本课程目标确定不考虑课程资源和商业资源时，会陷入"无米之炊"的困境。B大学的"创新创意创业课程"目标确定和开发实施过程中，动用了校内工学院机械工程系、化工与材料工程系、电资学院的电机工程系、电子工程系、信息网络工程系，管理学院的工业管理系、国际企业系、财务金融系、信息管理系、企业管理系，人文暨科学学院的应用外语系、多媒体与游戏发展科学系，通识中心等系所的资源与人力，提出"创新创意创业课程"依托的商业资源是龟山乡境内及五股、树林、泰山、林口、中坜等工业区内的ICT（通信、信息、光电及半导体）、绿色能源、健康照护、传产升值等产业资源，对课程资源和商业资源做了充分考量，提高了创新创业教育校本课程的可行性，保证了创新创业教育校本课程开发的质量。

第二节　结论与讨论

本节先对研究结论进行总结，再对案例高校创新创业教育校本课程开

发面临的问题或挑战进行讨论。

一、研究结论

本书通过研究试图回答的问题是：T省高校创新创业教育校本课程是如何开发的？具体包括：T省高校创新创业教育校本课程的目标是如何确定的？内容是如何组织的？课程是如何实施的？课程是如何评价的？需要考虑什么因素？这些要素之间存在什么关系？为答解研究问题，本书以泰勒课程开发原理为理论基础，通过拓展和修正泰勒课程开发分析框架，构建了"以学校为本的课程开发四象限"分析框架；以T省七所高校（A大学、B大学、C大学、D大学、E大学、F大学、G大学）为案例，运用质性取向的多个案比较法，基于访谈和文件数据，对T省高校如何开发创新创业教育校本课程，具体包括如何确定创新创业教育校本课程目标，如何选组创新创业教育校本课程内容，如何实施创新创业教育校本课程，如何评价创新创业教育校本课程，需要考虑和处置哪些要素及其关系，并进行描述和归纳。本书得出的主要结论如下：

其一，T省高校创新创业教育校本课程目标确定与课程方案或计划规划过程同步进行，目标确定存在"校内外合作""校内委员会审查"和"校内多部门联合"三种模式，形成了以A大学、C大学、E大学为代表的"外高型"，以G大学和F大学为代表的"内高型"，以B大学、D大学为代表的"内低型"三种类型。在创新创业教育校本课程目标确定过程中涉及的要素有教育哲学、社会需要、学生需求、学校传统、政府政策、课程资源、商业资源。这些要素处于创新创业教育校本课程开发"要素网"的"课程目标域中"。

其二，创新创业教育校本课程内容是一个由不同课程类别、不同类别科目、学分、开设机构等构成的体系，存在以B大学为代表的"实务创意型"，以A大学、E大学、G大学、F大学为代表的"理论创意型"两种类型的课程内容。创新创业教育校本课程内容选组方式多样，有"核心—

分域搭配式""分类组织式""分模块组织式""主轴组织式""核定—自定式""分部分组织式""基础—进阶式"等。创新创业教育校本课程内容选组存在以 A 大学为代表的"高基础低必修型",以 B 大学、F 大学、E 大学为代表的"低基础低必修型",以 G 大学为代表的"中基础中必修型"三种类型。创新创业教育校本课程内容选组涉及课程目标、学校特点、学生特点、课程结构、课程顺序、政策要求、国际趋势等要素。这些要素处于创新创业教育校本课程开发"要素网"的"课程内容域"中。

其三,创新创业教育校本课程开发要落实到课程实施上。T 省高校创新创业教育校本课程实施存在实体机构模式、虚拟学院模式、课程主任模式。其中,实体机构模式又分为学院中心模式、专门机构中心模式,形成了以 B 大学、G 大学和 F 大学为代表的"实体机构型",以 A 大学、C 大学为代表的"虚体机构型",以 E 大学为代表的"个体型"三种类型。高校创新创业教育校本课程实施的途径主要有经过学校和教师进行方法创新探索的课堂教学及实作、参访、指导竞赛等实践教学。T 省高校创新创业教育校本课程实施涉及课程要素、教师要素、学生要素、领导要素、组织机构、科系要素、外部支持等要素。这些要素处于创新创业教育校本课程开发"要素网"的"课程实施域"中。

其四,T 省高校采用课程学习成果展出和实作作品等方式对创新创业教育校本课程进行结果评价,通过审查性评价和评鉴性评价对创新创业教育校本课程进行内部评价。T 省高校创新创业教育校本课程评鉴性评价过程主要存在校设委员会评价模式、教学单位自评模式两种模式。T 省高校创新创业教育校本课程评价则形成了以 C 大学、E 大学为代表的"高评鉴型",以 A 大学、F 大学、G 大学为代表的"高审查型",以 D 大学为代表的"中间型",以 B 大学为代表的"低审查低评鉴型"四种类型。创新创业教育校本课程评价涉及课程完善、创业比例、创意发挥、证书取得、特色形塑、政府认可、社会影响等要素,这些要素处于创新创业教育校本课程开发"要素网"的"课程评价域"中。

其五，T省高校在创新创业教育校本课程开发中考虑了"课程目标域""课程内容域""课程实施域""课程评价域"4个"域"的28个要素，每个"域"涉及至少7种要素，包含教育哲学、社会需要、学生需求、学校传统、政府政策、课程资源、商业资源，课程目标、学校特点、学生特点、课程结构、课程顺序、政策要求、国际趋势，课程要素、教师要素、学生要素、领导要素、组织机构、科系要素、外部支持，课程完善、创业比例、创意发挥、证书取得、特色形塑、政府认可、社会影响，共计28个要素。这些要素分布在以学校为中心，包含1个"中心"、4个"域"、4个层级构成的网状结构上，形成了创新创业教育校本课程开发的"要素网"。创新创业教育校本课程开发要把握和处理的这些要素及其关系。理解把握并妥善处置创新创业教育校本课程开发"要素网"中要素及其关系，是开发出能切实增进学生创新创业精神和创新创业能力学习方案或计划的重要保障。

二、研究讨论

1. 有特色的课程与有力量的课程

一个不争的事实是，创新创业教育不能只讲"教育"不顾及创新创业。如果学生接受了创新创业教育但没有因此而创新创业，那么创新创业教育还有价值吗？"我觉得效果的话要看有多少因此而去创业，因此他创业成功。这个才是真正的关键。"案例高校所开发的学校本位的课程创新创业教育校本课程具有完整的课程体系，尤其是因其基于学校，以学校为中心，以学校为本位，以学校为主体，能够整体上与学校教育哲学、学校类别、学校发展愿景、学校治理特点、学校资源环境等融于一体，因而显出了学校特色和个性特点。可以说，案例高校普遍开发出了较为完备的具有学校特色的创新创业教育校本课程。但案例高校开发出来的创新创业教育校本课程有力量吗？这些创新创业教育校本课程能够真正增进学生创新创业意识、创新创业能力吗？这些创新创业教育校本课程能够真正促使学生走上创新创业之路吗？目前为止，案例高校似乎还无法提供有力的证据。可以有的共识是，创新创业具有复杂性、艰巨性和很强的实践性。西方学者认为，创业是复杂的活动，需要创业者获取多方面的创业知识（包括产品、市场、战略等知识），以创建和管理新企业。[①]"创业教育不同于一般管理课程的主要原因在于，创业教育的目的不在于单纯的知识传授，而是希望能引发学生真正展开行动去创业，也因为这样的行动导向，致使创业教育与一般管理教育目的有些许差异——一般管理教育目的在于培养专业经理人，但创业教育的目的在于培育出实质可以创业的创业者，一个具有创业精神与创业能力的行动主体。"[②]面对复杂和艰巨的基于创新创业活动，案例高校尽管能开发出有特色的创新创业教育校本课程，但这些课程是否有力量让学习者真正走上创新创业之路，还不得而知。有研究者指出："就目前各大专院校所开设的创业相关课程看，可以说是充分且完善的规划设计，然而却发现这些课程开设模组与实际创业所需的能力往往无法有效地做联结，使得课程常无法有效培养出创业所需的人才，这将是碍于创业教育发展及未来创业的竞争力。"[③]笔者访谈中会不时地听到受访者的抱怨或者不满。"但我们商学院学生的问题是，光有商学的训练其实是不够的，可能还需要学一些技术，但我们未必有那个技术。而且，要对某一个产业有足够的理解。但是年轻的商学院硕士生没有工作经验，他要创业我觉得是不容易的。我觉得最重要的是了解后，还是要做做试试，做几年才知道。"创新创业教育校本课程的无力还体现在"理念的高蹈"与"行动的沉潜"矛盾上。"其实我们现在也有一个困难，我们也一直在提创新创业，但在大家具体做的时候，老师也不知道怎么做，实际作为理念倡导比较多，但真正怎

① Widding L. Building Entrepreneurial Knowledge Reservoirs[J]. Journal of Small Business & Enterprise Development，2005，12（4）：595-612.

② 蔡敦浩，林韶怡. 创业教育的教学模式：典范差异与现况反思 [J]. 创业管理研究，2013（2）：3.

③ 刘建利. 创业教育之核心能力与模式建构之研究 [D]. 屏东科技大学科技管理研究所硕士学位论文，2013：5.

么落实是没有方法的。"创新创业教育课程发展的关键不在于课程规划如何科学，而在于创新创业教育课程是否能持续创新以回应学生的创业学习需求。[①]2016 年，欧盟发布《创业能力框架》，将创业学习分为基础级、中级、高级和专家级 4 个等级，每一个等级均对应 2 个层级，共 8 个层级，分别是发现、探索、试验、挑战、改进、加强、拓展、转化。每个等级和层次都有明确的标准，并且有相应的要求，学生可以根据自身学习兴趣、需要和能力自行设定学习目标、学习内容，自行进行评价。[②] 课程的本质是提供给学生的学习方案或计划，欧盟开发的创业能力培训课程无疑更能体现学习的个性化和灵活性。[③] 创新创业教育校本课程如何更有力量，如何更好体现学习者中心，尚待探索。

2. 有体系的课程与无体系的课程

案例高校开发出来的创新创业教育校本课程都是成体系的显性课程。但事实上，有不少案例高校，之所以能在创新创业教育上取得良好成效，主要原因并非其体系化的课程，无法成体系的隐形课程很大程度上发挥了重要作用。创新创业教育校本课程开发不仅要开发有体系的课程，还要重视开发无体系的课程。A 大学是少见的明确在学校发展愿景中提出以培养"创新创业型人才为己任"的案例高校。A 大学拥有深厚的创新创业基因，它不仅培养了一大批知名企业家和实业界领袖，还培养了 T 省 10% 的上市公司老板和大量中小企业老板。A 大学也因此被誉为"创业家的摇篮"。但 A 大学在创新创业型人才培养上的"傲人成绩"与其创新创业教育校本课程关系并不大。A 大学明确指出，其之所以成立创新创业大教室——A 大学光大创创学院，开发创新创业教育校本课程——"3C 物联网创新创业课

---

① 刘海滨. 高校创业教育生态系统构建策略研究 [J]. 中国高教研究，2018（2）：46.

② Bacigalupo，M.，Kampylis，P.，Punie，Y.，Brande，G.V.D.Entre Comp：The Entrepreneurship Competence Framework[EB/OL]. http：//publications.jrc.ec.europa.eu/repository/bitstream/JRC101581/lfna27939enn.pdf. 2018–12–22.

③ 臧玲玲，梅伟惠. 高校创业教育课程生态系统的生成逻辑与建设路径 [J]. 华东师范大学学报（教育科学版），2019（1）：27.

程"与"文艺互联网 + 创新创业课程",是希望适应新形势,发扬历史传统,以续写光辉成绩。对于 A 大学之所以能够成为"企业家的摇篮",A 大学校长指出"科大鼓励学生'动手实作'的校风是主要原因""自造精神在知识经济时代发生,在 A 大学,遇到问题就先动手实验,在一次次的尝试中摸索答案,充满自造者(Maker)的实作精神,正是创业家最重要的特质"。[①] 在新时期,A 大学开发创新创业教育校本课程的目的是"将过去学长学姐口耳相传的创业经验,转化成为有系统的课程"。[②] 就是通过将过去的无形的课程变成显见的、成体系的课程。C 大学尽管有着实力雄厚的商学院,拥有众多从事创新或创业课程教育教学的师资,但 C 大学在创新创业教育校本课程开发中却成为"后来者"。尽管是创新创业教育校本课程开发的"后来者",但 C 大学长期主推"创造力教育",形成了"全浸式"创意校园氛围,早已成为 C 大学创新创业教育"无法割断"的重要组成部分。正因为如此,开发中的 C 大学创新创业教育校本课程,仍然散发着遮挡不住的魅力。不可否认的是,案例高校中仍不乏有体系的创新创业教育课程与无体系的创新创业课程失衡的高校,如何进一步挖掘无体系课程的力量,尚有可为空间。

3. 创意教育的课程与创业教育的课程

前面笔者在绪论中提出,创新创业教育是创新教育和创业教育功能耦合的结果,创新教育、创业教育和创新创业教育间存在区别也存在内在天然联系,由于创新创业教育所培养的"创新"指向"创业","创新"是途径而"创业"是目的,因而创新创业教育事实上是一种"偏正式"耦合关系,更偏于创业教育。在 T 省地区,创意、创新、创业更被视为一种链式存在,没有创意(新点子),就没有创新(创新产品),没有创新就谈不上创业(产品商品化)。因此,案例高校在创新创业教育校本课程开发中有意无意地都将其分割或重新组合,出现了不同的倾向。这可以从案例高校开

---

①② 张文龄 .A 大学校长姚立德:动手实作培养创业家特质 [N]. 远见,2016-03-01.

发的创新创业教育校本课程各异名称中窥见，如 A 大学 "3C 科技创新创业课程" "文创艺术创新创业课程"，F 大学 "创新与创业课程"，C 大学 "创新创业课程"，B 大学 "创新创意创业课程"，同时并重 "创新创业"；D 大学 "大师创业学分课程"，G 大学 "创业学分课程" 偏重于创业；E 大学的 "创意创业课程" 偏重创意和创业；G 大学 "创业与就业学分课程" 甚至还将创业就业并放。笔者采用 "词频分析" 发现，案例高校中 E 大学 "创新创意创业课程" 中创意科目占 17%[①]，创新科目占 30%，创业科目占 17%；F 大学 "创新与创业课程" 中创意科目占 5%，创新科目占 5%，创业科目占 11%；B 大学 "创新创意创业课程" 中创意科目占 17%，创新科目占 3%，创业科目占 5%；A 大学 "3C 科技创新创业课程" 中创意科目占 8%，创新科目占 17%，创业科目占 18%；A 大学 "文创艺术创新创业课程" 中创意科目占 30%，创新科目占 10%，创业科目占 7%；G 大学 "创业与就业学分课程" 中创意科目占 8%，创新科目占 17%，创业科目占 18%；G 大学 "创业学分课程" 中创意科目占 33%，创新科目占 0%，创业科目占 16%。从统计数字看，案例高校所开发的创新创业教育校本课程中出现了不同倾向，有的偏重创意教育，如 A 大学的 "文创艺术创新创业课程"；有的偏重创业教育，如 G 大学的 "创业与就业学分课程"；有的偏重创新教育，如 E 大学的 "创新创意创业课程"。尽管目前尚缺乏有效证据做出孰优孰劣的判别，但在创新创业教育校本课程开发中，创意、创新、创业内容比重究竟多少更佳，仍有理论探讨空间和实践创新空间。

4. 跨域的课程开发与不跨域的课程考核

鲁西耶（Lussier）曾对影响创业成败的关键因素进行了系统的归纳，这些要素包含资金取得、财务控制、创业经验、企业规划、市场机会选择、创业者知识能力、创业者个性特征、承担风险意愿、创业团队成员素质、

---

① 此数据是按词频统计结果，没有包含设计课程。E 大学 "创意创业课程" 中包含 14 门设计科目，占比达 60%，这应该是其 "创意创业课程" 中体现 "创意教育" 的部分。

利益分享机制、网络资源关系、产品创意、经营管理、市场营销、危机管理 15 项。[①]T 省中山大学教授刘常勇认为，只有个性特征与承担风险意愿两项属于创业者个人的主观条件，其余 13 项关键因素都可通过良好规划的创业管理教育，以增加创业成功的机会。[②]而创新创业教育校本课程要能增进学生创新创业能力，进而增加创业成功机会，创新创业教育校本课程开发必须涉及多领域知识，诸如资金筹措、财务控制、企业规划、风险和市场机会识别、创业团队建设、人力资源管理、市场利益分配、网络资源、市场营销、产品创意、经营管理、危机管理、传播与营销等诸方面跨领域知识，而这客观上要求创新创业教育校本课程开发和实施必须进行人力和资源的跨领域、跨院系整合。事实上，部分案例开发创新创业教育校本课程的目的并非直接培养创新创业型人才，而是将创新创业教育校本课程开发作为增加学生第二特长的方式，以培养学生跨领域知能、增加毕业生在劳动力市场上的竞争力为目的，并非只关注增进学生的创新创业意识、创新创业能力。但部分案例高校在跨领域课程实施考核机制上并没有跟上，给创新创业教育校本课程开发和实施带来了一定的负面影响。有一位受访者指出："通常每个中心都有它自己本身的（课程）计划、人员，还有经费，所以它有这样的一个计划。我在这里的时候，我就建议把开这种课程的老师以及在做这种计划的老师全部邀请来一起做。大家都觉得很好，可是不到一段时间就不了了之。这个计划最后要报告它的业绩时，通常不是要求合作，这是很重要的问题。"

5. 个性化的课程开发和共性化的课程开发

案例高校创新创业教育校本课程开发是高度个性化的，同时存在共性。个性化是创新创业教育校本课程开发的生命。没有个性化的创新创业教育校本课程开发，就没有个性的创新创业教育校本课程；没有个性化的创新创业教育校本课程开发，就无法凸显出学校的特点，显示学校的中心地位；

---

① ② 刘常勇 . 创业管理的 12 堂课 [M]. 北京：中信出版社，2002.

没有个性化的创新创业教育校本课程开发，就无法观照学校实际，而没有观照到学校的历史、学校学生的需要、学校的资源、学校的课程资源，无法表明课程开发以学校为本位；没有个性化的创新创业教育校本课程开发，就无法对创新创业教育校本课程开发中涉及的要素及其关系进行个性化处置，做到以学校为主体。可以看到，案例高校创新创业教育校本课程开发过程是高度个性化的，这种高度个性化从其课程目标的确定、课程内容的选择和组织、课程的实施、课程的评价等方面都有表现，也表现在其对课程开发要素的个性化处理上。但可以发现，案例高校在创新创业教育校本课程开发过程中表现出了一些共性，这种共性既体现在所有案例高校在创新创业教育校本课程开发过程中，都有确定明确的课程目标，对课程内容进行精心选择和组织，处理理论和实务、课堂教学与实践教学的关系，对课程进行审查性评价和评鉴性评价等，也体现在创新创业教育校本课程开发过程中，所有案例高校都要对课程开发要素进行综合考虑、妥善处理和把握。因此，创新创业教育校本课程开发既是高度个性化的，也是共性化的。创新创业教育校本课程开发的共性，体现了创新创业教育校本课程开发的规律；创新创业教育校本课程开发的个性，体现了创新创业教育校本课程开发的属性。

6. 课程的开发和单一学科课程的开发

高校创新创业教育的根本目的是育人，与一般创业活动的最大不同在于，前者是以人才培养为导向，后者是以价值创造为导向。[①] 早在 20 世纪末，我国高等教育学的开拓者和创建人潘懋元先生就指出："在某种意义上说，高等学校所培养的人才要适应时代发展，必须具备进行跨学科研究的知识结构和素质。"[②] T 省高校创新创业教育校本课程采取了课程形式，属于创新创业教育跨领域整合课程。创新创业教育跨领域整合课程不仅是创

---

① 黄兆信，刘燕楠. 众创时代高校如何革新创业教育 [J]. 教育发展研究，2015（23）：43–44.

② 潘懋元，王伟廉. 高等教育学 [M]. 福州：福建教育出版社，1999：141.

新创业活动具有复杂性，客观上要求高校以跨领域知识整合的方式实施创新创业教育，还是高校培养适应时代发展要求，具备跨学科知识结构和素质人才的内在要求。"未来经济社会发展需要大量交叉复合型人才，基于创新的创业教育是发展方向。未来创新创业教育课程发展趋势是跨域的课程，这种跨域不仅是将创新创业教育与专业教育相结合，还要与人文科学、自然科学等相结合，以培养学生的综合素养和能力。"[①] 斯坦福大学面对当前迅猛变化的创新创业趋势，在以设计思维理论（Design Thinking）著称的设计学院（Do-school）牵头下，于2013年秋季推出了一个由200多名学生、60多名教师员工参加，针对未来大学模式的设计方案——"斯坦福2025计划"。《斯坦福2025计划》中提出了"轴翻转"（Axis Flip）的学习方式，将传统的"先知识后能力"翻转为"先能力后知识"，改变大学按照学科知识划分学科、院系、专业的做法，将不同能力的人划分在一起，按照学生能力重建院系，帮助学生挖掘自身技能。斯坦福大学计划到2024年，将打破以学科为主的基层建制，改由教学中心（Teaching Hubs）为学生提供跨领域的内容选择。[②]T省高校越来越多地倾向于开发创新创业教育课程，而逐渐放弃单一课程开发，无疑符合未来高等教育发展趋势，表现出一定的前瞻性。但也有案例高校多年执着于以单一课程为基础的创新创业教育模式[③]，致使创新创业教育"广普性"受损。那么，单一课程开发在创新创业教育中是否还有存在价值，存在多大价值，单一课程在创新创业教育中如何实现有效"互联"，仍有待讨论。

---

① 臧玲玲，梅伟惠.高校创业教育课程生态系统的生成逻辑与建设路径[J].华东师范大学学报（教育科学版），2019（1）：27.

② Stanford University.Stanford 2025[EB/OL]. http://www.stanford2025.com/.2018-12-22.

③ 这种模式即传统的专业化的商学院模式。"传统商学院模式"在创新创业教育中历史悠久，但其弊病多受批评。随着"创业型大学"的崛起，创新创业教育"广普性模式"已是主流和趋势。目前我国主推的创新创业教育属于"广普性模式"。本书所论创新创业教育校本课程开发，也属"广普性模式"下的课程开发。关于创新创业教育"广普性模式"，可参阅我国学者王占仁的书和文章。

第三节　启示与建议

尽管我国高校创新创业教育发展迅速，但由于高校普遍对创新创业教育校本课程开发重视不够等，致使高校创新创业教育课程普遍不成体系，本土化课程缺乏。创新创业教育课程建设相对滞后，已经成为我国高校创新创业教育掣肘。当前，我国正致力于推动高校创新创业教育课程体系建设。我国高校可以通过校本课程开发，实现创新创业教育课程体系建设，同时开发出更多本土化课程。T省高校在创新创业教育校本课程开发上做出了有价值的探索，其经验可以给我国高校以重要启示。

一、构建明确而独特的学校教育哲学

明确而独特的学校教育哲学是创新创业教育校本课程开发的灵魂。学校教育哲学是学校在发展过程中确立的核心价值和理想愿景，其是要把学校办成一所怎样的学校。学校教育哲学可以体现在学校的定位、使命、愿景和目标中，也可以体现在校长或学校领导层的办学理念、办学思想、办学规划中。

案例高校在发展过程中都形成了明确而独特的学校教育哲学。诸如：B大学对"务实、卓越、创新"核心理念的秉持，对学校"应用型科技大学"的定位，对"二不二要"（不盲目追求大学排名，不以培养诺贝尔奖得主为目标，要让学生毕业后能广受企业欢迎，要让毕业学生能获得企业较高待遇）的倡导，对"培育兼具专业技术及人文素养的博雅科技实务人才"教育目标的信守；F大学对学校"实务教学型大学"的定位，对"以培养业界所需之实用人才"教育宗旨，对技职教育"务实致用"办学特色的坚守和发挥；A大学对"礼、义、廉、耻"校训，对"诚、朴、精、勤"准绳的奉行，对"企业家的摇篮"办学理念的落实，对"务实致用"品牌形象的塑造，对"工专精神"的传承；C大学对人文社会科学传统的坚守，对培养"人文关怀、专业创新、国际视野"领导人使命的坚持；等等。

这些案例高校不仅拥有明确而独特的学校教育哲学，而且能够将其以多面向、多形式，落实到学校工作的各个方面，同样贯彻和落实在创新创业教育校本课程开发中，影响着课程目标确定、课程内容选组、课程实施和课程评价。例如，G大学提出的教育宗旨是，秉持"人之儿女、己之儿女"的教育理念，追求教育卓越，培养理论实务并重，具备团队精神与国际视野之人才为宗旨。受此影响，G大学确定的创新创业教育校本课程目标倾向于培养学生创业，属于十分典型的"学生创业型"。又如，B大学一直秉持"务实、卓越、创新"核心理念，以"培育兼具专业技术及人文素养的博雅科技实务人才"为教育目标，其开发的"创新创意创业课程"明确将"提供创意、创新、创业相关课程实作环境，以落实本校务实、卓越与创新教育理念"作为课程目标。

创新创业教育校本课程开发的核心问题是把怎样的一个学习方案或计划提供给学生。学校教育哲学作为学校的核心价值和理想愿景，能够统率课程开发所有工作，能够凝聚师生共识，也可以为创新创业教育校本课程开发提供核心价值和理想愿景的引领。由于校长产生机制、高等教育管理体制等原因，我国很多高校缺乏明确而独特的学校教育哲学。有些高校提出了明确而独特的学校教育哲学，但由于多种原因流于宣传口号，无法贯通于学校主要工作中。因为缺乏明确而独特的学校教育哲学，很多高校事实上没有长期坚守和能够贯穿所有工作始终的核心价值及理想愿景，因而在创新创业教育校本课程开发上，缺乏能够发挥价值引领和精神支撑作用的理念。这方面我国高校还有很大的提升空间。

二、将创新创业教育校本课程开发纳入学校发展总体规划

将创新创业教育校本课程开发纳入学校发展总体规划是案例高校创新创业教育校本课程开发的重要经验。案例高校都能够将创新创业教育校本课程开发，作为学校发展规划或校务发展重要组成部分，给予高度重视和

大力落实。其中，A大学最为突出。

A大学将"3C物联网创新创业课程"与"文艺互联网＋创新创业课程"视为配合学校中长期目标"结合学校经营与城市发展共同运行"，推动学校与城市和社会结合的"无边界学习"，落实打造"企业家的摇篮"办学理念的重要方式，致力于在"教学""学习""课程""制度""空间""资源"六大方面推动无边界学习，加强培养学生创新创业力。力图取得启动跨界学习政策短期效益，使无边界学习生态继续深入发展，提升学生创新创业能力及概率，以创业开发回馈社会长期效益。正是因为A大学将创新创业教育校本课程纳入学校中长期发展规划进行整体和长远考虑，因此其开发的"3C物联网创新创业课程""文艺互联网＋创新创业课程"站位高远、独树一帜，既可以有效响应当下数字经济、未来"后互联网时代"，有力链接学校与社会和城市、推进"无边界学习"[①]，也可以落实其"创业家的摇篮"办学理念、培育具备国际竞争力创业青年学子，引起了广泛关注，甚至在国际上产生了一定影响。

创新创业教育校本课程开发是高质量开展创新创业教育的根本保证。尽管我国所有官方文件都强调要建立创新创业教育课程，但由于创新创业教育实施时间较短，高校对创新创业教育课程建设重视不够等，我国高校创新创业教育课程建设远不能满足创新创业教育的现实需求，存在创新创业教育课程建设普遍不成体系，创新创业教育课程目标不清晰，创新创业教育课程内容单一、整合性不够，创新创业教育课程实施理论与实践脱节，课程质量管理不到位、课程评价普遍缺失，本土化课程严重不足等突出问题。高校未能以学校为中心、以学校为本位、以学校为主体开发有学校特

[①] "无边界学习"概念最早由英国教育界提出，指通过各种学习平台，给学习者提供随时随处可以进行学习的机会和环境。A大学借助"3C物联网创新创业课程"与"文艺互联网＋创新创业课程"力图实现"7个打破"：打破地理位置边界、打破领域知识边界、打破学习与就业边界、打破实作课程边界、打破心理边界、打破制度边界、打破时间边界，以实现"无边界学习"。参见：A大学.学习创新创业的大教室－A大学光大创创学院计划[EB/OL].https：//rnd.ntut.edu.tw/ezfiles/5/1005/img/1911/95900330.pdf.2018-11-02.

色、符合学校特点和实际的创新创业教育校本课程是根本原因。由于创新创业教育校本课程开发需要整合院系、校内外资源，因此适合在学校层面上组织推进。

我国高校可以考虑将创新创业教育校本开发纳入学校发展整体规划，在综合考虑、妥善处置创新创业教育校本课程开发"要素网"各种要素基础上，以学校为主体、为中心、为本位，开发出具有学校特色、符合学校特点和实际的创新创业教育校本课程，以创新创业教育校本课程开发改善创新创业教育质量，改进学校教育教学和学生学习生态。在创新创业教育校本课程开发过程中，高校可以有效汲取 T 省高校创新创业教育校本课程开发的经验，也可以与 T 省有关高校在创新创业教育校本课程开发上进行直接合作。

三、将创意教育纳入创新创业教育校本课程内容

创意教育课程是创新创业教育校本课程的应有内容。从创意到创新再到创业存在内在关联，有价值的新点子是创新出新产品或新服务的源泉，没有好的创意就不会有创新的产品或服务，没有创新的产品或服务就没有高质量的创业。香港城市大学孙洪义博士对创意、创新、创业进行了很详细的区分和对比。从成果看，创意主要是新的想法，创新是新产品，创业是新的企业；从表现形式看，创意是新想法的草图或文字，创新是新产品的样品或专利，而创业是具体的商业计划书；从产生的难易程度看，如果有 3000 个新想法的话，能够做出成品的只有 100 个，最后商业成功的只能有 1 个；产生创意的方法包括"六顶思考帽"等创造思维产生方法，新产品可以是使用并行工程的技术等，创业计划书往往需要投资回报技术分析以及风险评估等分析技术；判断创意高低的标准为是否原创、是否吸引人，判断创新的标准是技术可行、成本合理，而判断创业成功的标准为销售是否成功、是否有利润；涉及创意的基本学科主要是心理学、教育学，涉及创新的基本学科是管理学和工程技术学等，而与创业相关的学科包括创业

学、市场学、投资学等；与创意更相关的核心概念是创造性思维，与创新更相关的核心概念是发明与研发，与创业更相关的核心概念是技术商品化等。①

孙洪义博士还对创意教育、创新教育、创业教育做了区分和对比。从培养人才看，创意培养的是创意与设计人才，产品创新培养的往往是工程技术人员，创业培养的是企业家或投资家；创意教育的教学目的是培养创造性思维，发现新问题，想出新点子，创新教育目的是培养团队合作精神、沟通能力，开发出新产品等，创业教育目的是培养企业家精神、进行财务分析、组建新公司等。② 案例高校开发的创新创业教育校本课程同时包含了创意教育、创新教育和创业教育的内容。E 大学的"创意创业课程"中创意教育相关科目（含设计科目 14 门）占比高达 60%。案例高校创新创业教育校本课程体现了创意、创新、创业三阶段的贯通，值得我国高校借鉴和研究。案例高校在创新创业教育校本课程实施中也有组段实施意识，如 B 大学的"创新创意创业课程"，实施第一阶段重在激发学生创意及研发成果，第二阶段重在实现创新，进行商品开发并建立商业模式，第三阶段重在通过筛选有价值项目进行创业培育，实现登记并进入正常运营。我国高校在开发创新创业教育校本课程时，可以考虑将创意教育作为课程重要组成部分，通过提供创意思考、创造力训练、设计思维、创新思维等科目，借助"六项思考帽"② 等创意训练课程，增强对学生创意方面知识、技巧和能力的训练。

---

① ② 李干文，何平，肖久灵 . 大学生"三创"案例策划与评述 [M]. 北京：经济科学出版社，2013：2-3.

② "六项思考帽"是英国学者爱德华·德·博诺（Edward de Bono）开发的一种创意思维训练方法。以不同颜色"帽子"表征思考流程，其中"白帽"代表信息，"黄帽"代表价值，"红帽"代表感觉，"绿帽"代表创造，"黑帽"代表困难，"蓝帽"代表管理思维过程，被认为是创意训练、思维训练、人际沟通的有效工具，在 T 省创新创业教育中十分流行。

四、将创新创业教育课程与专业课程进行整合

高校创新创业教育是高等学校根据一定的计划和安排，通过课程开发和组织学习，以增进学生创新创业精神和创新创业能力、培养创新创业型人才为根本目的的活动。创新创业教育所培养学生的知能是基于创新的创业能力，而创新离不开专业知能，客观上要求创新创业教育课程应该是创新创业教育课程与专业课程相整合的体系。案例高校所开发的创新创业教育校本课程，都能够将创新创业教育课程与专业课程相整合，构成一个完整体系。例如，B 大学开发的"创新创意创业课程"中，除创意实践与创业、创业计划发展、智财与创业管理创新创业教育课程外，还整合很多专业教育课程。机械专业课程，如 3D 打印应用、产品设计开发实务等；游戏专业课程，如角色动作创造与实践、游戏营销营运实务等；化工材料专业课程，如香料制造与应用、纳米科技与光传媒、能源节约技术等；资讯网络专业课程，如 Java 程序设计、多媒体应用设计、手机程序设计等；电机工程专业课程，如资料结构、电脑网络、创意与发明工程等；电子工程专业课程，如创意与专利行动装置网络应用、微控制创意实作等；企管专业课程，如消费者行为、服务业管理、服务创新与验证等；国际企业专业课程，如行销企划案实务、国际市场开发实务、品牌管理等；财务金融专业课程，如金融商品、销售实务、金融创新等；工业管理专业课程，如绿色供应链管理、行销管理等；资讯管理专业课程，如发明与专利检索、多媒体制作、专利实务、云端服务应用专题等；通识教育课程，如生活美学与文化创意产业、绿色科技、休闲游憩管理、环境与生态等；外语专业课程，如参展营销与实务、展会规划实务、课室管理与经营、服务营销与管理、服务业管理等。F 大学所开发"创新与创业课程"在开设创新与创业、创意思考、创业企划书、智慧财产权概论创新创业教育课程的同时，同样整合了不少专业教育课程。诸如：国际贸易专业课程全球财经分析等；企业管理专业课程企管新知选读等；行动商务与多媒体应用专业课程数位多媒

体产业分析；等等。A大学开发的"文化艺术创新创业课程"，除创意潜能激发、影像制作与表达、创业管理、创意思解、创新思维执行力实务应用、物联网创新应用、网络创业、创新讲座——创意人、创意与发明等创新创业教育课程外，整合了文化创意精品研究、文化创意发展趋势与机会等文化事业发展专业课程，艺术策展人的秘密、艺术经纪人等互动设计专业课程，营销管理、财务管理等经营管理专业课程。

我国高校在开发创新创业教育校本课程，建设创新创业教育课程体系时，可以考虑遴选出部分学院已经开设的专业课程，根据创新创业教育目标，以合理组织方式将其整合进创新创业教育课程体系。T省高校在创新创业教育校本课程开发时，采用的"核心—分域搭配式""分类组织式""分模块组织式""主轴组织式""核定—自定式""分部分组织式"和"基础—进阶式"等内容组织方式，我国高校也可以结合自身实际参照使用。本书认为，A大学采用的"核心—分域搭配式"在创新创业教育课程和专业课程整合过程中具有优势，不仅可以突出创新创业教育课程的核心地位，同时在吸纳专业教育课程方面更具包容性和整体性，可以作为重点选项给予考量。

五、推动创新创业教育校本课程跨领域跨院系开发

跨领域跨院系是创新创业教育校本课程开发的内在要求。创新创业活动本身的复杂性要求创新创业教育课程具有综合性、跨领域性。由于创新创业教育校本课程涉及诸多不同领域的知识，诸如资金筹措、财务控制、企业规划、风险和市场机会识别、创业团队建设、人力资源管理、利益分配、网络资源、市场营销、产品创意、经营管理、危机管理、传播、营销、法理、组织建设等跨领域知识，客观上要求创新创业教育校本课程开发必须进行人力和资源的跨领域、跨院系整合。B大学"创新创意创业课程"开发涉及4个学院、13个系所、1个中心，包含组织工程学院的机械工程系、化工与材料工程系，电资学院的电机工程系、电子工程系、信息网络

工程系，管理学院工业管理系、国际企业系、财务金融系、信息管理系、企业管理系，人文暨科学学院的应用外语系、多媒体与游戏发展科学系和通识中心。这囊括了 B 大学现有学院的 100％、系所（中心）的 66％①。A 大学"3C 物联网创新创业课程"与"文艺互联网＋创新创业课程"开发，不仅有校内人员和机构，还有校外人员（政府人员、校友、学界人员、商家代表）。校内人员包含校长、副校长、教务处处长、研发处处长、产学处处长，涉及的校内院系有创新设计与知识管理研发中心、电机工程系、电子工程系、创新设计与知识管理研发中心、工业设计系、进修部、管理学院、资讯与财金管理系、技术及职业教育研究所、建筑系。当然也有案例高校创新创业教育校本课程开发参与院系，但比较少，如 E 大学的"创意创业课程"由共同教育中心与学务处两个单位负责筹设；G 大学创新创业教育校本课程开发由其管理学院企业管理学系 4 名教师组成"课程委员会"负责规划；F 大学的"创新与创业课程"为商管学院行销与流通管理系负责规划。但可以发现，案例高校中创新创业教育校本课程开发参与机构较少者，都实施了严苛的审查制度，很大程度上可以弥补课程开发中院系参与的不足。

我国高校长期存在比较严谨的学科和院系，可能会对创新创业教育校本课程开发中跨领域、跨院系合作带来不利影响。我国高校可以通过在学校层面成立创新创业教育校本课程开发工作委员会的方式推进院系跨领域跨院系合作。创新创业教育校本课程开发工作委员会成员可以由有关职能

---

① 截至 2019 年底，B 大学教学单位共有 20 个，其中有 3 个学院、1 个中心。具体如下：工程学院下设机械工程系（科）暨硕士班、化工与材料工程系（科）暨硕士班、电机工程系（科）暨硕士班、电子工程系（科）暨硕士班、信息网络工程系暨硕士班；人文暨设计学院，下设多媒体与游戏发展科学系暨硕士班、应用外语系暨硕士班、观光休闲系、文化创意与数字媒体设计系、数字内容多媒体技术研发中心、语言中心、艺文中心、职场伦理教研中心、华语文中心；管理学院，下设企业管理系暨硕士班、信息管理系暨硕士班、国际企业系、财务金融系、工业管理系、国际认证中心。1 个中心即通识教育中心。参见：B 大学 . 学校特色说明 [EB/OL].http：// www.lhu.edu. tw/education.asp.2018-12-29.

部门负责人，不同学院院长或主管教学副院长，在创新创业教育和课程开发方面有专长的教授或副教授，校外产业界、行业协会、政府部门有关代表等主要成员构成。同时，可以考虑从不同部门抽调有关人员，组建课程开发办公室等，负责课程开发具体工作。考虑到当前我国高校已经广泛建立创新创业学院或创新创业中心等创新创业教育职能机构，也可以由其作为专责机构，牵头负责创新创业教育校本课程开发相关工作。

六、健全创新创业教育校本课程审查评鉴机制

创新创业教育校本课程是以学校为中心、以学校为本位、以学校为主体开发，为增进学生创新创业意识和创新创业能力，培养创新创业人才，提供给学生的学习方案或计划。课程方案或计划本身的价值性、合理性、科学性，对创新创业教育质量具有重要影响。因此，对课程方案或计划进行审查很关键。案例高校都很重视对创新创业教育校本课程进行审查。A 大学由校外代表和校内课程委员会联合组建虚拟学院院务会议、创创学院课程会议，对创新创业教育校本课程进行审查；D 大学由专设学校学分课程审查委员会进行审查；E 大学由教务会议进行审查；F 大学由学院课程委员会、学院课程规划委员会、学校课程规划委员会、学校教务会议进行层层审查，由校长核定发布；G 大学由学院委员会、学校课程委员会、教务会议层层审查，最后由校长核定。案例高校实施了严格的审查制度，有效保证了课程方案或计划的质量。

案例高校多数重视对创新创业教育校本课程进行评鉴，以建立发展改进机制和退出机制。尽管案例高校在创新创业教育校本课程评鉴性评价上落实程度不同、重视程度不同，但比较多地建立了评鉴改进机制和退出机制。T 省高校在这方面经验，值得学习借鉴。我国部分高校普遍未能建立课程退出机制。尽管我国高校目前普遍缺乏校本课程，但结合 T 省高校经验，建议我国高校建立健全创新创业教育校本课程评鉴机制，对所开发校本课程在实施一段时期后进行评鉴性评价，将评鉴结果分为若干通过、有条件

不通过（或待观察）、不通过等次，对评鉴为待观察或有条件通过者责令整改，对评鉴为不通过等级者实行淘汰。

考虑到创新创业教育校本课程涉及多领域知识，在课程方案或计划审查时，需要多方面有专长校内的人员，业界专家、企业代表、政界代表、课程开发专家参与，建议我国高校设立学校层面跨领域课程审查委员会，对创新创业教育校本课程做出审查。随着"大科学"时代的到来，开发开设跨领域课程已是不可阻挡的潮流和趋势，跨领域课程审查委员会可大有作为。我国高校也可以考虑升级、改造原有学术委员会，通过适当吸取校外专家和管产学研代表，提升学术委员会校本课程审查能力。尽管案例高校在创新创业教育校本课程审查上，有的是在学院层级一次审查完成，有的是在学校层级一次审查完成，有的从学院到学校进行多次审查，有的需要校长核定，但考虑到创新创业教育校本课程开发具有跨领域、跨院系特性，建议我国高校在对创新创业教育校本课程开发时，至少要在学校层次上进行1次审查。

七、强化创新创业教育校本课程开发资源投入

足够的资源投入是创新创业教育校本课程开发的保障。B大学对"创新创意创业课程"开发和实施几乎是"倾"其所有资源和人力。B大学在评估未来产业人力需求基础上，组织工程学院的机械工程系、化工与材料工程系，电资学院的电机工程系、电子工程系、信息网络工程系，管理学院的工业管理系、国际企业系、财务金融系、信息管理系、企业管理系，人文暨科学学院的应用外语系、多媒体与游戏发展科学系、通识中心等系所的资源与人力，共同开发了"创新创意创业相关课程"。参与"创新创意创业相关课程"课程方案设计部门达4个学院、13个系所。这些参与课程方案开发的部门同时也是课程实施主要部门。

A大学对"3C物联网创新创业课程"与"文艺互联网+创新创业课程"开发也是倾力而为，参与校本课程开发的有校长、2位副校长，教务处

处长、研发处处长、产学处处长，创新设计与知识管理研发中心、电机工程系、电子工程系、创新设计与知识管理研发中心、工业设计系、进修部、管理学院、资讯与财金管理系、技术及职业教育研究所、建筑系 10 个系（院、部）负责人。目前，A 大学共设有机电学院、电资学院、工程学院、管理学院、设计学院及人文与社会科学 6 个学院，"3C 物联网创新创业课程"参与实施学院有 5 个，分别为电资学院、通识中心、管理学院、设计学院、机电学院，专题服务实习环节则是所有系所都参与；"文艺互联网 +创新创业课程"参与实施学院有 4 个，分别为人社学院、管理学院、工程学院、设计学院，专题服务实习环节则是所有系所都参与。

D 大学开发"大师创业学分课程"的目的之一是将各系所专业带进创新创业实务，因此在"大师创业学分课程"实施过程中，各学院自各系都被纳入其中，专业选修课程就是由各学院各系自己从课程清单中选列适当课程提供给学生。F 大学"创新与创业课程"不仅开发时需要经过学院课程委员会、学院课程规划委员会、学校课程规划委员会和教务会议等层层审查，实施过程也是商管学院所有系所全都参与。G 大学早年以商管起家，商管学院作为其最大的学院，下设财务金融学系、企业管理学系、风险管理与保险学系、会计学系、国际企业学系 5 个科系，其"创业与就业学分课程"开发和实施过程中，也是将全部优质资源都投入其中。

尽管由于经济社会发展不均衡、高等教育政策的倾斜、区域资源分布差异大等原因，我国不同地区间高校内部资源，高校与高校之间资源差别比较大，但总体而言，我国高校已经走过了资源短缺约束发展阶段，各个高校都有较为充足资源用于开发创新创业教育校本课程。我国高校创新创业教育校本课程开发上的滞后，原因不是资源不足，而是资源投入不足。因此，加强创新创业教育校本课程开发资源投入依然是一个值得重视的问题。建议我国高校尽快将创新创业教育校本课程开发提上议事日程，通过加强资源投入，以创新创业教育校本课程开发，健全创新创业教育课程体系，开发更多本土化课程，落实新时期高校战略任务，为经济增长注入活力和能量。

本章小结

首先，描述了本书的主要发现，对创新创业教育校本课程开发"要素网"的内涵与表征，创新创业教育校本课程开发"要素网"的"中心""域"和要素进行了描述。其次，对本书的主要结论进行了总结，以结论的方式对本书提出的问题进行了相应回答，并就 T 省高校创新创业教育校本课程开发碰到的问题进行了必要讨论。最后，结合 T 省高校创新创业教育校本课程开发的经验，提出了我国高校创新创业教育校本课程开发的启示和建议。

研究认为，T 省高校创新创业教育校本课程开发存在一个以学校为中心，包含由 1 个中心、4 个"域"、28 个要素构成的网状结构，形成了创新创业教育校本课程开发的"要素网"。理解把握并妥善处置"要素网"中的要素及其关系，是 T 省高校所开发创新创业教育校本课程体系完整、学校特色鲜明的深层原因。研究提出 T 省经验对我国高校创新创业教育校本课程开发的启示包括：构建明确而独特的学校教育哲学，将创新创业教育校本课程开发纳入学校发展整体规划，将创意教育纳入创新创业教育校本课程内容，将创新创业教育课程与专业课程进行整合，推动创新创业教育校本课程跨领域跨院系开发，健全创新创业教育校本课程审查评鉴机制，强化创新创业教育校本课程开发资源投入。

结　语

　　高校创新创业教育是世界高等教育发展的潮流和趋势，也是我国高校紧扣国家战略，推进高校人才培养改革的根本举措。我国高校创新创业教育发展很快，但因我国高校普遍未能开发出符合学校实际和特点的创新创业教育校本课程，导致创新创业教育课程普遍不成体系、本土化课程不足，成为创新创业教育发展掣肘。T省高校以学校为中心、以学校为主体、以学校为本位，比较普遍地开发了提供给所有学生修读的，跨领域课程形式的创新创业教育校本课程，是重要参照系。

　　本书以泰勒课程开发原理为理论基础，通过在泰勒"课程目标—课程内容—课程实施—课程评价"分析框架的基础上，引入"学校"这个关键概念，拓展和构建了以泰勒课程开发分析框架为基础、"以学校为本的课程开发四象限"分析框架，采取质性多个案比较法，基于对T省地区七所高校（A大学、B大学、C大学、D大学、E大学、F大学、G大学）的质性研究，归纳和描述了T省高校如何确定创新创业教育校本课程目标，如何选组创新创业教育校本课程内容，如何实施和评价创新创业教育校本课程，需要考虑和处置哪些要素，解答了T省高校如何开发创新创业教育校本课程的问题，探求了T省高校可资借鉴的实践经验和基于实践的解释性理论。

　　本书主要发现和结论如下：

　　其一，T省高校创新创业教育校本课程目标确定与课程方案或计划规划过程同步进行，目标确定存在"校内外合作""校内委员会审查"和"校内多部门联合"三种模式，形成了以A大学、C大学、E大学为代表的

"外高型"，以 G 大学和 F 大学为代表的"内高型"，以 B 大学、D 大学为代表的"内低型"三种类型。在创新创业教育校本课程目标确定过程中考虑的要素有教育哲学、社会需要、学生需求、学校传统、政府政策、课程资源、商业资源。

其二，创新创业教育校本课程内容是一个由不同课程类别、不同类别科目、学分、开设机构等构成的体系，存在以 B 大学为代表的"实务创意型"，以 A 大学、E 大学、G 大学、F 大学为代表的"理论创意型"两种类型的课程内容。T 省高校创新创业教育校本课程内容选组方式多样，有"核心—分域搭配式""分类组织式""分模块组织式""主轴组织式""核定—自定式""分部分组织式"和"基础—进阶式"。创新创业教育校本课程内容选组存在以 A 大学为代表的"高基础低必修型"，以 B 大学、F 大学、E 大学为代表的"低基础低必修型"，以 G 大学为代表的"中基础中必修型"三种类型。创新创业教育校本课程内容选组考虑的要素包括课程目标、学校特点、学生特点、课程结构、课程顺序、政策要求、国际趋势。

其三，T 省高校创新创业教育校本课程实施存在实体机构模式、虚拟学院模式、课程主任模式。其中，实体机构模式又分为学院中心模式、专门机构中心模式。形成了以 B 大学、G 大学和 F 大学为代表的"实体机构型"，以 A 大学、C 大学为代表的"虚体机构型"，以 E 大学为代表的"个体型"三种类型。高校创新创业教育校本课程实施的途径主要有经过学校和教师进行方法创新探索的课堂教学和实作、参访、指导竞赛等实践教学。T 省高校创新创业教育校本课程实施考虑的要素是课程、教师、学生、领导、组织机构、科系、外部支持。

其四，T 省高校采用课程学习成果展出和实作作品等方式对创新创业教育校本课程进行结果评价，通过审查性评价和评鉴性评价对创新创业教育校本课程进行内部评价。T 省高校创新创业教育校本课程评鉴性评价过程主要存在校设委员会评价模式、教学单位自评模式两种模式。T 省高校创新创业教育校本课程评价则形成了以 C 大学、E 大学为代表的"高评鉴型"，以 A 大学、F 大学、G 大学为代表的"高审查型"，以 D 大学为代表的"中间型"，以 B 大学为代表的"低审查低评鉴型"四种类型。创新创业教育校本课程评价考虑的要素是课程完善、创业比例、创意发挥、证书取得、特色形塑、政府认可、社会影响。

其五，T 省高校创新创业教育校本课程开发存在一个以学校为中心，包含 1 个中心、4 个"域"、28 个要素构成的网状结构，形成了创新创业教育校本课程开发的"要素网"。创新创业教育校本课程开发要理解把握并妥善处置"课程目标域""课程内容域""课程实施域""课程评价域"4 个"域"的 28 个要素。深刻理解把握并妥善处置"要素网"中要素及其关系，是 T 省高校所开发创新创业教育校本课程体系完整、学校特色鲜明的深层原因。

本书的理论创新和主要贡献如下：

其一，以泰勒课程开发原理为理论基础，通过在泰勒"课程目标—课程内容—课程实施—课程评价"分析框架的基础上，引入"学校"这个关键概念，构建了"以学校为本的课程开发四象限"分析框架，拓展和修正了泰勒课程开发分析框架；通过对创新创业教育校本课程开发需要考虑的要素进行归纳，发展了泰勒课程开发原理。

其二，尝试性运用网格作为比较分析工具，对案例高校创新创业教育校本课程目标、目标确定过程，创新创业教育校本课程内容、内容选组方式，创新创业教育校本课程实施模式、创新创业教育校本课程评价过程进行了独特的比较分析，归纳了案例高校创新创业教育校本课程开发的类型特征，并对其特点、优劣进行了分析。

其三，基于对一手资料的分析，尝试性提出了一种网形解释性理论，以创新创业教育校本课程开发"要素网"，描述了案例高校创新创业教育校本课程开发"全景图"，探究了 T 省高校创新创业教育校本课程体系完整、学校特色明显的深层原因。

其四，以"校本课程开发"作为新视角，对 T 省地区七所案例高校创新创业教育校本课程开发过程，从目标及其确定、内容及其选择、实施模式及途径、评价及其过程、考虑要素及其关系等进行了系统描述和归纳，拓展了创新创业教育研究问题域。

其五，运用创新创业教育研究中鲜见的质性多案例比较法，立足质性文件和访谈数据，着眼于不同类型、不同层次、不同主体、不同组织、不同方式、不同程度、不同倾向，对案例高校创新创业教育校本课程开发过程进行了多层多维多面"立体式"比较分析，归纳出了案例高校创新创业教育校本课程开发中的异同点、共性和个性。

其六，在斯克里文课程评价包括内部评价和结果评价分类基础上，将课程内容评价拓展为审查性评价和评鉴性评价，并以此对案例高校创新创业教育校本课程评价进行了描述，拓展了斯克里文课程评价理论。

其七，笔者两次赴现场收集了大量的文件和访谈质性数据，这些质性数据在用于描述案例高校创新创业教育校本课程开发过程，支撑本书主要观点和论述的同时，也为读者了解 T 省地区创新创业教育及其校本课程开发提供了丰富素材。

其八，提出了诸多创新论点，如"系统的创新创业教育离不开体系化的课程""创新创业活动本身的复杂性要求创新创业教育课程具有综合性、跨领域性""创新创业教育所培养学生的知能是基于创新的创业能力，而创新离不开专业知能，客观上要求创新创业教育课程应该是创新创业教育课程与专业课程相整合的体系""课程是提供给学生的学习方案或计划"，"创新创业教育是创新教育和创业教育两者功能的'偏正式'耦合""创新创业教育校本课程开发不仅要开发有体系的课程，还是重视开发无体系的课程""明确而独特的学校教育哲学是创新创业教育校本课程开发的灵魂"等。

本书尝试性地提出了一种网形解释性理论，对创新创业教育校本课程开发中涉及的要素及其关系进行了探索，试图通过"层级"概念对各种要素在创新创业教育校本课程开发的优先顺序、秩序进行阐释，但是均属初步探索，有待更深入的研究和更为有力的论证。本书只对案例高校创新创业教育校本课程开发过程，依据分析框架进行了主题归纳性描述，较少涉及程序性、操作性描述，对创新创业教育校本课程开发实际实施效果未能进行实证，对 T 省高校创新创业教育中存在的单一学科课程开发也未论及，这些都需要进一步研究。

　　本书基于 T 省高校创新创业教育校本课程开发质性数据提出的创新创业教育校本课程开发"要素网"具有一定的推广性，任何高校开发创新创业教育校本课程都需要理解把握并妥善处置创新创业教育校本课程开发"要素网"中的要素及其关系，但能否适用于其他教育领域课程，能否适用于基础教育阶段创新创业教育校本课程开发，仍有待验证。

附　录

附录1　高校创新创业教育访谈提纲（一）

一、目的说明

目的：用于课题研究；用于学位论文准备。

维度：整体情况；所在单位情况；个人情况。

二、访谈对象信息

1. 编号。

2. 性别。

3. 职务（职称）。

4. 所在单位。

三、访谈内容

1. 现在我国高校正在花大力气对学生进行创新创业教育，您所在省的情况怎么样（背景、政策、历史、现状）？

2. 您所在学校创新创业教育是如何做的（理念、定位、目标、教学、师资、资源、管理等）？课程是如何开发或设置的（目标、内容、实施、评价、效果、问题）？

3. 您自己是怎么做的（研究、教学）?

四、若干说明

1. 访谈录音，信息仅用于研究。

2. 本人将严格遵循研究理论，进行匿名处理。

3. 相关内容如有不宜作为学位论文之处请予说明，本人保证不予使用。

五、使用范围

管理者、研究者、专任教师。

附录2　高校创新创业教育访谈提纲（二）

一、目的说明

目的：用于课题研究；用于学位论文准备。

维度：整体情况；所在单位情况；个人情况。

二、访谈对象信息

1. 姓名。

2. 性别。

3. 学校。

4. 科系（专业）。

三、访谈内容

现在我国高校对每一个学生都要进行创新创业教育，您所在省是不是这样?

您在学校接受过创新创业教育吗? 您接受过怎样的创新创业教育（课

程、教学、师资、管理、评价等)?

您觉得效果如何？有什么意见和建议？

四、若干说明

1. 访谈录音，信息仅用于研究。

2. 本人将严格遵循研究理论，进行匿名处理。

3. 相关内容如有不宜作为学位论文之处请予说明，本人保证不予使用。

五、使用范围

学生。

后 记

撰书有如探险，刚出恶滩，又遇危礁；思而不解，苦而失眠；思而得，乐而无眠。幸此书稿思索完成于厦大美丽校园，花、木、湖、山、书、人、星空、鸟鸣，足慰思虑疲倦。

人生之幸，莫过有人帮助。此书能够顺利完成，得益于不少人提供帮助。先要感谢导师武毅英教授和张宝蓉教授。她们通过课堂、沙龙、研究、日常交流，不倦教导和指导我；她们支持我申报田野调查基金项目，以课题经费资助我实地调研；她们在多次交流中对此书提供有价值指导……无是，此书恐无机会面世。再要感谢 T 省师长、受访者，他们对此书研究工作给予了重要帮助，不仅热情接受访谈，还盛情介绍访谈对象，其中不少好友多次帮助查找资料，并关心本书进展。此外，还要感谢厦大为书稿撰写提供的方便，感谢韶关学院为书稿付印给予的资助。

谢语有竟，探索无涯。驽马自奋，勤勉补拙。

是为后记。

2023 年 3 月 12 日

于韶乐园